国家社会科学基金项目（10CJY023）资助

转型期房地产波动与利益主体行为研究

王华春 ◎著

Studies on the Real Estate Fluctuation and Stockholders' Behavior in the Transitional Period

中国经济出版社
CHINA ECONOMIC PUBLISHING HOUSE
北 京

图书在版编目（CIP）数据

转型期房地产波动与利益主体行为研究 / 王华春著.
北京：中国经济出版社，2017.3
ISBN 978－7－5136－4661－1
Ⅰ.①转… Ⅱ.①王… Ⅲ.①房地产市场—经济周期波动—研究—中国 Ⅳ.①F299.233.5
中国版本图书馆 CIP 数据核字（2017）第 064219 号

责任编辑 赵静宜
责任印制 巢新强
封面设计 久品轩

出版发行 中国经济出版社
印 刷 者 北京艾普海德印刷有限公司
经 销 者 各地新华书店
开　　本 710mm×1000mm 1/16
印　　张 16.75
字　　数 248 千字
版　　次 2017 年 3 月第 1 版
印　　次 2017 年 3 月第 1 次
定　　价 58.00 元
广告经营许可证 京西工商广字第 8179 号

中国经济出版社 **网址** www.economyph.com **社址** 北京市西城区百万庄北街 3 号 **邮编** 100037

本版图书如存在印装质量问题，请与本社发行中心联系调换（联系电话：010－68330607）

目　录
CONTENTS

第一章

导论

房地产作为国民经济的重要行业，对于促进国民经济健康发展和住有所居的民生目标都具有重要的意义。房地产业作为事实上的国民经济支柱产业占投资比重大、上下游拉动行业多和对中央和地方税收贡献大，投资、税收、财政和居民财富等都或多或少与房地产业发展联系。本章将说明研究该选题的背景和意义，对已有研究进行综述，提出研究思路和路径，并就如何开展研究进行说明。

第一节　选题背景和意义

一、选题背景

（一）房地产业发展直接影响国民经济运行

1. 房地产发展对国民经济影响日益明显。中国房地产发展呈现明显的周期波动，经历着周期性繁荣、衰退、萧条、复苏的过程，并呈现出转型期特点，该产业交替地经历着比宏观经济波动更加明显的周期性波动。房地产发展是国民经济运行的领先指标，引领经济发展或衰退。世界各国房地产行业的发展历程表明，在房地产发展繁荣期，虚拟资产快速膨胀往往伴随着投机盛行，而当房地产步入萧条低迷时，银行抵押资产贬值和坏账增加等问题，使国民经济运行受到冲击。研究房地产市场周期波动，充分发挥房地产业在国民经济中的重要作用，能够避免由于房地产市场剧烈波动而给宏观经济带来的冲击。

房地产业成为许多经济发达国家或地区经济繁荣的重要支撑，房地产投资作为固定资产投资的重要内容。近年来经济增长历程说明房地产投资对于经济增长的巨大作用，研究房地产投资以及固定资产投资变化和发展对中国社会经济的影响，成为促进房地产行业健康发展和经济稳定发展的重要内容（王飞，黄满盈，2005）。社会固定投资有赖于房地产业投资，房地产开发投资占全社会投资比重从 2000 年的 15% 增加至 2010 年的 19.2% 和 2013 年的 19.8%，到 2013 年房地产全行业投资占全部投资的

25.5%，同时个人住宅抵押贷款也在不断增长。①

2. 房地产前后和旁侧效应影响相关产业发展。国内外研究和实践表明，房地产业对于经济增长的带动作用主要体现在其强烈的产业关联和对经济发展的带动作用上。房地产产业链长，关联度强，直接和间接拉动上下游多个产业发展。从房地产业前向效应上看，金融、装饰、家电、办公等直接受到房地产业辐射；从向后效应上看，建筑、钢铁、建材、机械、化工等受到房地产业辐射；从旁侧效应上看，城市建设、环境保护、建筑科技等都受到房地产业波及。房地产市场运行状况不仅影响宏观经济稳定，而且关系国计民生和社会安定，对国民经济发展贡献明显，有的国家或地区将它列为支柱产业加以支持和发展。当然，也有学者对房地产业关联度高，辐射力强的说法提出不同看法，认为不应该将它定位于支柱产业。②

房地产发展强烈的关联和广泛的带动效应还可以从表1－1中的数据看出。房地产行业发展的历史经验表明，由于房地产业所涉及的产业链长，对其他产业发展影响广泛，有资料研究表明，房地产业的总带动效应为

---

① 上述相关统计数据参见国家统计局2014年统计公报。另外，根据中国人民银行统计，2016年第一季度新增贷款规模为4.61万亿元，同比多增9301亿元。住户部门贷款增加1.24万亿元，其中，短期贷款增加1470亿元，中长期贷款增加1.10万亿元。第一季度个人购房贷款余额增加1万亿元（约占同期新增贷款总规模的22%），同比多增4309亿元，新增的中长期贷款几乎全部流向个人住宅抵押贷款。2016年6月末，金融机构人民币各项贷款余额101.49万亿元，同比增长14.3%，房地产贷款增长加快，其中个人购房贷款增长较快。同期人民币房地产贷款余额23.94万亿元（与总贷款占比24%），同比增长24%；房地产开发贷款余额5.41万亿元（与总贷款占比5.3%），同比增长10.9%。个人购房贷款余额16.55万亿元（与总贷款占比16.4%），同比增长30.9%；上半年增加2.36万亿元，同比多增1.25万亿元。截至2016年9月末，金融机构人民币各项贷款余额104.11万亿元，同比增长13%。在新增贷款去向中，同比新增贷款比例增长最多的是个人住宅抵押贷款。

② 有学者根据计量提出完全不同观点。张清勇和年猛（2012）运用1997年、2000年、2002年、2005年和2007年的投入产出表计算房地产业影响力系数和感应度系数，发现房地产业影响力系数远低于平均水平，该系数从2000年起逐次降低，房地产业带动作用较弱且这种带动作用不断下降；房地产业感应度系数远低于各行业平均水平，房地产业对国民经济推动作用较小，难以通过房地产业有效推动整体国民经济的增长。所谓"房地产业关联度高，带动力强"说法没有依据；与其他产业相比，房地产业带动和推动作用逐渐降低。这些发现的政策意义是国民经济各个产业都是重要产业，政府不必先入为主地认定房地产业在过去、现在或将来肯定是关联度高、带动力强的产业，不必为此出台倾斜性培育政策以促进该产业成为支柱产业。

1.42。① 从房地产业发展的国际经验分析，美国房地产业对国民经济总体带动效应系数为1.33，日本在1970—1990年，房地产业对国民经济带动效应为1.56，同一时期，英国房地产业带动效应系数为1.83，房地产业带动效应明显。② 从部分发达国家地产关联带动上来看，英、美、日、澳等国的房地产业关联带动效应分别为0.30、0.24、0.15和0.13，均为该国产业带动效应较高之一（见表1－1）。

表1－1 部分发达国家房地产业关联带动效应平均值

产业	英国	美国	日本	澳大利亚
地产	0.30	0.24	0.15	0.13
建筑	0.16	0.12	0.15	0.09
社会服务	0.11	0.14	0.15	0.21
批发零售	0.20	0.14	0.17	0.13
金融保险	0.17	0.09	0.09	0.09
运输与仓储	0.10	0.04	0.06	0.06
总体效应	1.83	1.33	1.56	1.03

注：英国为1968—1990年数据、美国为1977—1990年数据、澳大利亚为1968—1989年数据。
资料来源：梁荣．中国地产业发展规模与国民经济总量关系研究［M］．北京：经济科学出版社，2005.

3. 中国重视房地产业在经济增长中的重要作用，房地产发展在经济发展中扮演着重要角色，房地产已经成为左右经济增长的重要力量，其基础性、先导性和配套性特点决定了其在产业发展中具有重要作用。已有研究总体表明，由于房地产业链较长、涉及面较广，房地产业的总带动效应较高。中国比较注重依赖房地产业拉动经济增长，房地产业增加值在整个国民经济中所占的比重稳步增加。③ 在固定资产投资中，住宅投资占全社会

① 王国军，刘水杏．地产业对相关产业的带动效应分析［J］．经济研究，2004（8）.

② 王飞，黄满盈．地产业对经济发展促进作用的实证分析［J］．经济学动态，2005（7）.

③ 2003年国务院第18号文件首次明确指出：“地产业关联度高，带动力强，已经成为国民经济的支柱产业。”2008年11月10日上午，在北京召开省区市和国务院部门主要负责同志会议，时任国务院总理温家宝发表重要讲话时指出：“房地产业是国民经济的重要支柱产业”。凤凰财经于2013年3月24日报道，国家发改委副主任朱之鑫在中国发展高层论坛上表示，很多人都说把房地产作为支柱性行业，文件里没有这句话，而是提出把建筑业作为支柱性产业。

固定资产投资的比重较大。房地产业增加值贡献率不断增加，高的年份其比重高达 14.6%（见表 1-2）。

房地产投资占 GDP 的比重不断提高并成为国民经济重要增长点。① 在土地财政政策的驱使下，地方经济具有房地产化和过度市场化的倾向。从土地出让金收入来看，全国土地出让金在 1998 年占当年地方财政收入的比重为 0.8%，而该比例在 2004 年达 47.0%，加上相关的房地产税等收入，房地产业地方财政贡献率为 51%。2003—2005 年，北京市房地产开发投资占固定资产投资比重连续超过 53%，深圳、上海、广州的该比例连续几年超过 33%。杭州、南京、武汉、沈阳等城市房地产开发投资占其固定资产投资总额的比例在 30% 左右，经济活动总量近 1/3 围绕房地产业展开。全国多数城市都设立经营土地的专门机构即土地储备机构，负责土地收购、储备和出让等，其运作偏市场化，实现地方财政收入极大化，土地出让收入成为地方政府的第二财政收入，地方经济被人为推入房地产轨道，经济房地产化明显。

表 1-2　GDP 增速、住宅投资比重以及房地产增长在其中的贡献

单位：亿元

年份	全社会住宅投资占固定资产比重（%）	住宅投资占 GDP 的比重（%）	房地产增加值	国内生产总值	房地产业增长值贡献率（%）
1999	23.6	7.9	3681.8	89677.1	4.7
2000	23.1	7.7	4149.1	99214.6	4.9
2001	22.4	7.6	4715.1	109655.2	5.4
2002	21.6	7.8	5346.4	120332.7	5.9
2003	19.4	7.9	6172.7	135822.8	5.3
2004	19.1	8.4	7174.1	159878.3	4.2
2005	17.4	8.3	8516.4	183217.4	5.8
2006	17.6	8.9	10370.5	211923.5	6.5
2007	18.2	9.4	13809.7	249529.9	9.1
2008	17.9	9.8	14738.7	314045.4	1.4

① 武少俊．住宅产业：经济增长点还是支柱产业［J］．金融研究，2000（11）．

续表

年份	全社会住宅投资占固定资产比重（%）	住宅投资占GDP的比重（%）	房地产增加值	国内生产总值	房地产业增长值贡献率（%）
2009	16.2	10.7	18654.9	340902.8	14.6
2010	17.9	11.2	22782.0	401512.8	6.8
2011	18.6	12.2	26783.9	473104.0	5.6
2012	17.2	12.4	29005.5	518942.1	4.8

注：房地产业增加值贡献率的测算方法参照《中国统计年鉴》，即房地产业贡献率=房地产业增加值增量/GDP增量。

房地产业成为地方政府追求经济增长的重要产业。地方政府追求GDP增长而忽略其社会保障功能和房地产的公共产品属性，地方政府、开发商、消费者或投资者等利益主体从房地产获得利益。在追求GDP增长和各自利益的导向下，地方政府难以真正出台具有针对性的房地产调控政策，限制购房、征收房产税等政策措施因与开发商、投机者和地方政府利益有冲突而未能有效出台。房价构成中各级政府收费、税收等占有较大比重。

房地产业在国民经济中具有基础性、先导性的配套产业特征，因为其他产业的生产和再生产必须以厂房、办公楼等为载体提供物质基础，房地产发展是为相关产业提供配套服务而不是取代相关产业发展，它对国民经济社会发展具有引导和配套作用。自1998年实施住房制度改革以来，中国政府提出将住宅建设和房地产业作为新的经济增长点，以拉动国内消费需要，随后全面推进城镇住房制度改革。作为固定资产投资的重要组成部分，房地产投资对经济增长贡献巨大，房地产业成为国民经济投资增长的强力保障。自2003年以来，房地产投资、房地产价格与土地出让价格等上涨速度远远超过GDP增速、居民收入及消费增速。

中国房地产业经历了从经济增长点到支柱产业的快速发展过程。推进住房制度改革（以下简称房改）以来，房地产业对国民经济的带动效应日益显现，房地产业增加值不断提高。房地产业快速发展与目前阶段将它定位于重要支柱产业相关。房改以来居民住房需要不断释放，并且随着新一轮经济增长周期的启动，中国将房地产业发展作为国民经济发展的重要支柱产业之后，大量的投资流向该行业，房地产投资占固定资产投资的比重一直较高，该比例在经济增长面临困难的年份以及个别地区和城市甚至更高。正因为如此，必须明确将房地产行业的发展作为基础性、先导性的配套行业，它的发展不是目的，而是作为国民经济均衡发展的手段。

（二）房地产业发展影响利益主体的财政收入或经济收益

1. 房地产业发展影响中央和地方财政收入。地方政府促进房地产业发展涉及地方政府财政收入这一核心经济利益。从全国范围来看，近年财政收入来源结构中“以地生财”占有重要比重，从表1－3可见，土地出让金收入占地方财政收入的比重从2002年的34.8%上升到2010年的66.5%，此后略有下降。2013年全国土地出让收入总金额达4.13万亿元，同比增长44.6%，创历史新高，刷新了2011年3.15万亿元的历史纪录，全国105个主要监测城市的地价总体水平持续上涨，住宅地价同比上涨9%。① 促进该行业发展，地方政府不仅具有从中获取财政收益的目的，而且该行业发展符合官员的晋升偏好。

表1－3　房地产业增加值占国内生产总值和财政收入比重

单位：亿元

年份	房地产业增加值	国内生产总值	房地产业增加值/GDP（%）	土地出让收入	土地出让收入/地方财政收入（%）
1999	3681.8	89677.1	4.1	514.3	9.2
2000	4149.1	99214.6	4.2	595.8	9.3
2001	4715.1	109655.2	4.3	1296.0	16.6
2002	5346.4	120332.7	4.4	2963.2	34.8
2003	6172.7	135822.8	4.5	5421.3	55.0
2004	7174.1	159878.3	4.5	5894.0	49.6
2005	8516.4	184937.4	4.6	5505.0	36.5
2006	10370.5	216314.4	4.8	7676.9	41.9
2007	13809.7	265810.3	5.2	12763.5	54.1

① 国土资源部2014年2月11日发布《2013年国土资源有关统计数据》。

续表

年份	房地产业增加值	国内生产总值	房地产业增加值/GDP（%）	土地出让收入	土地出让收入/地方财政收入（%）
2008	14738.7	314045.4	4.7	9737.0	34.0
2009	18654.9	340902.8	5.5	15910.2	48.8
2010	22782.0	401512.8	5.7	27000.0	66.5
2011	26783.9	473104.0	5.7	31500.0	59.9
2012	29005.5	518942.1	5.6	26874.4	44.0

资料来源：《中国统计年鉴（2000—2013）》及统计公报资料；《中国土地年鉴（2000—2013）》及统计公报资料。

地方财政收入表现出对土地财政高度依赖的特征。通过出让土地为载体的房地产业建设，已经成为一些城市建设和经济发展以及财政增收的重要来源。2003—2012 年全国住宅均价涨幅 145%，但全国主要城市居住地价涨幅达 332%，土地出让金占地方财政收入最高曾达 66.5%。近十年来，土地出让金占地方财政收入的比重一直保持在 40% ~50%，个别地方高达 70% ~80%，2013 年全国地方财政收入 6.89 万亿元，全国土地出让金高达 4.13 万亿元，占地方财政收入的 59.8%。不仅地方对土地财政形成依赖，国家层面同样如此，国家税收对房地产税具有一定的依赖。中国税收增速高于经济增速，房地产业税收增速高于全国税收增速。2013 年全国税收总额为 11.99 万亿元，同比增长 8.3%，全国房地产行业税收额为 1.54 万亿元，同比增长 26.5%，房地产的税收占全国税收的 12.8%。

2. 房地产发展对居民财富产生重要影响。房地产是经济增长的重要推动器，作为基础性行业引导或制约着其他上下游产业的发展。主要发达国家发展历程表明，作为一国财富重要组成部分的房地产，已经成为各类投资者重要的投资对象。房地产同时成为居民财富的主要组成部分，房地产价格影响居民财富效应，进而影响居民的消费水平和经济增长。① 房地产财富效应上升之后，在预期收入增加和预期价格上涨的推动下，消费和投

① 本研究所指的地产主要指居民住宅资产，住宅在地产中占 60% ~70% 的比重，商业地产在研究中有所涉及，但不是研究重点。

资进一步增长。

房产财富在家庭财富中占较大比重并发挥着财富效应。在中国资本市场从欠规范到成熟的发展过程中，一般居民参与资本市场的程度较低，大多数普通收入家庭比高收入家庭更重视房产财富；而同时在资本市场成熟的发达国家，低收入家庭占有更高比例的房地产资产（见表1－4）。从美国1998年高收入和低收入家庭拥有的房地产资产分布情况可见，全社会80%的人群中，其住宅资产所占比例为29.3%，对于大多数家庭而言，股票市场的财富效应比较弱，房地产的财富效应比较显著，成为最大宗资产；最高收入的0.5%的人群，其拥有的住宅资产比重高达10.2%。房地产价格变动引起家庭净财富变动要比股票价格变动所引起的变动明显。

表1－4　美国家庭房地产资产分布比重情况

单位：%

人群分布	住宅资产	股票	非股票金融资产	净资产
最高收入者（0.5%的人群）	10.2	41.4	24.2	25.6
高收入者（0.5%的人群）	4.6	11.8	7.8	8.4
下一级收入者（4%的人群）	20.5	27.7	26.2	23.4
再下一级收入者（5%的人群）	15.4	10.3	14.0	11.4
又下一级收入者（10%的人群）	20.1	7.2	13.9	12.8
其他80%的人群	29.3	1.7	14.0	18.5

资料来源：根据1998年美国消费者资产调查整理而成，转引自James H. Poterba（2000）。

自中国实行房改以来，房产在家庭资产中所占的份额不断提高，房地产投资使居民资产保值增值的渠道更加丰富。房价与房屋租金长期快速增长，居民房屋价值也随之大幅上升，大部分居民房产价值成为其最大宗资产。据有关机构的调查研究显示，中国城镇居民家庭财产总价值中的房产价值占比由十多年前的20%～30%提高到60%～70%。对于普通居民而言，房产增值主要是住房市场价格上涨。部分靠房地产投资而成的多房族的租金等收入高于其工资收入（中国行政管理学会课题组，2014）。西南财经大学中国家庭金融调查与研究中心通过对全国大约2.8万户家庭的调查统计结果显示，2013年有66.1%的家庭将资产投放于房地产；城市家庭

75.5%的资产存于房地产形式。[①] 研究表明，2004年以来住宅已经成为居民财产结构中最重要的资产（见图1－1）。随着全面深化改革的不断推进，居民投资理念日益成熟，收入水平不断提高，中国房地产业在居民生活和投资理财中将占有较大空间。[②]

居民财富对房地产业的依赖源于中国房价与房屋租金长时间的快速上涨，已经购房居民房屋价值因此得以大幅提升，绝大多数居民房产价值远远高出储蓄、理财等金融资产的价值。普通居民房产增值主要不是住房数量增加，而是住房市场价格上涨。部分房地产投资与投机人群，其房租与投资收入高于正常工资收入而成为房地产价格上涨受益的特殊利益主体，他们通过不同形式参与到多个利益主体的动态博弈过程中来。

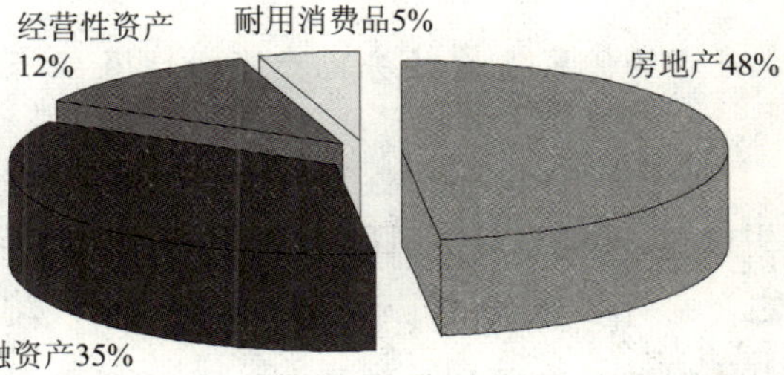

资料来源：中国社会科学院金融研究所课题组（2005）。

图1－1　2004年中国城镇居民家庭财产构成

3. 房地产发展成为有关银行等利益主体的重要资产组合和收入来源。长期以来，银行资产结构中的房地产占有较大比重并形成一定的依赖，开发商和居民住房抵押贷款成为银行信贷投放最主要的行业或投向。中国银行2011年贷款抵押品中39%为房地产和其他相关不动产。据银监会数据显示，2013年底中国主要商业银行房地产贷款及以房地产为抵押品的相关贷款占贷款总额的38%。2013年，中国商业地产贷款余额为14.61万亿

① 《中国人将财富集中在房地产》，参考消息网，2014年2月10日。

② 据西南财经大学经济与管理研究院《2014中国财富管理：展望与策略》报告显示，北京市民总资产的83.8%是房子，全中国房产占居民资产比例平均是66%，而美国房产占居民资产比例为35%。

元，占金融机构贷款余额的20%。银行信托、委托贷款、基金等大约30%的资金投向房地产行业。开发商高利润带动其高速发展，房地产企业近年已成最盈利行业。2012年全国房地产开发企业营业利率为11.8%，从业人员人均利润为25.14万元，而规模以上工业销售收入利率为6.1%，人均利润仅有6万元，房地产是工业企业相应指标的2倍和4倍以上。开发商作为重要的利益参与主体，该行业兴衰直接与其利益挂钩，当然具有动用可能动用手段的能力来促进房地产行业的发展。[①] 为获取更大利益，开发商不仅可能与地方政府合谋，甚至会以相对极端的方式倒逼政府出台有关政策，[②] 甚至出于开发商集团利益而对政府主要领导人进行游说等。[③] 麦肯锡债务研报表明，中国家庭、非金融机构和政府债务总额中，大约一半直接或间接与房地产相关。

（三）房地产市场健康发展对房地产市场以及经济社会发展具有深远影响

1. 房地产市场对于推进房地产行业健康发展具有深远影响。在中央和地方政府调控之下，许多城市的房价涨幅明显超过人均可支配收入的涨幅，主要城市房价仍然没有得到有效控制。以2013年为例，北京领涨全国，每平方米平均房价为3.15万元，同比涨幅为28.33%；上海每平方米平均房价为3.13万元，同比涨幅为15.63%；深圳每平方米平均房价为3.06万元，同比涨幅为24.73%；广州每平方米平均房价为1.83万元，同比涨幅为27.59%。厦门、南京、福州等二线城市住宅均价同比涨幅多在15%以上；大连、沈阳、唐山等二三线城市住宅房价上涨缓慢；温州、海

---

① 洛涛，李佳鹏．解读京城楼市的怪相：开发商操纵房价只涨不跌［N］．经济参考报，2007－06－20.

② 丁学松．开发商狂借高利贷，赌政府不会坐视楼市崩盘［N］．华夏时报，2008－06－28.

③ 周乐瑞，许琛，李宜航．广州市市长自称直言房价问题遭利益集团施压［N］．羊城晚报，2008－03－17.

口等少数二三线城市住宅市场不景气，但房价收入比例仍在较高水平。①

地价高于房价即“面粉”贵于“面包”现象是转型期房价虚高的重要表现，说明房地产健康发展受到影响。房价走高与土地价格的走高密不可分。② 开发商购置土地成本不断增长，这些成本转移到房价造成房价预期不断攀升。中青舆情监测室统计发现，在2013年房价涨幅最高的十大城市中，两城地价高过新建商品住宅价格。③ 房地产界“面粉”贵于“面包”是开发商看好未来市场并透支未来价格，这种现象不利于房地产行业的健康发展，蕴含着潜在的风险。

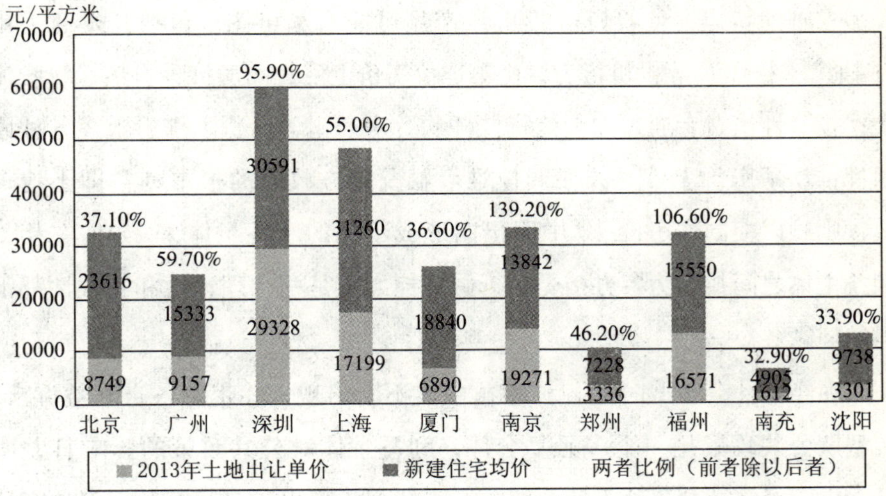

资料来源：庄庆鸿．去年房价最“火”十大城市两城地价高过房价［N］．中国青年报，2014－03－12.

图1－2　2013年中国十大城市房价与土地出让金之间的比较

---

① 中国指数研究院：《2013年中国百城房价盘点》，2014－01－02。该报告显示，有7个城市的房价2013年累计房价涨幅在20%～30%，17个城市在10%～20%，39个城市涨幅在5%～10%，有8个城市价格下跌。北京、广州、深圳全年涨幅均超过20%。房价收入远超过国际标准；在当前住房的价格水平下，85%以上居民无支付能力进入住房市场（社科院2010年数据），住房市场成了少数投机者游戏。

② 地价决定房价或者房价决定地价，学界存有不同观点。但从成本推动角度来说，地价推动房价具有较强的说服力，一些经济现象也支持此观点，一旦“地王”出现后，周边房价随即出现上涨即此机理的表现。

③ 庄庆鸿．去年房价最“火”十大城市两城地价高过房价［N］．中国青年报，2014－03－12.

在房价较高的十大城市中，南京等城市溢价明显。南京2013年土地出让单价为19271元/平方米，新建住宅均价13842元/平方米，前者是后者的139.2%。福州为16571元/平方米和15550元/平方米，比值是106.6%。其他城市土地出让金占房价比重大约30%，这十座城市2013年保障房建设落后，从人均值来看，平均每246人有一套新建的保障房。①

2. 房地产发展和调控触及某些利益主体根本利益。房地产调控涉及相关各方的根本利益，调控政策可能因为投资投机行为而抵销或难度加大。在房地产供给总量和保障房供应量有限的条件下，针对住房存在的必需品和需求刚性特点，使投资或投机该产品可能有利可图，包括开发商采用"囤地""捂盘"等投机行为，坐等地价房价上涨；高房价吸引热钱纷纷流入；投资性消费者通过加大信贷杠杆购置房产坐等房价上涨，上述各种原因都推动了房价上涨。如果调控难以触及地方政府的根本利益即土地财政，则难以控制住房价。② 中国仍旧形成不同的利益主体，③ 如何在相关利益主体之间找到为各方接受的折中调控方案是一个理论性和实践性都很强的问题。

在经济社会转型时期各种利益主体不断出现，并带着各自利益诉求。转型期公共政策是一个多元复合体，利益主体对公共政策的影响日益明显。中国经济社会正处于转型期，经济社会表现出了自身特征，房地产波动带有转轨经济的特点，如何避免利益主体操纵房地产市场这一问题，需要谨慎处理。针对近年部分地区房价飙升，政府为此推出了一系列调控政策，这些政策措施都突显中国房地产波动的转轨经济特征。在近年房地产

---

① 从每套保障房理论上背后申请入住的人数看出保障房建设力量不足，广州（701人）、深圳（433人）、南京（414人）、厦门（334人）、福州（248人）、郑州（241人）、上海（230人）、沈阳（212人）。新建保障房北京相对"宽裕"，2013年为每130名常住人口提供一套新建保障房。十大城市中，开建和竣工最多的是北京，共开建16.2万套、竣工8.5万套。参见庄庆鸿．去年房价最"火"十大城市两城地价高过房价［N］．中国青年报，2014－03－12．

② 中原地产统计数据显示，2013年中国40个主要城市土地成交额高达1.4707万亿元，同比上涨45%。北上广深等一线城市全面创造年度土地成交新纪录。

③ 汪玉凯．中国已形成三大利益集团［J］．商周刊，2012（2）．

调控政策执行中，中央和地方政府、金融机构、开发商、不同类型消费者、媒体和学术界人士在政策博弈过程中扮演着不同角色，利益主体之间的共识与冲突并存。在价值多元化社会，政府制定和出台包括公共经济政策在内的宏观调控政策，必须考虑利益团体博弈行为对公共经济政策的影响，努力实现各方利益平衡。①

3. 实现住有所居民生中国梦的重要领域。在经济社会转型过程中需要认真解决好民生问题，住有所居是改善民生的重要组成内容。过去十余年来飙升的房价事实成了影响居民生活的经济问题，同时也在一定程度上成为影响社会安全稳定的社会问题。中国正在推进人类历史上最大规模的城市化浪潮，如何顺利推进城镇化进程，合理控制征地规模，并处理好征地过程中相关方利益主体的关系，特别是如何为新进城镇的市民提供安全适用的居所或改善居住需求，成为中央和地方政府应该关注的重要问题，也考验着政府的执政能力。

中国地产普遍面临房价快速上涨、房地产企业利润高与居民收入差距过大制约了购房能力的矛盾：第一，开发实际利润率明显高于各行业平均水平。根据“万得研究报告”分析，2011 年中国房地产业平均开发成本为 3600 元/平方米，2011 年商品住宅平均价格 5011 元/平方米，开发商毛利率大约 40%，实际利润率大约 30%。根据 2012 年中国上市公司年报，最大房地产上市公司万科、保利、招商房地产营业净利润率与净资产收益率分别为 15.2%、19.67%、14.48% 和 19.86%、16.91%、14.69%，大大高于其他上市公司利润率。在高利润背后存在复杂经济行为因素：一些开发商采用“囤地”“捂盘”等方式推动房价上涨；高房价吸引热钱流向房地产市场；通过信贷杠杆购买房产坐等房价上涨；限购限贷政策被规避。第二，房地产在一定程度上成为收入分配的一种手段，成为导致居民收入分配差距日益拉大的原因之一。投资投机导致房产资源进一步流向富人而

① 地产泡沫不是新鲜事，在很多年里，泡沫一直在不停地上升。根据对北京、上海和深圳等大城市的调查，大城市的房屋空置率已经远远超过 10% 的国际警戒线。在不少地区这一比例甚至已经达到 50% 以上。

拉大社会贫富差距。一些人通过合法、半合法和非法途径获得超额收入，成为高房价市场需求的主要拉动者。

（四）近年来房地产发展过程中出现了一些值得关注的新现象和新问题

近年来特别是房改以来，中国房地产市场发展取得了巨大成就，拉动了国民经济迅速增长，房地产投资占GDP比重逐年提高，房地产市场的快速发展明显改善了居民的家庭居住条件，与此相关的地方政府也从房地产发展中获得巨大的以土地出让金为主的预算外资金收入，对市政建设等基础设施完善起到推动作用。但处于转型期的房地产行业发展仍然遇到利益主体博弈等影响，行业周期波动加剧，影响宏观经济健康运行，特别是土地征用和出让的市场秩序尚未真正建立、城市房价过快上涨、房价收入比和空置率上升、房地产投资比重过大、投资型购房比例过高等问题。

1. 土地征用和出让存在大量不规范之处，导致土地市场机制运行不畅通。第一，土地产权制度不健全，土地市场结构单一，由于中央与地方政府对土地产权界线模糊，中央政府土地所有权地位被弱化，地方政府代理和承担着城市土地开发义务，致使地方政府从自身利益最大化出发，尽量多的占用土地或者“以地生财”，造成城市土地粗放使用。土地资产成为地方政府拥有的最大资源，成为一些地方政府的第二财政。第二，土地一级市场特别是土地征用欠规范，土地出让形式单一。一些土地以市场化方式出让的比例过低，更多以划拨形式出让土地使用权，离市场化出让城市土地40%～50%的目标还任重道远。土地划拨使用与出让关系没有厘清，导致国家土地收益流失和粗放使用。第三，土地税费体系不合理。从结构上来看，地租内涵在土地收益体系中没有明确体现，存在以费代租和租税不分等现象；税赋不公平，税种交叉重复，土地税中城市房地产税与房产税、印花税与契税存在交叉重复，造成税赋不公平。从数量上来看，土地收益分配不合理，调控功能被弱化，税收流程难以对用地和占地者形成经济上的约束机制，造成资源闲置和用地效益低下。流转环节的成本过高，不仅阻碍土地市场正常发育，刺激土地隐形市场的活跃，而且会造成土地收益流失。

2. 房地产市场上产品供求结构不对称所引起的矛盾突出。近年来，房地产市场商品房空置与需求过量并存，具体表现为供求出现结构性矛盾，潜在需求不能变成有效需求，具体表现如下：第一，区域性结构矛盾突出。经济发展较快的大中城市由于城市人口增加，对房地产的需求不断上升，但房地产区域发展不平衡所造成的这一基本情况并未很好地反映在地区土地供给政策上，在区域土地供给层面，“有保有压”并未得到良好的执行和体现。第二，房地产供求结构不平衡，主要体现为中小户型住房供应总量不足，其他高档或大户型住宅供给挤占了土地资源供给，这对于土地市场竞争和房地产价格合理回归不利。上述住房供给结构与多数居民收入结构不匹配，中低价位的住宅供应比例低，中小户型偏少致使中低收入家庭购房难，这种供需结构性矛盾较为突出。第三，房地产供求信息不对称影响市场秩序。一些开发商利用虚假广告和信息等欺骗消费者，加上有中介机构、媒体甚至所谓的“专家”误导，引发房地产纠纷和导致信任危机；由于房地产开发、建造和交易过程的复杂性，开发商具有信息优势，消费者无法获得相关信息，两者存在信息不对称，致使供需矛盾加深。后来相关主管部门要求开发商公开房地产成本，可以在很大程度上解决上述两者信息不对称的问题，有利于缓解房价上涨预期，对于整体调控有利，但这样的政策受到开发商和一些利益代言人的抵制而致使效果不如预期。

3. 住房价格过快上涨与较高的空置率并存，对未来房地产市场健康发展带来一定的隐患。房价收入比过高是由于大多数居民收入低与房地产价格过高形成鲜明对比，因此全国房价收入比普遍较高，目前中国该指标远远高于联合国人居中心认为的房价收入比不应超过3∶1和世界银行认为的不应超过5∶1水平，中国实际的房价收入比实际在9～10倍，远高于统计水平，一线城市和二线热点城市房价收入比超过15倍，北京房价收入比超过20倍（中国行政管理学会课题组，2014）。

房价过快上涨与空置率存在一定关联性，空置率高在很大程度上说明房地产业内存在供应过剩，房价应该下跌，但现实情况是房价反而持续上涨，其中主要与以下因素相关：第一，相关利益主体的积极市场预期推动。消费者普遍持有“买涨不买跌”心理，开发商希望房价稳步上涨，地方政府出于财税收入考虑，当然希望房价持续坚挺。从有利于房价上涨推动力量上来看，即使在空置率高的条件下，房地产价格仍然可能继续走高。第二，与房屋成本具有一定联系。对开发商而言，其投入的土地成本、建安成本、各种税费和开发利润等，将在房价上得以体现，随着土地拍卖价格的持续上涨，开发商提高房价将成为其必然选择。即使出现一定的闲置新房，也预期未来将上涨而获得相应收益，如果一旦降低出售，可能出现利润减少甚至亏损，这并不是其最优选择。第三，其他相关利益主体包括银行等对资金回报和安全性要求也支撑着房价的坚挺走势。近年来，社会资金总体上存在流动性过剩局面，高的空置率并没有使开发商急于降价出手，而且从银行获取贷款相对容易，银行从其收益安全和回报角度，也相应地为开发商提供贷款（张林，2014）。

4. 房地产市场交易一级市场到二级市场都存在各种不够健全和完善的交易机制。开发商在房地产市场上具有信息优势地位，部分开发商并没有执行商品房预售、销售制度，虚假广告、虚假承诺等现象并未杜绝。房地产市场专业效应和信息不对称造成了消费者处于弱势地位，在房产销售领域表现得十分明显，商品房消费投诉一时成为相关投诉纠纷的热点和难点问题就是上述现象的有力证明。

中央政府在制定特别是地方政府在执行房地产调控政策时，房地产调控政策经常陷入左右为难的境地，即一方面希望控制过快上涨的房价，另一方面又担心因此影响地方土地财政和政府债务偿还，在政策制定中忌讳地价调控。地方政府表面上许诺根据中央政策增加土地供应，而实质上是根据尽可能获得多土地出让金进行“挤牙膏”式供地，甚至不惜有意控制供地计划。例如，在2013年“国五条”政策实施后，一些地方推选“下有对策”应付中央政策，甚至反向操作推高地价和房价（中国行政管理学会课题组，2014）。

二、选题意义

（一）对于寻找转型期房地产波动的经济原因和行为原因有一定的指导意义

通过对房地产波动的经济原因与行为原因进行分析，提出在制定房地产调控等公共政策和调控房地产时不仅需要考虑经济原因，而且需要参考利益主体博弈行为，以实现房地产业健康发展。在房地产业内，包括政府、开发商、银行、消费者、中介机构等利益主体，政府希望通过制定相应宏观调控政策使房地产业平稳运行；开发商希望通过制订相应的营销、服务计划，在市场竞争中取得有利地位；购房者希望准确及时预见房地产业发展变化，在此基础上进行正确投资或消费决策；银行在提供融资实现自身利润增长的同时，也帮助居民实现住房目标。了解房地产周期波动可以为政府宏观调控提供参考，为政府实施反周期政策提供依据。

房地产波动具有内在的经济原因。作为投资的重要组成部分，房地产投资与其他固定资产投资一样，受到经济周期影响并通过自身投资波动进一步强化经济周期波动。作为市场经济条件下的趋利主体，在房地产市场繁荣时期，开发商将倾向于积极主动地获取土地，进行房地产开发；消费者在满足其居住要求后，在其他投资渠道有限的条件下，存在对住宅进行投资以获利的动机；受到银行和地方政府以及开发商的共同利益捆绑，他们通过媒体等影响其他利益主体对未来的预期，进一步推动房价单向波动。

制定政策需要考虑市场中经济主体的活动规律，使市场参与者朝着有利于政策目标的方向行动，必须掌握房地产市场各方博弈策略及影响因素，运用政策引导不同主体行为。中央政府调控政策难以全部贯彻落实，一些地方官员不愿意严格执行遏制措施，而鼓励房地产市场繁荣不仅能够保证税收，还能提升当地经济增长，在当官员晋升以经济增长为重点的锦标赛背景下，官员晋升与此相关，这种激励措施鼓励地方和中央展开博弈。本研究拟从博弈论和信息经济学角度，分析中国房地产市场公平有序运行的条件和环境，对房地产市场中矛盾和利益冲突比较集中的政府、开发商和消费者等相关参与人的行为建立博弈模型并进行系统分析，通过分析宏观调控政策之下房地产市场中地方政府、开发商、消费者的博弈行为，为各利益主体的行为决策提供政策建议。

（二）对于认识转型期房地产波动特性和把握调控方向具有一定的实践意义

转型期房地产波动是经济内在波动与利益主体博弈行为互动的结果。本研究将运用数量分析和行为分析方法研究转型期房地产波动，对自房改以来到随后一届政府执政期间所处周期进行判断，分析房地产周期波动受到的经济因素与政策因素如何相互影响和互动。研究转型时期房地产周期波动与利益主体行为，分析房地产波动经济原因与利益主体博弈行为可以更加接近房地产周期的形态与特征，研究利益主体对房地产波动的影响对于减缓宏观经济波动具有一定的实践指导。房地产市场是个复杂系统，其供给、需求、价格形成具有博弈行为的活动，任何参与者不但影响其他参与者的决策，又受到其他参与者行为影响。房地产市场波动是开发商、地方政府以及其他利益主体在特定制度环境下利益主体博弈的结果，把握利益主体之间的合作和非合作博弈是实施调控政策的重要基础。

房地产发展受到供求规律支配，而中国房地产被作为带动经济增长的政策，拉动经济增长贡献被畸形突出，地方政府强调房地产链条所带来的财政功能，土地财政成为地方政府实现市政建设的重要财源。房地产的社会功能往往被忽略，住房社会保障功能总体缺失，保障房供给不足。如果将房地产让位于经济增长政策，由于商品房的投资性和消费性，加上货币供给政策等对房地产价格上涨形成预期，开发商可能利用房屋上涨预期囤积土地，购房消费者受到预期影响可能追逐购房而逼高房价。需要在土地供应政策、金融创新政策和税收政策等方面综合配套推进，切实增强政策的实践性和可操作性。化解上述难题的关键在于政府出台政策的严肃性和政府问责制，扩大土地供应而非一味限制需求，让“防止房价过快增长”调控目标成为现实，并使居民形成房价不会过快上涨的预期。

发达国家房地产业的发展历程表明，将房地产市场作为社会政策重要内容的国家的公共住房均得到妥善解决。上述国家并不把房地产投资视为拉动经济增长的重要来源，而是把确保居民基本居住权、生存权和发展权是政府考虑的主要目标。房地产拉动经济增长只有在社会政策构架内进行才能发挥其应有作用。历史经验表明，一些国家早前将房地产视为拉动经济增长的力量也曾出现类似的社会不和谐问题，之后将住房保障政策法定为社会政策组成内容，房地产对经济增长的拉动作用才变得不再重要。把保障住房仅视为对低收入群体救济的国家，该保障住房政策并不成功，那些保障住房往往成了贫民窟（郑永年，2010）。

（三）对于改变消费者在内的相关利益主体预期具有一定的借鉴意义

预期对于房地产供给与需求具有重要影响，如何改变预期实现房地产健康发展对于中央和地方政府、开发商、居民等利益相关方都具有重要意义。在信息不完全的条件下，预期与房地产价格波动具有互动机制。为形成稳定预期应该从加大房地产市场供给来合理引导市场预期。

房地产价格由市场供求参与主体决定。从需求方来说，除了支付能力以外，无论是出于消费还是投资，消费者预期对房地产价格走势影响巨大。通过预期影响供求关系而对房地产价格形成加速上涨或者下跌作用，一方面，通过需求方来影响房地产需求；另一方面，通过供给方来影响住房供给。2003 年以来房价上涨，宏观调控政策并没有完全达到预计效果，但经历多次重复博弈之后，相关利益方形成适应性一致预期，导致住宅价格向上攀升。研究预期和房价的关系对于利益主体投资或消费、防止房地产市场剧烈波动具有重要作用。

房地产调控需要密切关注和引导市场预期。在经济调控中正确的舆论引导显得非常重要。已有政策对于促进理性预期形成未能发挥其功效，特别是对于如何认识“防止房价过快增长”的解释存在很大分歧。如果超过一次以上政府既定的“防止房价过快增长”政策目标未落实时，居民将形成相反预期即房价仍然将保持较快速度增长，从而形成社会一致性预期。政府想要通过切实的宏观调控，实施扩大供给政策缓解住房集中需求，从需求方面缓解房价过快上涨压力，特别需要认真研究预期在其中的重要作用。

第二节 研究现状和目标

一、转型期、房地产及其相关范畴研究综述

（一）转型期研究集中于经济社会顺利转向市场经济和现代社会问题

有关转型期的研究，主要涉及经济和社会体制如何顺利地向市场经济和现代社会转型的问题。自 1993 年起，中国学者开始对经济改革进行了一系列研究。1994 年 2 月，樊纲就中国渐进式改革发表的新观点引起了强烈反响；1994 年 6 月，由盛洪主编的《中国的过渡经济学》一书正式出版，集中关注中国转型经济学的内涵和规范等；1994 年 7 月，由上海《文汇报》、上海三联书店、上海人民出版社共同邀请 30 余名中青年经济学家联合召开“中国过渡经济学”讨论会；1995 年 3 月，北京大学中国经济研究中心成立，集中研究“过渡经济学”并对前沿理论进行探讨，由此开始了中国转型经济的研究（王艳萍，2011）。

相关代表性学者观点包括：邵晓光（1998）认为，中国正向市场经济体制转型，现行经济体制具有“转型发展特征”，具体表现在财产关系多元化，这是最基本的特征；决策趋向分散化；动力机制偏好世俗化，基于经济利益推动的市场化力量作用在转型过程中的作用在增强；调节机制二重化，市场和计划的影子在经济社会生活中仍然比较常见；约束制衡机制的交替化，表现在计划为主的约束机制逐步消失和市场化的约束机制逐步形成，但某些领域存在交替和反复；对外开放体系的扩大化。谷书堂

（2004）提出自从20世纪90年代初选择市场经济体制并引进西方经济理论以后，需要结合马克思主义政治经济学为指导，研究中国经济学向何处去，创建转型期中国经济学，形成一套完整独特的理论体系，指引中国改革开放和经济社会成功转型。张建君（2008）认为，中国经济转型模式应该突出改革、转轨和转型各自不同内涵，相应地，应该以改革经济学、转轨经济学和转型经济学理论为指导，中国转型经济存在经济转轨过程、社会转型过程和社会制度创新过程三个转型层次，最为核心的是前两个转型问题，这是中国转型期应该重点围绕并关注的问题。

在经济社会转型期，各种利益主体和诉求不断出现，需要按照经济转型规律认真对待。洪远朋等（2004）提出在向市场经济转轨过程中，由于经济体制改革、所有制结构变化、经济发展战略转变、利益观变化等原因，从而引起经济利益关系格局变化，出现经济利益主体多元化、经济利益来源多样化、经济利益表达公开化、经济利益差距扩大化等不同的转型社会特征，需要坚持统筹兼顾，协调好改革进程中的各种利益关系。陆学艺（2010）认为，自中国改革开放以来，社会结构发生着深刻变化，农业劳动者阶层、产业工人和商业服务员工阶层快速扩大、私营企业主阶层逐渐成长，国家与社会管理者阶层处于优势地位，特别是中产阶层正在崛起，利益主体和社会阶层结构的变化对于经济社会转型影响深远，利益诉求也各不相同。为分析不同利益主体收入行为对分配带来的影响，岳希明等（2013）将垄断行业高收入分解为合理和不合理部分，经研究发现垄断行业与竞争行业之间收入差距的50%以上是不合理的，这种不合理源于行政垄断。由于收入统计不反映垄断行业的高福利水平，因此对垄断行业高收入中的不合理部分还要严惩。

转型期的地方政府行为是研究经济社会转型的重要变量，对于整体转型顺利与否具有重要影响。张卫国等（2011）认为，地方政府投资行为、地区性行政垄断及经济增长这三者在现阶段地区性行政垄断对地区经济增长中具有倒U型影响，地区性行政垄断对地方政府投资具有正U型影响，地方政府投资及地区性行政垄断都促进了地方经济增长且存在明显替代效应。长期而言，地区性行政垄断不利于全国整体市场规模经济效应的发挥，获取政治租金损害了经济效率。靳涛和陈栋（2014）提出产业结构失衡在某种程度上与政府主导经济发展模式有关，一是地方政府财政支出直接干预地方经济而产生的直接效应；二是地方政府通过对国有经济的影响进一步影响产业结构调整而带来的间接效果。这种效果在不同地区的表现存在地域差异，因此调整政策应该因地制宜。

（二）中国土地集体和国有性质收益与分配问题

上述研究突出中国土地所有制条件下，地产特殊性与一般性以及如何与经济转型匹配。Rose 等（2004）使用期权的方法研究大量应用于亚洲房屋预售制度条件下的定价和分配收益问题，作者提出预售机制能够打破市场垄断势力，减少新进开发商的风险和破产成本。如果期房购买者可以持有看涨期权，则当房价上涨时履行合同，当房价下跌时可以抛出合同。如果类似假定成立，开发商采用使自己预期收益最大化策略，消费者等利益主体便可以回避相关风险。

关于中央和地方政府在土地收益方面的博弈情况，相关学者进行了较多分析。毕继业等（2003）认为由于中央政府在土地收益分配上的行动落后于地方政府，且两者之间存在明显信息不对称性，因此两者之间的博弈关系为不完全信息动态博弈，中央政府占优选择为事先确定合理的土地收益分配方式和比例，并加大对地方政府行为的约束；地方政府占优选择为配合中央政府，采取讨价还价方式扩大收益分配比例。贾生华和张娟锋（2006）在分析了灰色土地市场机制的演进过程后认为，转型期的国有企业和村集体组织成为灰色土地市场中的主体，非法占用集体土地成为灰色土地市场中的主要违法行为，这与土地市场存在产权模糊、利益分配不均以及城市土地资源配置的双轨制等因素相关。王俊（2006）通过非合作博弈支付矩阵分析认为，地方政府与开发商之间的博弈主要围绕土地出让价格及其基础设施建设成本分担展开，在多数情况下，地方政府与开发商之间具有合作或合谋倾向，特别是基于土地国有制条件下的土地产权模糊不清，土地市场具有地域性和一定程度的垄断性，交易程序和交易信息不对称、不透明，政府与开发商的合谋将损害消费者利益。

曾继平和黄剑青（2005）运用寻租理论以地方政府及相关职能部门和开发商为分析对象，他们在土地一级和二级市场上都存在不同的寻租活动，需要加强对土地出让环节的监督，减少寻租活动降低其负面影响，需要改变土地资源所有权实质归于地方政府而集体土地所有权虚置的情况，避免地方政府直接支配土地资产，加快土地市场发育。王文革（2005）通过对土地所有者与使用者之间的博弈提出，城市土地配置实质上是土地所有者与使用者之间相互设租和寻租的行为，这一行为往往导致国有资产流失。为减少上述国有资产流失和改变土地利益不合理的分配现状，需要切实落实国家土地所有权权益和相关利益主体的权利。杨波（2006）认为城市房地产问题症结在于政府管理错位、越位和缺位，原因包括理论误导、价值观扭曲、体制不健全及制度缺陷等，要解决上述问题必须纠正上述原因，改变由于中央与地方政府在土地收益分配上的先后顺序和信息公开透明，同时加大对地方政府的约束，完善房地产管理体制机制。

（三）土地征用衍生地方政府对土地财政的追逐成为波动源头

土地征用是集体用地变性为建设用地唯一合法的形式，其中所衍生出的土地出让收入和对土地财政等利益的追逐，导致房价及供求失衡，这些是房地产波动研究涉及的主要问题，学界对此已有相关研究。丰雷等（2002）通过实证研究提出土地投机是房地产泡沫形成的直接原因，政府干预失灵、权力寻租和制度执行不力推动了房地产泡沫的形成。袁志刚和樊潇彦（2003）通过构建房地产局部均衡模型，分析不同利益主体最优选择，揭示家庭和开发商对价格的预期，形成房地产市场理性泡沫的机制。平新乔和陈敏彦（2004）运用 35 个大城市面板数据，通过地方政府对地价的控制、信贷与经济适用房优惠政策等多个变量对房地产业投资、销售价、销售量和土地购置者的经验分析，认为开发商是通过土地截留的方式从地方政府获取低廉地价并赚取高利润；经验结果表明政府支持的银行信贷对房地产投资、房价及销量具有正向推动作用。

魏雅华（2004）通过对系列数据分析，认为房地产市场高房价与高空置并存，并引出上述“双高”现象背后的主要原因。高炳华和俞小江（2006）认为房产价格持续快速上涨主要与GDP增长、居民收入增加和地价成本高相关，通过营造竞争机制和控制地产成本可以完善房产价格合理形成机制。严金海（2006）采用四象限模型、格兰杰因果检验以及误差修正模型等方法，从理论分析、实证检测和政策效果回应等方面来对房价与地价关系、市场结构与政府供地方式的转变之间存在的联系进行研究。与协议出让方式相比，土地“招拍挂”方式出让能够促进土地市场买方竞争和降低房地产增量市场垄断，通过市场竞争方式让土地价格得以合理确定，降低了地价对房价的影响。

高燕和王海滋（2007）通过分析提出，改革和政策调整、经济快速增长、市场预期变化、地价上涨和成本推动、开发商合谋、游资和外资介入等均为房价上涨的外在因素；内在因素是既有的房地产制度体系，包括土地制度、房地产交易制度、城镇化政策、社会保障制度、监管制度等方面，针对性解决这些内生制度问题，并完善配套政策，才可能将房地产价格降到合理水平。

（四）中国房地产发展既有成熟理论又有转型经济特征

中国房地产发展研究需要突出中国转型期的特殊性。在开发商与消费者的博弈中，开发商掌握大量实质性信息处于代理人地位，而消费者处于委托人的信息劣势地位。李炜等（2001）基于上述信息不对称现状提出，如何畅通信息获取渠道，提高信息获取的真实性、及时性和透明度以改变消费者等的弱势地位政策。杨建荣和孙斌艺（2004）就开发商、消费者和政府三方博弈体系建立供求层面的不完全信息动态博弈模型，提出开发商基于乐观预期而供给过度，消费者基于消费预期不足而出现的结构性矛盾，造成了房地产市场结构性失衡，以及如何切实改变既定政策决定房地产市场未来走向。张良桥（2005）通过演化博弈论模型研究房地产市场诚信机制形成过程、条件和相关影响因素，并提出了通过动态角度，系统规范房地产信用市场，以解决房地产市场信息不对称问题。李林（2006）认为，房地产市场上出现的逆向选择、道德风险、市场效率低下、金融风险积累等都与该市场上的信息不对称有关，政府必须在市场信息披露渠道、机制和时效上发挥应有作用。

肖继文和张巍（2006）通过建立委托—代理最优激励机制解决开发商与购房者信息不对称问题，弱化因信息不对称导致的逆向选择和道德风险，为开发商和消费者之间建立良好的信息沟通桥梁，规范开发商信息发布渠道，建立市场信誉，促使住宅市场健康发展；通过建立有效率的交易市场，形成一套公平竞争、充分信息和以信誉为保证的运作机制来选择优秀开发商，以有效的市场机制对其进行激励和约束。郭凌峰（2006）认为，房地产市场投机是市场失衡的重要表现，中国房地产市场已经背离了市场经济运行规律，房价收入比失调，商品房空置率高已经成为事实，特别是房屋新增供给增幅快于同期销售增幅，供求矛盾的责任主要是房价超出普通居民的支付能力。葛扬和贾春梅（2011）从地方政府行为视角出发，分析廉租房供给不足的根源在于中国特殊的财政集权体制和政治激励机制对地方政府行为施加的约束与限制因素，决定了地方政府廉租房的供给偏好是不增加供给，即使供给效率较低，出路在于改变地方政府廉租房供给行为环境和模式。

二、房地产周期、博弈行为与方法论研究综述

（一）房地产周期定性和定量以及周期波动的相关研究

有关房地产周期和经济周期方面的研究。第一，早期房地产周期常常与建筑周期联系。Grebler 和 Burns（1982）通过从 1950—1978 年美国房地产周期波动，提出 4 个 GNP 特征明显的经济周期和与此相关的 6 个房地产周期，GNP 波动领先于房地产周期到达高峰。Kaiser（1997）通过 20 世纪初以来经济周期波动与景气指数建立预测和实证研究模型，提出经济周期由过多的建筑投资以及通货膨胀导致，早先的证据表明一个周期持续 50 ~ 60 年。有关房地产周期发生频率方面。Hoyt（2000）研究了美国芝加哥 100 余年来的土地价值、租金、房地产市场交易活动、铁路公路交通、人口密度等方面，认为芝加哥房地产市场存在大约 18 年的周期。

第二，已有的研究认为经济周期与房地产周期关系最为密切，同时受到多种因素影响。Grenadier（1995）认为房地产成本变化、需求变动、建筑和产品供给时滞将影响房地产周期，房地产供应商基于上述综合因素择机进行开发建设从而影响经济周期的波动。Quigey（1999）根据宏观经济条件和理性预期因素变化认为，经济基本面不能很好地解释短期中房地产价格的变化，影响房地产周期因素中预期因素解释能力最强，其次才是基本经济因素，如果将两者综合可以较好地调节市场的波动。

第三，已有不少研究认为，房地产业周期还存在于商业周期。Wheaton（1999）认为不同类型的房地产存在动态波动与调整，该动态调整与房地产供求弹性、滞后供给和房地产的耐久性有关系，并认为全美商业房地产市场具有很强的周期特征。

第四，房地产周期受到国际因素影响。由于20世纪70年代以来宏观经济出现滞胀，国际因素等被纳入房地产波动分析范畴。Hendershott（1996）认为资本跨国流动、金融放松管制、不当的财政政策和土地投机等造成房地产周期波动并可能导致泡沫破灭。Pyhrr等（1999）以国家较长的时间序列资料为基础和以宏观经济周期为背景，基于房地产的微观决策背景，着重于投资量和投资组合的周期性影响，将研究房地产周期侧重于国家或区域范围的周期研究。Beechey等（2000）将研究重点集中在股票和外汇市场，之前的研究默认资产价格的形成是基于有效市场假说理论上的，研究认为有效市场假说并不能很好地解释资本市场上的重要的行为和特征。

梁桂（1996）认为周期波动现象体现为空置率和租金率的升降和房地产商品存量周期变化；通过房地产销售量增长率可以分析房地产周期特征和传导机制，表明通货膨胀和房地产周期之间的差异和联动；提出房地产周期存在于房地产连续循环周期内，在宏观经济周期不同的阶段和环节表现出了不同特点。刘洪玉（1999）分析了房地产的自然周期和投资周期，房地产市场的自然周期和投资周期是相互联系和相互影响的，投资周期在第一阶段和第二阶段初期滞后于市场自然周期的变化，在其他阶段则超前于市场自然周期的变化。曲波等（2003）对中国房地产周期的研究做了回顾，并对房地产周期指标的选择进行了阐述。孟晓苏（2005）在对比了国外的房地产周期研究之后认为，中国房地产周期完整的波动周期大约是7年。许宪春等（2015）根据统计国民经济核算理论和方法对房地产开发投资、房地产生产、房地产消费进行界定，将这三个领域定义为房地产经济。从这三个彼此密切联系的领域里系统而完整地研究了房地产经济对我国国民经济增长的作用，探索了房地产经济的合理增长对国民经济持续健康发展的重要意义。房地产经济增长速度过高或过低都将影响国民经济稳定，为保障国民经济健康稳定增长，应该将房地产增长控制在合理水平。

有关影响房地产周期波动的因素研究。第一，房地产周期具有领先性，其波动情况由于受到经济、人口、通货膨胀等方面的影响而反映为空置率的变化等。Stevenson（2004）分析了20世纪80年代英国住宅交易量和宏观经济波动关系，金融自由化、人口结构变动和量价关系，提出住宅波动主要和交易量之间呈正相关，房地产波动冲击宏观经济，房地产周期外在特征表现为空置率。

第二，从资本市场角度来分析房地产周期波动。Scott（1990）对资产价格周期分析认为，信用约束导致总变量发生持续波动，各类投资收益对房地产周期波动具有影响，房地产投资信托基金和农地价格并不总是反映其基本价值。Bjorklund和Soderberg（1999）认为市场投机影响价格波动，通常房地产供给缺乏弹性，投机行为直接影响房地产周期波动，房地产周期中的上升阶段发生显著价格上涨现象可以部分由投机性泡沫来解释。

第三，从经济结构、体制变迁、金融支持和政策因素变动影响房地产周期。Meese和Wallace（2003）研究巴黎1986—1992年的住房市场数据，提出政策因素、宏观经济变化、房地产结构调整和预期引起市场变化等内外冲击影响房地产周期波动。Malpezzi和Wachter（2005）指出房地产周期与金融危机两个经济现象高度相关，来自不同国家和地区的数据研究表明在房价与银行贷款之间存在显著动态影响。

房地产周期成因方面，主要强调投资和政府行为。罗乐和张欣莉

(2006) 选取商品房开发投资等房地产经济波动指标确定房地产经济综合指标体系，并运用聚类分析的方法分析房地产波动，为分析中国房地产周期波动提供了方法和手段。刘洪玉和沈悦（2004）通过虚拟变量就中国主要城市房地产价格和经济基本面进行分析，提出1998年之后经济基本面对住宅价格解释能力有所下降，各城市住宅价格的增长已经无法很好地用经济基本面和住宅价格的历史信息来解释。王金明和高铁梅（2004）提出状态空间可变参数模型，认为在影响房屋需求的诸多因素中，收入弹性最大，其次是价格、利率弹性；在影响供给的因素中，价格和利率弹性都较大；此外还发现货币政策的实施在房地产市场是有效的。

姜春海（2005）根据一般均衡模型构建房地产投机泡沫并进行测算，判断房地产泡沫严重与否并提供解释房地产泡沫的成因。梁云芳和高铁梅(2006) 根据MTV模型，分析住宅价格增长率波动因素，提出资金价格、市场需求、心理预期以及金融约束是影响房地产发展的主要因素，需求明显强于供给对住宅价格的影响。高东胜（2011）提出政府面临控房价与保增长的两难选择，其中住房保障制度不完善以及分税制改革导致地方政府行为偏离。武康平和胡谍（2010）建立两种约束SVAR模型，通过实证得出房价短期高涨的最主要原因是政府实施宽松的货币政策，房价过快上涨挤出居民消费，影响非房地产市场投资。蔡真和汪利娜（2011）通过构建银行信贷内生条件下的房价与信贷模型，以房价与信贷数量和信贷价格关系检测研究提出，在中国金融体制条件下，提高贷款利率和准备金率等数量性政策并没有抑制房价过快上涨。

（二）利益主体博弈行为对房地产周期波动幅度和方向的影响

博弈行为影响房地产发展研究方面。开发商之间的博弈方面，Grenadier（1995）针对房地产开发的时机建立了一个均衡博弈模型，解释了为什么在需求下降时还会出现房地产市场的繁荣。Dewey（1997）指出在房地产开发过程中开发商处于博弈中心，在追求公共和私人利益时面临不同决策条件。在资金市场中开发商追求利润最大化，将房地产看作投资项目，而在消费市场中开发商要考虑怎样向消费者提供服务。关于开发商与消费者之间的博弈研究。Mejia（1999）评估了在商业抵押贷款市场的信贷供给效应和贷款人的预期，以及有关这种效应和预期影响到他们贷款等，指出消费者根据开发商定价对房屋进行估价，运用讨价还价模型研究开发商如何制定最优要价及如何实行保留价策略，同时还考察了房地产开发中的预售交易逆向选择问题。

现有的国内文献对中国房地产业利益主体的研究通常包括中央政府、地方政府、购房者、开发商、商业银行等。左峰（2007）讨论了中央与地方政府博弈的积极效应和消极效应，认为利益和非利益主体卷入这场利益博弈，是因为各利益主体都以自身利益最大化为目标，选择利己行为和策略应对市场，这种博弈行为结果通过房价涨跌的形式表现出来。高波（2008）描述了开发商在制定销售价格时一般采用垄断、跟随策略、价格歧视、合谋、掠夺性竞价、拍卖竞价等定价方式，提出开发商可能采取其他独特的价格策略，包括增值诱导定价、外部效应内部化、人为制造短缺来扩大剩余需求，并提出政府需要采取应对措施规制开发商定价行为。张永岳和李然（2012）以宏观调控制度的基础与边界分析为基础，提出中国房地产业宏观调控制度基础、作用对象以及发挥作用的机制，认为房地产市场限制运行机制、均衡过程和控制变量。房地产业宏观调控目标与模式设计需要注重各方面利益，注意商品房和保障房双重体系建设。

地方政府行为研究，马小刚（2008）从经济学角度来解释土地“招拍挂”制度对市场绩效影响，分类统计 2003—2005 年中国城市土地有偿出让市场数据，分析土地出让市场中的实践与理论并不相符的原因在于地方政府干预“招拍挂”制度。伍德业和刘红（2008）认为地方政府土地出让定价鼓励开发商囤地，造成市场进入壁垒，扭曲地产价格形成机制，提出地方政府应担负起对土地市场的监管职责。高凌江（2008）运用多元回归对中国 35 个大中城市进行了数据分析，得出地方财政支出与房地产价值高度呈正相关，提出对房产税进行改革，减少流通环节的税负和税种，将房地产税作为地方政府的主体税种和主要公共支出的来源。

关于房地产市场中开发商行为的研究，杨峰（2009）指出开发商的囤地行为不单纯因为房地产市场过热引起的冲动和非理性行为，而是来源于开发商对未来房地产市场和土地增值的乐观预期，而这其中很大一部分来自国有地产企业，政府应依靠制度引导并强制房地产企业谨慎拿地，理性扩张，以实现房地产行业的持续健康发展。

关于政府、开发商和消费者三方的博弈研究，杨建荣和孙斌艺（2004）在供给和需求层面上建立不完全信息动态博弈模型，指出房地产市场失衡的原因在于开发商的乐观预期供给和消费者预期消费不足，房地产市场走向的决定性因素在于政府政策。黄武军等（2011）建立政府、开发商和消费者三方指派博弈模型，提出改革补偿金制度设想，政府不应直接参与房地产市场交易而应该引导市场，发挥市场主导作用。

关于地方政府与开发商之间的博弈，刘雷（2008）探讨土地市场、政府与开发商在土地使用权方面通过协议、招标、拍卖三种方式的出让过程中的博弈行为，提出合理利用城市土地资源，减少城市土地囤积与闲置建议。关于地方政府之间的博弈，吴旬（2004）运用供求分析法和公共选择理论分析土地市场，总结出地方政府之间采取价格战进行招商引资，导致整体社会福利的降低，提出改变对地方政府官员不合理的激励机制，引导其致力于软硬件环境的建设。

（三）预期等心理因素对房地产发展的作用和影响

学者对预期和房价波动的关系从静态理性预期、外推预期到适应性预期，这在房地产价格形成中有所反应。张金明（2000）认为预期因素直接影响房地产市场发展，探讨了预期因素影响房地产市场供需，分析房地产市场预期特征并提出相关政策取向。开发商和消费者预期不同可能导致不同结果，何元斌（2006）根据拍卖理论构建出房地产利益集团博弈模型，认为空置率上升与房地产价格持续上涨都主要源于开发商与投资者乐观供给和消费者需求预期不足。刘洪玉和沈悦（2004）认为房地产价格由租金、利率及未来价格变化三个因素共同决定，人们对房地产价格的期望总是建立在当前价格的基础之上，房价影响预期，预期影响需求，需求影响房价。郑思齐和王寅啸（2007）通过建立包括预期在内的住房需求模型，认为居民对房价上涨预期将成倍放大为住宅实际需求。高苛和刘长滨（2008）研究预期对中长期政策的不同影响，即短期政策失效，但长期中预期不影响政策。梁以德等（2007）建立蛛网模型分析市场价格波动，认为房价波动会随着异质后向预期假设以及其他内生因素的不同而产生本质性变化。

（四）有关研究方法与工具

新的研究方法和工具将逐步引入房地产周期分析。Corcoran（1987）借鉴使用光谱分析以及转折点分析等分析工具，构建了房地产的波动循环时间序列模型，推动了房地产的波动研究和普及。Green（1997）通过格兰杰因果检验关系，将计量方法大量引入房地产波动、投资波动和 GDP 变化等互为密切关联的主体关系。Clayton（1996）利用时间序列自回归模型分析宏观经济周期变化和房地产周期之间的互动关系，认为宏观经济周期与房地产价格密切关联。Capozza 等（2002）在研究中使用向量自回归模型和多项式分布滞后模型研究房地产波动情况。

关于房地产周期研究者大都采用各种指标综合运用分析房地产周期。何国钊等（1996）使用实有房屋建筑面积、城镇住宅竣工面积、实有住宅面积、城镇住宅投资、商品房价格、城镇新建住宅面积、房产买卖成交面积等指标构建周期分析模型，利用景气循环法对各项指标进行分析，利用指标合成扩散数据计量房地产周期波动情况。王勉和唐啸峰（2000）使用从 1987—1998 年房地产投资和国内生产总值变化的移动平均值，计量说明房地产投资和国民经济增长呈正相关特点。谭刚（2001）针对房地产周期与宏观周期关系，将指标范围扩大到宏观经济活动领域，构造间接、表层和内生三类指标，共同组成了房地产景气指数体系，选择总量、投资、生产、交易、金融及价格等指标对国内房地产周期进行研究。丁烈云（2003）利用房地产业增加值、住宅投资、房屋施工和竣工面积、土地开发和商品房销售面积、居民可支配收入等指标，使用扩散指数描述房地产周期波动。

许宪春等（2015）运用统计和国民经济核算理论和方法对房地产经济

的范围和内涵进行科学界定，以此为基础上从房地产开发投资、房地产生产和房地产消费三大领域系统完整地定量分析房地产经济在中国国民经济增长过程中发挥的重要作用。具体地，对房地产开发投资领域，依据投资统计中的房地产开发投资与全社会固定资产投资的关系以及全社会固定资产投资与支出法国内生产总值核算中的固定资本形成的总额关系，定量测算了房地产开发投资对国民经济增长的贡献；对房地产生产领域，定量测算了房地产业对国民经济增长的贡献，利用投入产出模型定量测算房地产开发投资拉动建筑业、工业、交通运输业、批发和零售业等相关行业对国民经济增长的贡献；对房地产消费领域定量测算了房租支出、住房维修管理费、水电煤气费用和自有住房服务虚拟支出等居住支出对国民经济增长的贡献。

房地产周期计算方法上，已有研究常涉及以下方法，如何国钊等（1996）、谭刚（2001）使用了扩散指数法；王诚庆等（2002）、中国人民银行武汉分行金融研究处课题组（2006）使用了合成指数法；谢经荣等（2002）判别和预测房地产泡沫的指标和方法；朱骏和张红（2006）使用了人工神经网络方法；顾建发（2007）、张红和谢娜（2008）使用了主成分分析法和谱分析法；张红等（2007）使用了自回归分布滞后模型和协整检验。

（五）房地产调控建议和长效机制建设

许多学者对如何调控房地产市场，促进其健康发展提出了政策建议。易宪容（2009）指出社会主义公有制性质确保住有所居的调控政策应该以住房政策的公共性为理论基础，使房价回归理性，以消费市场为主导，从实现住房市场化出发，重视住房的消费性，加大对中低价位普通住宅的建设。刘旦（2010）从利益相关者角度来考察政府宏观调控政策的着力点是否精准，通过分析政府内部博弈、开发商与购房者之间博弈得出宏观调控效果不大的内在原因，提出长远对策来真正解决房地产市场的问题，改变过于倚重房地产的经济结构，深化财税体制改革等。韩蓓和蒋东生（2011）从政策动态一致性角度来分析调控政策动态不一致的原因并提出房地产调控政策的有效路径，主要是协调中央与地方政府关系，围绕居民实际需求，政策需要具有严肃性和灵活性的特征。韩芳和陈彤（2011）通过量化2004—2010年房地产调控政策调控目标、手段、对象和调控环节，揭示房地产市场存在宏观调控目标多元化、行政手段与经济手段并重、地产立法不全、土地制度不合理等问题，提出对公房和私房市场实施不同调控方案。

刘爱明和刘冬荣（2008）在税收征管理论基础上评述房地产税收调控政策的合理性和局限性，提出加强对投资和投机性需求的税收征管，政府部门之间如土地、税收、金融部门应该统筹综合调控，适当疏导和分流住宅需求。刘会洪（2011）通过对发达国家房产税的情况分析，提出信贷扩张是形成房地产泡沫的主要原因，抑制房价需要通过房产税及信贷政策、住房保障等发挥综合效用。曹荣庆（2011）提出房地产市场中的利益主体消费者、开发商和政府之间无法找到均衡点，政府对低收入群体住房保障不力，建议区分房地产市场的两种属性，构建具有良性互动关系的两个体系。许经勇和马原（2005）通过土地供给政策、银行资金投放等角度，分析政府宏观调控房地产市场的机制与影响，提出从制度安排开始，建立健全房地产调控长效机制，避免房地产价格剧烈波动。

三、已有研究评析和本课题研究目标

1. 已有研究评析。不同于西方国家房地产业已有百余年发展历史，中国房地产市场发展时间短，受到相对频繁的宏观经济调控等因素的影响，房地产周期表现出过渡期特征。近年来，国内外文献研究房地产周期主要基于以下几个方面：

第一，将主要研究放在房地产周期以及国民经济发展特别是经济增长方面，字里行间隐约将房地产作为拉动经济增长的动力，并于1998年启动房改之后，将住宅需求作为拉动经济增长，刺激内需的权宜之计。将宏观周期理论运用于房地产领域，分析房地产波动成因，分析房地产周期波动传导。住宅兼具消费品和投资品特征，房地产投资和消费决策需要考虑房

地产属性。

第二，房地产周期与宏观周期之间的关系。许多学者通过各种分析模型探讨了房地产业和经济周期波动的关系，多角度和多层次地判断房地产波动。根据对房地产周期的研究，分析房地产市场上的投机行为和房地产泡沫现象，在此基础上政府可以采取反周期操作和平衡利益主体行为政策。通过比较房地产周期波动，展望房地产业周期波动扁平化的政策建议。

第三，土地市场成为房地产周期波动的重要分析对象。类似的问题分析涉及土地市场征用、出让问题及房地产开发，相关文献的研究主要集中在房地产现状、房地产泡沫和房价宏观研究等方面，也有研究对其中的逆向选择和道德风险进行微观分析，集中在征地补偿、征地安置、征地程序、规范政府职能和健全法规等方面。学术界对寻租现象的讨论集中在权力人员腐败问题方面。也有一些文献利用寻租理论对市场经济中政府角度进行探讨，部分文献单纯地研究了利益集团对房地产市场的影响。

国内外学者对房地产周期进行研究，研究方法具有多样性，不同的研究混合使用，这也说明研究清楚房地产真实波动的复杂性，本研究认为在以下几个方面还有值得深入研究的必要：

第一，未能很好地体现转型期中国土地集体或国有属性，土地市场双轨制运行以及由此带来的土地非市场化对相关利益主体经济行为的影响。这是分析中国转型期房地产周期波动或者房地产周期波动的重要前提。

第二，针对中国房地产波动由于缺乏经济计量与行为分析的结合，结论具有一定的局限性。事实上，房地产波动过程既有经济分析的内在因素起着作用，也有相关利益主体在其中相互博弈对波动方向和幅度起着推波助澜作用。只有将波动的经济和行为等心理预期、博弈等因素结合分析，才能比较准确地找到中国房地产波动的原因和调控政策建议。

第三，相关研究未将预期等影响利益主体行为的因素结合研究。事实上，作为理性人的利益主体行为，在重复博弈过程中，预期因素成为其战略决策的重要变量，它对于下一步行为策略将起到重要作用。房地产周期波动过程中的预期因素，对于其波动幅度和方向都可能产生一定的影响。已有研究从单个问题出发有所涉及，为从整体和更加全面的角度分析房地产波动问题，有必要尝试将预期因素予以更加充分和全面的考虑。

2. 研究目标。本研究选用房地产的供给和需求、土地供给、金融发展等指标，选用房地产投资增长率、商品房竣工面积增长率、销售额增长率、商品房销售价格指数、土地出让收入、土地出让面积等代表性指标，采用主成分分析法和谱密度分析法对上述指标数据进行整理计算，结合博弈行为分析，将经济计量分析和博弈行为分析进行对照，针对利益主体行为提出房地产调控的建议。

针对转型期经济社会的特点，本研究将以经济周期波动研究理论为基础，结合博弈论等研究方法，通过定量与定性、实证与规范相结合，主要研究以下几个问题：

第一，转型期经济社会特征。转型期的经济社会具有过渡性，在向市场经济和现代社会转型过渡中，经济社会表现出不同的过渡特征，综合住房制度改革，中国城镇化过程加速推进条件，土地集体所有和国有的不同产权属性，特别是集体土地必须经过土地征用这一严格规定，必须实施的征地过程中各方利益主体出发点不同，需要认真研究这些转型期可能影响房地产周期波动的因素和相应情况。

第二，转型时期房地产市场周期的实证研究。通过研究 1998 年房改以来特别是 2003 年房地产出现明显上涨以来，到随后一届政府执政期间为限，以主成分分析法等方法进行计量回归，研究划分房地产市场周期波动情况，分析波动的经济和利益主体行为的原因。这一时间段是中国房地产开启较快上涨的时间段，正值新一届政府完整执政时限，不仅相关数据具有完整性，而且在同一政府执政期间，在以人为本、科学发展的执政理念指导下，与房地产相关政策的调整变化脉络清晰，利益主体行为表现得比较集中，我们未将主要数据延伸到 2012 年之后的新一届政府执政期间，但有些分析涉及 2012 年之后。主要目的是通过上述完整的时间段，以上述数据分析和博弈等研究方法，展示本研究主题，当然此后的时期，上述方法仍然具有参考价值。

第三，房地产市场主体博弈行为和适应性预期。通过对中央政府（中央政府相关职能部门）、地方政府、开发商、银行、消费者等利益主体的博弈行为进行分析，特别是地方政府出于经济增长和预算外收入等方面的考虑，研究其对房地产波动幅度带来的影响。在博弈过程中，适应性预期在博弈中具有重要作用，本研究将对此进行实证研究和说明。未来房地产调控政策应该考虑相关利益主体博弈行为，从房地产供求等方面积极引导各方利益主体形成一致性预期。

第四，探讨转型期房地产波动、利益主体博弈与适应性预期之间的联系渠道与内在机理。房地产周期波动客观存在，背后由地方政府主导的多方利益博弈对房地产波动起到加大波动幅度的作用，而政策执行不到位的适应性预期又强化了由地方政府占据优势的博弈行为。相应的政策含义指出调控政策预期的重要性，调控政策的连续性、严肃性使利益主体博弈行为明确，需要将博弈行为引向中央调控政策预期目标，而不能被地方政府、开发商等利益主体所左右。

第三节　研究方法、路径与内容

一、研究方法

房地产市场参与主体具有理性人特征，房地产市场发展是一个长期互动过程，任何参与者都可能影响其他参与者的决策和行为，同时受到其他参与者的决策和行为的反作用。现行土地制度安排、为获取土地出让金等预算外收入和“为增长而竞争”的官员晋升惯例，使得相关主体出于自身利益而导致政策时滞性和政策外部性，房地产市场周期波动中出现的各种问题实质即地方政府、开发商以及相关利益主体在既定制度安排的利益博弈均衡，从制度和行为去分析转型期房地产波动现象，可以加强对问题本质的分析与判断。

本研究涉及的对象是转型期房地产周期划分，利益主体博弈行为扩大房地产周期波动幅度，利益主体的适应性预期影响博弈行为，这三者之间通过地方政府以经济增长和预算外收入为目标，据此获取锦标赛似的地方官员晋升，房地产周期波动受到博弈和预算影响。基于上述研究对象蕴含的渠道和机理，本研究拟采用经济定量研究和博弈行为分析相结合的思路，对转型时期房地产波动现象进行分析，对形成原因进行解释。本研究在分析转型期房地产周期波动时，主要采用以下研究方法：

1. 以主成分等为代表的计量分析法。通过引入主成分分析法、谱分析法、格兰杰因果检验和脉冲响应函数等分析方法，研究房地产周期划分。房地产周期的波动需要从定量角度进行研究，本研究即采用主成分分析法与谱分析法等定量研究方法对转型时期房地产波动进行客观研究。通过格兰杰因果检验和脉冲响应图，研究房地产波动中的行为因果关系。通过预期与房价关系检测，说明预期对房价的影响并提出政策含义。

2. 利益相关方的博弈行为分析。转型期房地产波动的利益相关方包括中央和地方政府、开发商、购房群体等，利益主体博弈行为分析是基于相关利益主体的经济利益、分析房地产波动的重要方法。本研究通过利益行为主体博弈分析，认为化解博弈困局的出路之一在于改变预期，向着有利于形成一致理性预期的方向发展。其中涉及静态和动态结合分析，而静态研究成为构造模型基础，用以分析某一时点引起房地产波动的相应因素。我们将随着内外影响因素变化而调整分析模型，引入房地产周期分析关键指标，将相关影响因素进行动态调整，以更加真实地反映房地产波动情况。

二、研究路径

本研究以转型期特别是经过 1998 年住房改革之后，新一轮经济周期启动以来，以房地产市场持续繁荣，房价过快上涨为背景，通过选取代表性指标构建房地产波动周期，以主成分等分析计量方法，计量划分房地产波动周期，并分析周期波动的趋势与特征。在假定房地产波动背后的外生性消费和内生性消费以及房地产市场心理行为等因素背后，以博弈论等研究方法，研究影响和决定房地产互动博弈行为过程中的市场主体行为，以及地方政府与中央政府、开发商、消费者和银行等之间的博弈行为，特别是地方政府基于 GDP 增长为锦标的晋升比赛导致地方政府之间的土地收益竞争，寻找经济计量分析波动背后的行为波动原因。在验证土地收益与房地产周期波动具有显著正向关系的基础上，进一步研究地方政府之间为了追求土地出让金为代表的土地财政这一预算外收入，进而追求 GDP 增长而赢得晋升锦标。本研究因此提出需要积极引导博弈行为和预期角度，协调利益主体之间的博弈行为，健全和完善晋升考核机制，改革土地供应方式并加大房地产供应，满足房地产供求，以有效缓解转型期房地产波动对相关利益主体带来的负面影响。

通过以上经济计量的定量分析和博弈为代表的定性分析，相互印证房地产周期波动情况。通过实证和规范研究相结合的方法，提出应该从宏观需求管理和微观增加供给两方面同时着手，解决中国转型期与房地产供给相关的住房问题。从宏观需要管理方面，主要包括合理引导房地产需求，根据土地市场双轨制特征，将房地产市场和住房保障市场严格区分，在房地产发展问题上需要正确处理政府和市场关系，让市场的回归市场，政府的回归政府；从房地产供给方面来看，政府需要确保土地供应以提供相应的住宅产品，切实做到住有所居，解决困难群众的基本生存需求；在微观管理政策方面，积极引导经济预期，通过抑制投机需求，合理引导居民房地产需求，力求房地产波动扁平化。本课题研究路径如图 1 –3 所示。

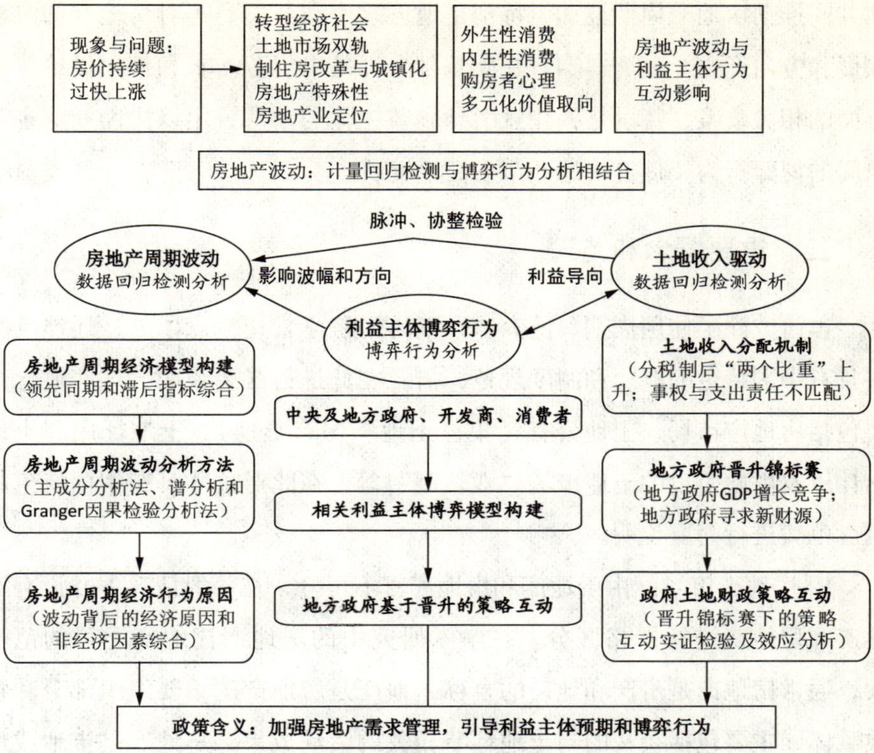

图1－3　研究思路与研究路径

对上述研究思路和路径简要说明如下：结合中国经济向市场化和社会向现代化的转型时期，经济由高增长向中速增长的新常态，社会已经形成不同利益阶层，其价值取向呈现多元化特点；土地有集体所有和国家所有，表现出不同的属性，土地市场具有“双轨制”运行特征，在此特定条件下，对房地产发展定位存有不同看法；通过以主成分等研究方法为主的实证研究，划分出房地产周期波动情况；通过以博弈论为主的规范研究方法，说明利益主体行为之间和内部如何博弈互动；通过分析在分税制实现中央财政占全国财政比重和财政收入占国内生产总值比重这“两个比重”上升之后，地方政府如何围绕土地低价征用高价出让而出现的土地财政以实现更多地预算外收入，以促进当地市政建设和地方经济增长，从而使地方行政官员夺得锦标，赢得晋升。在这样的循环利益链条下，相关利益主体共同推动房地产周期波动，特别是地方政府和开发商等对房地产的波动幅度和方向产生了显著影响。在此基础上，提出规范需求和扩大供给两个方面的相关政策，特别是要注意引导利益主体的预期，用以协助利益主体之间的博弈行为，促进房地产市场健康发展。

三、重要概念和范畴

本研究除了使用周期、博弈、预期等经济学常用概念以外，还涉及一些具有中国特色的概念和制度规范，需要在此进行必要说明，这些概念主要包括房地产市场、土地公有（集体土地和国有土地）、土地征用和土地出让以及由此引出的土地市场“双轨制”等，在此对这些具有中国特色的概念范畴进行简要说明。

1. 房地产市场。由于地产和房地产密不可分，在一般情况下并没有对地产和房地产进行严格区分。在学术研究中的房地产比地产涵盖的范畴大，通常房地产是房产和地产的合称，地产是房地产的重要组织部分和物质载体，主要包括狭义的与土地环节相关的活动成果，房地产是土地或房屋或土地和房屋的组合。房地产市场与房地产业具有紧密的联系，① 房地产是以各类房产为主的固定资产的开发、经营、投资、买卖等。地产泛指行业，土地成本还包括前期相关投入费用，特别是土地开发费用。土地开发是前期包括通电、路、暖、气、给水、排水、通信和平整场地（“七通一平”）等基础设施完善的过程；土地购置投资是开发商通过各种方式（“招拍挂”、出让、划拨等）取得土地使用权支付的费用。房地产包括住宅、商业用房和工业用房等不同类型。

---

① 根据2011年《国民经济行业分类》标准，房地产业包括房地产开发经营、物业管理、房地产中介服务、自有房地产经营活动和其他房地产业五个中类行业，它们属于第三产业。房地产开发经营是房地产开发企业进行的房屋、基础设施建设等开发、转让房地产开发项目或者销售、出租房屋等；物业管理是物业服务企业对房屋及配套的设备设施和相关场地进行维修、养护、管理，维护环境卫生和相关秩序的活动；房地产中介服务是房地产咨询、房地产价格评估、房地产经纪等活动；自有房地产经营活动是除房地产开发商、房地产中介、物业公司以外的单位和居民住户，对自有房地产的买卖和以营利为目的的租赁活动以及房地产管理部门和企事业、机关提供非营利租赁服务，包括居民居住自有住房所形成的住房服务。

房地产市场一般包括地产市场和房产市场以及为此服务的相关细分行业。政府出让土地是一级市场，土地使用者转让土地则属于二级市场。这是涉及国有土地使用权的出让和收益分配等与地方政府预算外收入密切相关的问题，即使是新的预算法也要求将所有财税收入纳入“全口径”预算管理。房地产业则以土地和建筑物为经营对象，从事房地产开发、建设、经营、管理以及维修、装饰和服务的集多种经济活动为一体的综合性产业，属于第三产业，具有先导性、基础性、关联性和风险性的特点。

地产是房地产的载体和基础，地产可以在一定程度上离开房产而单独存在，它的参与主体包括地方政府、开发商或被征地农民等，相对有限、产生利益巨大、各方均很重视，它构成整个房地产博弈市场的基础，整个房地产市场关系结构如表 1－5 所示。实践运行中，不同的土地市场相关利益主体获得的利益存在差异。

表 1－5　中国土地市场“双轨制”运行条件下的房地产市场构成

房地产市场构成		
地产市场	房产市场	地产综合服务市场
土地所有权买卖市场 土地使用权出让市场 土地使用权转让市场 土地开发市场等	房屋买卖市场 房屋租赁市场 房屋抵押、典当、交易市场等	地产劳务市场 地产资金市场 地产技术信息服务市场等

由房地产和地产衍生出的另外一对价格范畴也顺便提及，即地价和房价，目前学界对于地价提高是否推高房价，对地价和房价变化关系存在不完全一致的观点，包括地价推动房价、需求拉动房价等主要说法（况伟大，2005；梁云芳、高铁梅，2006；卢新海、王玥，2006；王岳龙、武鹏，2009），但国内外一系列实证研究认为，地价变化对房价变化具有显著的解释力，土地价格对地产供给数量和价格有显著影响；家庭收入和建筑成本是影响房价最重要的因素，后者也是本研究认同的观点，即地价对房价影响直接而深远。

2. 土地公有（集体土地和国有土地）。中国实行包括土地公有为代表的社会主义公有制，土地所有制形式包括国家所有和集体所有两种形式。集体土地是指农民集体所有的土地，集体土地是我国土地所有制的一种形式。农村和城市郊区的土地属于集体所有，农民集体所有的土地，由县级人民政府登记造册，核发证书，确认所有权。

全民所有土地即国家所有土地，包括城市市区土地；农村和城市郊区中已经依法没收、征收、征购为国有的土地；国家依法征用的土地；农村集体经济组织全部成员转为城镇居民的，原属于其成员集体所有的土地；因国家组织移民、自然灾害等原因，农民成建制地迁移后不再使用的原属于迁移农民集体所有的土地。

3. 土地征用与土地出让。土地征用是指国家为了社会公共利益的需要，依据规定程序和批准权限许可，依法给予农村集体经济组织及农民补偿后，将农民集体所有土地使用权收归国有的行政行为。中国法律规定，为了公共利益目的，国家行政机关有权依法征用公民、法人或者其他组织的土地等，这是集体用地变为国有土地，进行国有土地建设和开发的唯一合法渠道。

中国征用集体土地的补偿范围和标准包括土地补偿费、安置补偿费、地上附着物和青苗补助费。其中，土地补偿费 = 前三年平均年产值 × 补偿倍数（6 < 补偿倍数 < 10）。安置补助费的计算标准包括：（1）（被征用地块需安置人数 × 补偿倍数）> 15 时总安置费 = 该被征地块前三年平均年产值 × 15；（2）（被征用地块需安置人数 × 补偿倍数）< 15 时总安置费 = 该被征地块前三年平均年产值 × 补偿倍数 × 被征地块需安置人数；（3）地上附属物和青苗补助费补偿的计算标准 = 省、自治区、直辖市规定（一般按市场价格进行补偿）。

土地出让是国家以土地所有者的身份将土地使用权在一定年限内让予土地使用者，由土地使用者向国家支付土地使用权出让金的行为。土地出让包括协议、招标、拍卖等市场化方式进行，其中供应商业、旅游、娱乐和商品住宅等各类经营性用地要求以上述市场化方式出让，其他土地出让可以采用市场化程度较低的协议形式出让。在实践过程中，土地征用和土地出让之间具有巨大的收益差别，这源于土地征用是以较低的行政化方式取得集体土地，而在土地出让时是以比较市场化的方式进行交易。其中所产生的巨大利益差别一方面引起被征地农民的利益损失，另一方面也是由于成本推动房价上涨的因素，地方政府在其中获得了丰厚的土地出让金这一预算外收入的同时，还能获得由此带来的与房地产相关的税费收入。

四、研究内容

根据以上研究方法、研究路径和重要概念范畴，针对转型期中国房地产波动和利益主体行为为主题，课题拟针对波动内在原因与外在原因之间的关系进行研究，主要内容如下：

第一章，导论。基于房价持续过快上涨的现象和问题出发，本部分主要介绍课题研究背景、研究意义、文献综述以及研究思路、研究内容、可能的创新点和未来研究展望。本部分交代了土地产权属性和土地市场“双轨制”等具有中国特点的相关概念简要内涵。

第二章，转型期经济社会特征与房地产发展。中国从计划经济转向市场经济，转型的明确目标是建立社会主义市场经济体制，社会转型表现为民主和法治的引入和规范，社会形态逐步从封闭性社会向开放性社会、传统社会向现代社会变迁。转型过程发生新旧体制转换和更替，传统与现代、计划和市场两种体制并存、交织和碰撞，人们的行为方式、生活方式、价值体系都可能发生变化，近年来中国房地产集中体现了转型期经济社会矛盾，正确认识和处理转型期经济社会问题是国家顺利转型的内在要求。

第三章，房地产周期波动的实证研究。通过获取经济周期划分的代表性指标，就房地产周期波动通过主成分和谱分析等方法，主要从定量角度来实证分析中国自 1998 年实施住房制度改革以来所经历的典型房地产周期，并初步分析房地产周期波动的内外动因，引出博弈行为分析。

第四章，地方政府主导的房地产市场博弈行为。本章主要对直接利益主体的主要战略博弈和均衡及背后的原因进行讨论。通过博弈论的分析方法，分别就中央和地方政府行为、开发商和消费者等直接利益主体之间和彼此的行为进行博弈分析，评估其利益行为对于房地产波动方向和幅度形成的影响。

第五章，土地出让行为与房地产周期波动关系的检测。房地产周期波动受到客观经济周期和利益主体博弈的共同影响，其中预期对于房地产的供给和需求都具有重要作用，房地产价格的波动除了直接受到收入等最重要的价格因素左右以外，对未来房地产价格的预期和在多次预期结果基础上形成的理性预期通常由外因变成影响房地产未来走势的内因。本章将集中讨论房地产波动过程中理性预期的作用，通过解读相关政策让居民形成理性预期，保持政策的连续性和严肃性，正确引导市场预期形成，从而防止房地产波动出现大起大落。

第六章，地方政府间土地收益竞争互动效应。本部分将重点探讨晋升锦标赛机制下的地方政府之间如何为土地出让展开策略互动及其后续影响。地方政府之间其实存在基于 GDP 增长为晋升锦标的竞赛，土地出让金为代表的土地财政可以为地方政府带来较多的 GDP 增长。这种不同地区之间的地方政府为经济增长而展开的竞争，直接影响房地产的供给和房地产波动。应该规范地方政府的土地出让行为，完善土地财政制度，将地方政府间土地财政竞争纳入全口径财政预算框架条件下，充分发挥土地财政竞争机制对地方政府的激励和约束作用。

第七章，加强房地产市场供求管理，引导预期和博弈行为。转型期加强对房地产的供求管理，引导利益主体博弈和合理预期，需要从国情出发，围绕土地公有权，抓住土地供求对房地产影响这一主线，保障公民居住权，兼顾各方利益，特别是兼顾房地产发展与经济增长、增加土地供应、保持合理地价与稳定地方财政收入、保障房建设与商品房发展等关系。从经济利益角度来调节相关利益主体行为，引导合理预期，形成房地产市场良性发展的局面。

第四节　可望创新和研究展望

一、可望创新之处

本研究基于转型期经济社会特征，特别是土地集体所有和国有条件下所形成的土地市场“双轨制”特点，从实证和规范角度来重点分析房地产周期波动、利益主体行为博弈以及预期因素对房地产发展的影响，特别是地方政府出于预算外收入考虑而主导了房地产博弈分析。根据房地产周期划分以及影响房地产周期波动的博弈行为分析，本研究提出协调相关利益主体行为、房地产供求双方合理引导预期和博弈行为，妥善解决通过征地而实现土地供应过程中的利益分配问题，为解决中国房地产过于大幅波动而产生的相关问题提出政策建议。

房地产市场利益主体的制衡力量来自于利益主体的力量对比和政策导向，在充分发挥政府必要干预条件下，协调市场利益主体矛盾应该通过市场调节。本研究把地方政府与开发商之间的矛盾作为中国房地产市场的主要矛盾，根据中国地方官员在晋升过程中过分重视 GDP 增长而产生的地方经济增长锦标赛，土地出让这一预算外收入成为赢得晋升的重要支撑，强调地方政府在房地产市场发展方面主要以地方经济发展为出发点。本研究将地方政府获取预算外收入极大化置于利益主体博弈行为并对房地产周期波动产生影响的条件下，希望在房地产周期波动过程中合理引导利益主体行为，完善土地产权属性，协调相关各方利益，形成合理预期，并妥善处理利益主体之间的矛盾，为房地产健康发展提供有益的政策建议。

1. 尝试将计量研究与行为研究相结合。与国内通常解释房地产发展不平衡的经济现象不同，国内学者主要采用新古典主义价格分析法，从供求两方面来分析上述现象，但是该分析方法所需要的理性人、信息完全、市场连续出清等在房地产市场上很难满足，持续过快的房地产价格上涨使相关利益主体采取适应性预期和相对应的战略行动，房地产价格进一步上涨。中央和地方政府、开发商、消费者、银行等利益主体之间的信息不完全和不对称是正常现象，价格分析方法在房地产市场上的分析具有一定局限，引入博弈等定性分析并进行必要验证，能够更加接近事实真相。

在借鉴经济周期理论分析框架的基础上，尝试性与博弈论相结合进行分析，通过定性和定量结合分析周期波动原因，特别是博弈中的各利益主体行为对房地产波动影响，提出改变利益主体预期在控机制中的重要作用，对于房地产调控都具有重要参考作用。解释房地产市场发展不平衡现象，传统分析方法还可以进一步完善，特别是加入博弈行为分析，预期因素以及地方政府这一主要利益主体追求预算外收入的动机。本研究从房地产市场主要参与者之间的博弈问题进行探讨，综合运用博弈论理论建立利益主体整体博弈模型，为进一步解释房地产市场波动的相关问题提供了一个分析框架和新的观察视角。

2. 突出分析中国转型期的房地产市场特征，这些特征包括住房制度改革和城镇化加速推进背景、土地公有、较高的房价收入比、房地产业在理论和实践中的定位，特别是直接体现地方政府对推动房地产市场发展进而获取土地财政这一重要预算外收入的行为。作为具有“双轨制”特征的房地产市场成为地方政府的重要预算外收入来源，也可以直接以此作为抵押获取信贷资金，推动市政等基础设施建设，进而带动 GDP 增长，这是地方政府进行晋升锦标赛的直接体现，地方政府当然具有推动房地产发展的动力。本研究主要基于房地产周期波动基础上进行实证和博弈研究。

3. 高度重视预期因素在房地产调控中的作用。国内关于房地产调控的研究大部分集中于政策制定和调控手段的研究，通常将政策作为决策者可以任意操控的政策工具，在很大程度上忽略了政策制定者与其他利益相关者之间的相互依赖和互动关系。本研究将已出台的宏观调控政策为背景，以宏观调控政策为切入点，研究在房地产调控政策的颁布和执行中各方利益主体之间的行为决策，试图找出协调利益主体行为的有效调控政策。

二、研究展望

1. 研究指标的多样性以及房地产风险预警系统建设。本研究在进行定量研究时，选取房地产周期的主要标志作为代表进行分析，其他指标也还具有参考作用。还可以选取权威性指标，建立一套房地产风险预警系统，这涉及数学、博弈和计算机模拟等学科，为增强本研究的可信度，未来可以深入研究。在房地产业周期波动分析研究中还存在系统周期原因、房地产以外的影响因素、计量指标体系如何清楚区分和设计等问题。目前还缺少较为权威和广为接受的指标体系衡量房地产业周期波动。许多学者采用的中房指数、国房指数等由于其指标复杂性，往往在研究的时候难以处理和使用，可以将北京、上海等一线城市房地产波动和利益主体行为作为案例和样本研究，克服区域性房地产数据资料缺乏连续性和一贯性的问题，深入挖掘和研究。也可以将全国主要大中城市数据进行区域性分析，以更加深入仔细刻画具有区域性特征的房地产市场周期波动和利益主体行为特征，笔者今后将关注和研究这些问题。

2. 行为分析的实证调查和动态分析调整。在加强行为研究方面，由于行为主体博弈多层次性，每个主体具有多个博弈策略，行为特点和相应的策略选择不同。在建立模型时所考虑的博弈信息和选择博弈策略可能不够完善。追踪老龄化来临时期特殊的“4－2－1”家庭结构对房地产需求和供给的影响。由于房地产周期波动，特别是包括老龄化来临以及由此引起的代际结构变化，博弈条件的动态发展变动都可能对房地产周期波动产生影响。

3. 加强中外房地产业周期波动差别进行对照分析。中外土地私有和公有的不同以及由此导致的土地市场情况的差异，其房地产周期波动的表现形式应该存在差异。房地产市场运行和发展周期波动采用类似经济周期波动的方法，通过运用房地产市场综合景气指数模型，描述周期波动现象。影响房地产周期波动的因素多种多样，其中包括经济因素、政策因素、博弈行为等因素。通过中外房地产周期波动差异进行比较，更好地体现中国在转型经济条件下的房地产波动特点，以及在此基础上应该采取的对策建议。

第二章

转型期经济社会特征与房地产发展

中国从计划经济向市场经济转型的明确目标是建立社会主义市场经济体制，社会转型表现为民主和法治的引入和规范，社会形态逐步从封闭性社会向开放性社会、传统社会向现代社会变迁。转型过程中发生新旧体制转换和更替，传统与现代、计划与市场两种体制并存、交织和碰撞，人们行为方式、生活方式、价值体系都可能发生变化。近年来，中国房地产业的发展集中体现了转型期经济社会矛盾，正确认识和处理转型期经济社会问题是顺利转型的内在要求。

第一节　转型期经济社会主要特征

一、转型内涵与目标

1. 改革、转轨和转型的内涵。一些学者对转型相关的重要问题进行了界定。斯诺（1995）认为转型涉及制度变迁即不同制度之间的替代、转换和交易，以一种更高效率的制度替代低效率制度过程。转型期表现出持续、长期和渐进式结构和制度以及运行规则的调整。邹至庄（2005）认为转型不包含一个众所周知的最后阶段，而重在转型具体过程应如何控制以及在此过程中处理好各方利益。田国强（2012）认为经济社会转型的目标应该包括市场经济、法治社会、民主政治，这是普遍经济体转型和发展共同目标；转型成功与否可以通过市场经济条件下各种资本回报率与计划经济条件下效率比较来确定。① 计划经济体制条件下所表现出来的固有缺陷要求对计划经济制度进行改革，推进计划经济转型初始原因是为了解决计划经济效率下滑和微观经济活力缺乏的问题。经济全球化是经济转轨和制度转型的诱因，市场转型最终目标还取决于国家整体意志和每个经济组织的具体特性。转型是后社会主义国家向市场资源配置功能发挥作用的过程（萨克斯等，2003）。

从 20 世纪 70 年代末实施经济体制改革以来，中国由计划经济体制向

---

① 《美国社会学期刊》（AJS）1996 年 1 月第 101 卷第 4 期中一组关于中国和东欧市场转型的研究论文和评论。

市场经济体制过渡，从传统计划经济体制为改革起点到社会主义市场经济完全确立的这段时间被称为转型时期。20 世纪 90 年代前后转轨和转型并行，转轨或转型成为比改革涵盖范围更加广泛的概念，改革、转轨和转型逐步成为学界讨论的话题。改革是一个动态概念但目标不明确，而转轨或转型的目标相对明确。转型含义源于改革，“改革”即 Reform、“转轨”即 Transition、“转型”即 Transformation，它们从不同角度来定义转型内涵，各自内涵如表 2 - 1 所示。在中国社会主义市场经济体制确立之前的转型表现为单项事项的改革，它是单一的短期目标事件；转轨包括国有企业、外汇管理、住房改革等影响深远的与国际市场接轨的系列改革；而自“入世”以来，中国进行了经济社会全面转型，特别是党的十八大提出“五位一体”改革和十八届三中全会提出以全面深化改革为主题的“六位一体”改革部署，发挥市场对资源配置决定性作用和更好地发挥政府作用的改革为代表，标志着中国经济社会全面深刻地进行着重要转型。

表 2 - 1　不同时期关于经济转型与内涵的认识

时期	关键词	经济转型研究内容	主题
1978—1992 年	改革	突出经济改革主题	逐步引入市场机制的体制改革
1992—2003 年	转轨	以经济转轨为主题	渐进或激进的机制体制转换
2003 至今	转型	经济社会全面转型	经济、政治、社会、文化、生态等全面转型

本研究认为，经济转型主要内涵包括：第一，狭义角度以计划经济体制向市场经济体制的改革过程，即经济转轨过程，核心是正确政府和市场的关系。第二，广义角度包括政治、法律、道德以及社会生活相互作用的社会转型过程。第三，从整体角度来看是传统社会制度向现代社会制度的创新过程，核心是经济转轨和社会转型，前者即经济运行机制体制转轨；后者体现于经济社会制度重新确立以及在社会心理、行为习惯、道德观念等方面整体渐变过程。

2. 东欧和苏联经济社会转型。转型过程包括激进和渐进转型两种，前者主张在短时期内全面由计划经济向市场经济过渡；① 后者主张“边干边学，错中学习”，逐步推进转型，现存各经济组织和经济主体不断演化更有效。世界银行等国际机构认为，中国是渐进转型理论的成功实践者。②自柏林墙倒塌以来，东欧以及苏联的经济开始全面转型，目的是缩小与西欧国家制度之间的鸿沟并接受其在政治、经济、人权和法律等方面的相关要求。经过多年的转型实践，这些国家在不同程度上建立了市场经济运行体制和框架以及转型既定目标。俄罗斯经济社会的转型经历了从“休克”到“治疗”的过程，一次性“跨越深渊”，自由化改革曾一度使俄罗斯经济陷入困境。金融危机之后，普京政府经济政策开始向“第三条道路”靠拢，强化中央政府权力，整治政权与商业关系；将私有化纳入经济发展和国家战略；在法律上通过限定私有化对象，加强控制涉及国家经济命脉的国有企业（胡键，2000；程伟，2005）。

3. 中国经济社会转型目标。以加入世界贸易组织（WTO）为标志，中国经济社会从单项变革到全面加速转型，包括机制转轨、结构转换、观念转变和利益调整，资源配置从计划经济体制向市场经济体制转变，深层内涵包括经济、社会、政治等持续演化，特别是中国经济社会转型具有多重性特征。第一，从计划经济体制向市场经济体制转变。由农业占重要地位、工业化发展程度较低的传统社会向工业化、城市化水平迅速提高的现代化社会转型，从相对落后的农业国转变为较为发达的工业国，实现从不发达状态向现代化社会的跨越。第二，实现二元经济结构向现代经济结构转变。以市场化方式取代计划和行政命令，实现内生经济增长。市场化从其他方面进一步拉大城乡二元结构，转型要实现经济体制和社会发展共同

① 稳定化是通过严厉的紧缩性财政政策和金融政策以及一系列抑制社会总需求的强制性措施，迅速遏制恶性通货膨胀，恢复经济秩序。自由化是通过“一步到位的价格改革”实现价格的自由化，通过废除对外贸易的国家垄断实现对外贸易的自由化，以及通过放弃外汇管制和垄断，实现外汇的自由化。私有化就是通过归还、出售、租赁、股份制改造等产权制度改革，将国有经济民营化，最终塑造和确立市场经济的主体。

② 世界银行．1996 年世界发展报告：从计划到市场［M］．中国财政科学出版社，1997：11－18.

进步。第三，社会主义初级阶段是全面深刻的社会转型阶段。转型起点是摆脱传统社会主义模式的束缚，通过改革和探索，建立和完善比较成熟的充满活力的社会主义市场经济体制和社会主义民主政治体制（程伟，2005；保建云，2007；张欢华，2007）。

4. 中国经济社会转型路径。由计划经济向市场经济转换，转型大致经历1978—1991年以实施改革开放为标志的自发启动时期、从1992—2002年以建立社会主义市场经济为标志的自觉推进时期以及从加入世界贸易组织以来的全面加速时期，中共十八届三中全会提出全面深化改革，发挥市场对资源配置的决定性作用，更好地发挥政府的作用，经济社会发展加速转型。自引入市场作用以来，从市场资源配置的作用程度上划分，这一转型路径比较清楚。

首先，从计划与市场双轨运行逐步过渡到单一的市场决定体制。双轨制是中国经济转型前期用以破旧立新而采用的过渡体制，发展市场调节和削减计划调节双轨并行，开启经济体制的转型。实行双轨制的目标在于打破高度集中的旧体制垄断，形成以价格信号为核心的市场机制，建立弥补市场机制失灵的宏观调控体系。

其次，以市场化方式强化增量改革，以此推广改革成果。中国经济转型选择以双轨制为特点的增量改革是渐进式转型的路径，即不改变以前存量资产配置，将市场价格机制引入增量资产配置，这种全新资源配置形式在率先改革的部门开始，实现帕累托改善，以市场机制调节部门增量收益，减小改革阻力。非国有经济快速发展，私有企业逐渐进入经济体系，形成与国有企业混合共存格局。

最后，增量式改革最突出的特点是价格双轨制。为顺利推进改革，以价格、所有制结构等双轨并行，在维护经济社会基本稳定的前提下逐步实现新旧体制替代。在“试错—纠正—推广”过程中，计划和市场机制同时运作并逐渐由市场取代计划，让市场决定资源配置，由点到面逐步展开，最大限度地降低了改革风险。随着改革不断推进，政府实施计划定价的范围逐步缩小并直到最终基本由市场自行定价，并形成以价格机制为核心的微观定价机制（黄范章，1999；林默彪，2004）。

双轨制运行机制还存在于土地市场、资本市场等经济领域中，成为中国转型时期特有的经济社会形态。随着市场经济体制的确立，双轨制表现出越来越多的局限性，一方面，原有的计划经济体制由于受到市场力量的冲击而无法完成直接控制，对资源的调配能力迅速弱化；另一方面，正常的市场自由运行受到行政约束和干扰，无法在自由竞争的市场中充分发挥价格机制和竞争机制的有效作用。为发挥市场对资源配置的决定性作用，土地要素、资本要素等应该在本国国情条件下，充分发挥市场价格对优化要素配置的决定性作用，让行政干预等手段最终退出市场，彻底消除价格双轨制的负面影响。① 土地公有属性，土地市场“双轨制”运行，为有关利益主体基于自身利益的自由裁量提供了可能，转型期诸多经济社会矛盾与此相关。利率这一重要资金价格杠杆仍然受到较大程度的管制，银行与国有大企业在其中受益较多。本课题研究与上述转型特点密切相关。

二、转型期经济特征

1. 市场化进程加速。中国改革开放过程即开启经济转型，目前已经初步建立了统一、开放、竞争、有序的市场体系，多种所有制经济、多元化经济主体在经济领域中发挥重要作用。据北京师范大学课题组从政府行为规范化、经济主体自由化、生产要素市场化、贸易环境公平化和金融参数合理化五个方面的因素进行测算，2003 年中国市场化程度达到 73.8%，较高的市场化程度说明了中国经济系统新旧体制转换正在加速完成，中国正在快速推进市场化进程（李晓西，2010）。中国经济在较短时间内就建立起以市场配置资源的经济体制，在国民经济主要领域和环节推行市场化运

---

① 中国人民银行行长周小川在十二届全国人大二次会议举行的记者会上曾说，新兴业务方式都对利率市场化有推动作用。在回答记者关于利率市场化问题时指出：“市场上肯定是存在一种力量是推动利率市场化的，因此各种新兴的业务、新兴的业务方式，也都是对利率市场化有推动作用的。存款利率最后要放开，这应该也是利率市场化中最后一步，因为其他的很多利率都已经放开了，存款利率放开肯定是在计划之中。笔者认为，是很可能在最近一两年就能够实现。”参见《凤凰财经》2014 年 3 月 11 日。

行模式，全面推进市场化改革。

中国推进市场化改革取得巨大成就。第一，经济综合实力增强。国内生产总值呈逐年递增趋势，特别是在20世纪90年代中期国内生产总值年均增长率超过10%。产业结构快速调整，第二、第三产业发展迅速，工业产值和服务业产业占比提高，非国有工业企业成为推动经济增长的重要动力。第二，经济发展方式转型。随着中国经济转型的深入，如何提高资源使用效率、保护生态环境、缩小社会贫富差距等问题日益凸显，政府、企业、居民行为方式正在发生变化，经济增长由数量型向质量型转变，围绕创新驱动，依靠科技进步和提高劳动者的素质来推动经济发展。第三，经济对外开放水平提高。由改革前的封闭经济状态到大力发展外向型经济，更广泛的参与到国际市场和国际生产分工体系以及融入全球价值链体系。引进外资优化产业结构，以进口替代与出口导向结合为基础，多形式、多层次、多渠道的积极引进外资、先进技术和管理经验，有力地推动着中国经济发展。

2. 转型期国民经济波动仍然明显。中国经济转型导致微观基础、市场环境、宏观体制以及对外开放程度发生根本性变化，这种制度结构的变迁强化了中国经济运行的周期性波动的特征，宏观经济运行的稳定性有待提升。在改革开放前三十年，经济增长总体上呈现大幅波动的特征，波动频率较高。而改革开放以来由于投资冲动带动地方政府和企业大量投资并带动通货膨胀等，结构失调；地方政府为晋升而增长的锦标赛晋升模式使地方政府存在“以地生财”等发展冲动，地方债务风险上升（周黎安，2007）。随着中国经济转型深化，市场体系和宏观经济调控体系的不断完善，国民经济周期性波动有所减弱，呈现与转型前期不同的波动特征。从1999年以来市场发生重大转变，由原先的卖方市场转为买方市场。从2003年开始，国民经济发展迅速，以房地产调控政策贯穿此后多年宏观政策，房地产调控不及预期。新一届政府执政以来，在“无刺激、调结构、去杠杆”的思想指导下，确保经济在合理区间运行，房地产调控政策相应发生变化，总体上回到“政府的归政府，市场的归市场”发展理念轨道。

3. 各种利益主体出现并相互博弈。利益集团在公共选择理论中属于一个中性概念，通常经典的利益集团内涵包括以下要素，即利益集团大多均持有共同的利益偏好和态度，可以以较低的成本和较高的效率向社会表示上述偏好和态度。如果上述集团向政府要求或向选民展示其政治态度，则为政治性利益集团，利益集团中的一部分人通过有组织有领导地追求共同利益并对立法、行政等机关通过院外活动等多种形式施加压力。

利益集团通常具有以下性质：第一，它是一个有组织的集团，通过组织可以形成足够的权力资源甚至形成足够的垄断能力。该组织可以分为有形的正式组织或无形的非正式组织，利益集团可以是有形的正式组织，如各种工会、协会，也可以是无形的非正式组织，如开发商、以权谋私的官员等，尽管他们不是一个有形的正式组织集团但仍可以感受得到。第二，集团成员具有共同的利益或目标。第三，它们为了共同目标向政府机构提出要求或施加压力，使政策符合他们的利益，会影响政府政策制度的渗透力或决断力（唐任伍，2009；汪玉凯，2012）。按照上述理解，中国已经明显出现了以地产和资源行业为代表的房地产资源利益集团等不同的利益集团（汪玉凯，2012）。

向市场经济过渡的过程中出现社会收入分配的不均衡，呈现出收入分配向政府和企业倾斜的局面。税收收入占 GDP 比重和企业利润占 GDP 比重都呈现逐步上升趋势，但工资总量占 GDP 的比重却持续下降。在经济体制改革的过程中，中国社会所选择的让一部分地区先富起来的非均衡发展模式在扩大区域和城乡之间收入差距的同时，扩大了收入分配差距。由于缺乏严格监督约束和不健全的资源配置方式，稀缺资源配置扭曲，导致收入差距拉大和社会阶层矛盾突出（王小鲁，2007）。1998 年房改以来，特别是 2003 年新一轮经济周期启动以来，房地产价格的过快上涨更是对居民收入进行了再次分配，对利益格式进行了重新调整，这一影响至今仍然存在并还将持续。

4. 土地属性与土地市场“双轨制”运行是当前房地产波动以及由此带来房地产波动的重要源头。中国土地属于集体所有或者国有，土地市场具有“招拍挂”或协议出让等二元特性，政府不同程度地参与土地经营，特别是集体土地与城市土地分割的二元土地制度以及国家对城市土地一级市场的垄断，导致土地市场价格形成“双轨制”，造成了被征地农民利益的损失或者国有土地资源的低效率配置，土地市场功能不能正常发挥。

集体土地征用前后的价格差集中体现了各个利益主体的冲击。土地市场“双轨制”运行导致了部分利益主体受损的同时，一些利益主体从中获益。集体土地不能直接进入土地市场，而必须由当地政府进行征用变性才能合法成为国有土地，再通过“招拍挂”等方式将国有化土地配置给开发商等土地使用者，这是唯一合法的国有土地增量来源。当地政府垄断了从集体获得土地并及将其转变成为国有土地的权力。这种二元土地结构在土地变性中出现的价格“双轨制”造成了以下问题：集体土地不能参与土地市场，所有者不能参与分配土地变性后的巨大增值收益，他们获得的土地补偿费用远不及其土地变性后建设或商业用地的收益。强制低价征用本身无助于提高土地利用效率；地方政府通过征地轻易获取大量预算外收入，“土地财政”加大了地方政府对土地出让收入的依赖；土地价格“双轨制”出现的价格剪刀差容易出现分配的“灰色地带”（陈锡文，2004；王华春等，2006）。

三、转型期社会特征

从改革开放以来，中国社会不断向现代社会转型，目前正经历并仍将经历社会阶层分化、利益结构重组、传统权威流失、社会权力转移、社会制度变迁等变化过程。① 由于资源稀缺和分布不均，致使由此获得的经济收益不相同。在经济社会加速转型期，由于经济运行和治理体系不健全，微观经济主体获取利益能力不同，实际结果是资源分配向权力和资本倾斜，社会出现分化并形成不同阶层和不同社会地位等级（陆学艺，2002；周冰，2004）。

① 郭定平．论当代中国政治转型的逻辑与轨迹［J］．云南行政学院学报，2006（6）．

1. 经济社会利益格局发生重构。微观主体通过占有相应生产要素组织生产，通过“生产资料占有—生产要素投入—实现产品生产利益—收入分配”过程收益分配调整。社会利益分配结果源于生产要素配置过程，即生产要素价格决定方式与变动趋势决定社会利益分配格局。社会转型是利益分化重组过程，它首先出现在经济基础领域，经济转型引起资源配置方式变化和社会分工繁杂化。为适应新的经济变化和生产关系，社会成员需要在新形势下履行新职能并不断界定新角色。随着各阶层重新分化组合，原有利益格局被逐渐打破，新的利益格局在各阶层之间的冲突和碰撞中形成。

2. 各种利益阶层开始出现。有研究表明，当前中国社会已经分化出十大社会阶层和五种社会地位等级，十大社会阶层包括国家与社会管理者阶层、经理人员阶层、私营企业主阶层、专业技术人员阶层、办事人员阶层、个体工商户阶层、商业服务业员工阶层、产业工人阶层、农业劳动者阶层和城乡无业失业半失业者阶层，这些阶层分别构成社会上层、中上层、中中层、中下层和底层五个社会等级。① 由于不同阶层社会成员拥有和支配的资源存在差异，出现了以占有稀缺资源为特征的强势主体和以出卖劳动力为特征但为数众多的弱势群体。强势主体是经济转型的获益者，凭借掌握的资源在市场上获利；弱势群体无法真正分享经济增长带来的好处，但又在很大程度上承担改革成本。这种转型期权力配置格局造成社会经济利益分配格局失衡，社会阶层分化在一定程度上加速社会结构转型，带来的社会不平等和经济收入差距阻碍经济发展，社会阶层分化对社会生活秩序产生心理冲击（陆学艺，2002）。有学者根据是否具有足够的权力资源、垄断能力、影响政府政策制度渗透力和决断力，通过利益形成边界获取集团利益判断标准提出，中国目前已经形成了以地产和资源行业为代表的房地产资源利益集团等不同的利益集团。②

---

① 陆学艺．当代中国社会十大阶层分析［J］．学习与实践，2002（3）．

② 汪玉凯．习近平的治国使命与中国未来的转型发展［N］．国家治理周刊，2015-02-16.

3. 中国经济社会进入加速转型期。中国经济运行正发生着深刻变革，通过价格竞争机制作用，经济由先前资源约束型向需求约束型转变，GDP和人均收入要实现2020年比2000年翻两番，综合国力和国际竞争力明显增强，必须处理好改革、发展和稳定关系，正确处理政府和市场关系，需要正确认识和处理经济社会转型可能面临的问题，公共部门需要切断与特殊利益集团的不正当联系，制定执行公平正义的公共政策，以避免陷入中等收入陷阱（吴敬琏，2006；周瑞金，2009）。

4. 社会结构将不断变革。中国目前功能性收入和结构性收入差别在拉大。中国基尼系数的扩大部分反映上述问题。根据世界银行测算，发达国家基尼系数大多介于0.24～0.36，中国基尼系数从改革开放之初的0.18上升到2009年的0.47，超过0.4为警戒状态。全国居民收入的基尼系数2003年为0.479，2004年为0.473，2005年为0.485，2006年为0.487，2007年为0.484，2008年为0.491，达到最高峰值。此后逐步回落，2009年为0.490，2010年为0.481，2011年为0.477，2012年为0.474。[①] 加快收入分配改革、缩小收入差距的任务十分紧迫。1999—2007年，中国经济持续高速增长，但全社会工资总额占GDP的比例不断下降。自2008年金融危机以来，中国政府采取了惠民政策和个人所得税起征点的上调，中国基尼系数逐步回落，到2013年底，基尼系数回落至0.473。收入分化可能导致价值多元，建立与改善收入分配相关的社会对话和伙伴关系应该提上议事日程，类似问题在房地产波动和利益主体博弈互动中均有不同程度的体现。

---

① 参见2013年1月18日中国国家统计局首次公布的2003年至2012年基尼系数数据。另参见人民网，http://politics.people.com.cn/n/2013/0118/c1001-20253603.html。另外，学术界关于收入分配是否出现缩小有争论。2001年以前由世界银行估计时使用国家统计局基础数据，在一定程度上和国家统计局的数据估计结果有相似性。此后由国家统计局发布关于收入差距的基尼系数，2008年达到最高点0.491。根据官方统计数据，估计结果是2008年以后出现缩小。2015年大概是0.46。对于这个估计趋势和结果有争论，包括北京大学、西南财经大学的估计数据都高于官方数据，差异源于民间抽样结果，估计抽样结果取决于高收入样本代表性，如果越高，可能带来收入差距就越高。从这个意义上来说，官方公布收入差距基尼系数有低估可能性。原因主要来自于三个方面：第一，高收入户样本偏低。第二，官方关于居民收入定义有缺陷。第三，流动人口样本的缺失。以上观点参见李实在第六届“张培刚发展经济学优秀成果奖”颁奖典礼暨2016年中国经济发展论坛中的演讲。

5. 转型期有关争议议题。中国和俄罗斯、东欧等转型国家在经济绩效上表现出明显差异，理论界在对以往经济转型历程的总结与评价方面存在分歧。[1] 从对经济转型绩效的评估来看，国内外学者对此持不同观点。一部分学者认为与苏联、东欧等转型国家相比，中国取得的经济显著增长已经说明经济转型取得成功。约瑟夫·斯蒂格利茨指出，中国独特的转型道路不仅使中国经济迅速发展，而且创造了一个有活力的非国有集体企业部门，中国转型道路是成功的，俄罗斯是失败的，其他转型国家处于两者之间。另一部分学者认为，中国虽然在经济绩效方面取得了显著进步，但是至今在所有制、经济运行方式、经济调控方式等体制方面的转型尚未完成，相比之下，俄罗斯经济转型虽然付出了较大代价，但其新型社会结构与价值观基本建立，市场经济框架日益完善，中国虽然通过模仿发达国家的技术和管理在短期内获得快速经济增长，但可能因不模仿发达国家的制度而给长期增长留下许多隐患。

第二节 中国房地产市场发展历程

一、房地产调控经历

为了保障房地产市场的健康发展，中国政府从 2003 年起颁布并实施了一系列的调控政策，宏观调控目标呈多元化，不同阶段调控任务的侧重点有所区别，特别明显的体现在 2004 年重在防范金融风险和控制土地供给总

① 孙景宇. 国际维度下的经济转型：理论研究与战略选择［M］. 经济科学出版社，2007：166－174.

量，2005—2007年重在抑制房价过快上涨，控制土地供给，2008年房地产市场宏观调控的重心主要在保障性住房建设上；2008年10月以后中国房地产市场发生逆转，房价增速下降，宏观经济开始恶化，此后宏观调控目标是继续加强保障性住房建设，防止房地产市场大起大落；2009年下半年，各地房价飙升，2010年中央政府再度将调控重心放在遏制房价快速上涨，以及加快保障性住房建设上。根据上述某一时期主要任务和调控力度，房地产调控政策经历了以下发展阶段。

1. 以控制开发规模为主要特征（2003—2007年）。中央针对这一阶段住宅市场交易活跃、房价不断攀升、房地产开发投资增速较快等特点，围绕房地产开发信贷和土地管理出台了防止房地产投资过快上涨和控制住宅供求为主内容的调控政策，主要包括贷款管理，提高项目自有资本金要求，改进规划管理，调控土地供应，严格控制土地供给总量；加强审批，严禁擅自调整土地利用总体规范占用基本农田；加强市场监管等。2003年6月，中国人民银行《关于进一步加强房地产信贷业务管理的通知》对房地产信贷做出严格规定，取消购买高档商品房、别墅或第二套以上商品房贷款优惠利率。随后出台《关于促进房地产市场持续健康发展的通知》强调了房地产业在国民经济中的重要地位。

2004年，《关于调整部分行业固定资产投资项目资本金比例的通知》和《关于深入开展土地市场治理整顿严格土地管理的紧急通知》将房地产行业列为投资过热行业之一，严格建设用地审批管理，以期遏制投资过快增长和房价过快上涨势头。从土地和信贷入手，陆续出台加强经济适用房管理、严控拆迁规模，实行土地“招拍挂”制度，提高房地产开发项目资本金比例等，虽取得了一定成效，但房价仍然持续上涨。

2005年，“国八条”将稳定房价提到了政治高度，并加大对投机性和投资性购房等房地产交易行为的调控力度。2005年3月，《关于做好稳定住房价格工作的意见》首次提出稳定房地产价格政策目标，明确地方政府在稳定房价上的责任；加大土地供应调控力度，着重增加中低价位普通商品住房和经济适用住房建设用地供应量；首次运用税收政策调节投资性需求，对个人购买住房不足 2 年转手交易的，销售时按其取得的售房收入全额征收营业税。

2006 年 5 月，建设部等九部委颁布的《关于调整住房供应结构稳定住房价格的意见》从六个方面细化十五条措施，从土地、税收、外资准入、信贷、住房结构和房地产市场交易秩序等对市场进行调控，使用经济、金融等市场调控手段辅以问责制保证政策执行，包括注重对房地产总量调控转向更重结构调整，要求新开工的商品住房，套型建筑面积 90 平方米以下住房所占比重必须达到开发建设总面积 70% 以上；加大运用税收和信贷杠杆调节住房需求力度，将对持有时间 5 年内全额征收营业税，个人住房按揭贷款首付款比例不得低于 30%；提出完善保障性住房政策体系，初步控制了房价过快上涨势头。2007 年 8 月国务院公布《关于解决城市低收入者家庭住房困难的若干意见》，该意见将解决低收入家庭住房困难纳入房地产调控目标之中，标志着房地产调控的思路开始出现转变。房地产市场的发展并非仅作为支柱产业拉动 GDP 增长，而是解决居民基本住房需求，改善居民住房水平。

2. 以救市和支持房地产发展为主要特征（2008—2009 年）。2008 年全球金融危机爆发，中国推出 4 万亿元投资刺激计划，宏观经济政策基调转向保增长。在房地产方面，“国十条”围绕刺激住房需求，以期达到保增长的目的，2008 年底推行降低首付，一些商业银行实施利率七折优惠，加强保障住房建设、降低廉租住房资本金率。多次下调贷款基准利率，贷款基准利率从 2008 年 9 月 16 日的 7.47% 下调到 2008 年 12 月 23 日的 5.58%，同期存款基准利率从 4.14% 下调到 2.52%。降低房地产项目资本金比例，给予房地产商信贷支持，扩大商业性个人住房贷款利率下浮幅度，支持居民首次购买普通住房；实施减免税措施等。

2008 年 12 月，《关于促进房地产市场健康发展的若干意见》的调控重心重新回到促进房地产市场的健康发展上，通过发展保障性住房促进投资规模，放松对购房的信贷和税收约束。提出支持房地产企业合理融资需求、拓宽其直接融资渠道，相应配套的信贷、利率、税收、土地等措施陆续出台，房地产市场开始活跃。

3. 以遏制房价过快上涨并促进房价合理回归为主要特征（2010 年以来）。抑制投资投机性购房需求，规范房地产市场运行，继续支持居民自住和改善型住房消费，着力解决低收入者和“夹心层”住房问题，该阶段政策力度和调控决心大于以往的数次调控，抑制房价的思路更为明确、调控措施更为细化。

2010 年“国十一条”和“新国十条”的出台标志着以遏制房价过快上涨为目标的新一轮调控开始。《关于促进房地产市场平稳健康发展的通知》在肯定 2009 年房地产市场应对国际金融危机冲击作用的同时，提出要求各地方政府高度重视房价过快上涨问题。《关于坚决遏制部分城市房价过快上涨的通知》提出五方面十项措施，首次将限购政策引入调控措施；实行更为严格的差别化住房信贷政策、税收政策，对贷款购买第二套住房的家庭，贷款首付款比例不得低于 50%，贷款利率不得低于基准利率的 1.1 倍，提出在商品住房价格上涨过快的地区，暂停发放购买第三套及以上住房贷款；加快个人住房信息系统建设。2011 年，“新国八条”和房地产税试点等政策出台，限购、限价、限贷等政策全面升级，限购城市增加到 40 余个。

2011 年 1 月，《关于进一步做好房地产市场调控工作有关问题的通知》提出了八项政策措施，要求地方政府要确定本地区新建住房调控目标；住房税收信贷政策进一步从严，个人转让购买不足 5 年的住房按销售收入全额征收营业税。对贷款购买第二套住房的家庭首付款比例由不低于 50% 提高到 60%，贷款利率不低于基准利率的 1.1 倍；从严制定和执行住房限购措施。原则上对已有 1 套住房的当地户籍居民家庭、能够提供当地一定年限纳税证明或社会保险缴纳证明的非当地户籍居民家庭，限购 1 套住房。对已拥有 2 套及以上住房的当地户籍居民家庭、拥有 1 套及以上住房的非当地户籍居民家庭、无法提供一定年限当地纳税证明或社会保险缴纳证明的非当地户籍居民家庭，暂停在本行政区域内向其售房。

2013 年 2 月，国务院办公厅发布《关于继续做好房地产市场调控工作的通知》，该通知从五个方面细化措施，扩大房价控制目标的城市范围，要求各直辖市、计划单列市和省会城市（除拉萨外）制定本地区年度新建商品住房价格控制目标，对房价上涨过快热点城市要制定并公布年度新建商品住房价格控制目标；继续强化商品住房的限购措施，限购区域应覆盖城市全部行政区域，限购住房类型应包括所有新建商品住房和二手住房；进一步强化信贷和税收杠杆的作用，对房价上涨过快的城市，可以进一步提高第二套住房贷款的首付款比例和贷款利率。除对出售自有住房全额征收营业税外，还应依法严格按转让所得的20%计征所得税，并提出加快推进扩大个人住房房产税改革试点城市范围。

中央提出建立城乡统一的建设用地市场。在符合规划和用途管制的前提下，允许农村集体经营性建设用地出让、租赁、入股，实行与国有土地同等入市、同权同价。缩小征地范围，规范征地程序，完善对被征地农民进行合理和规范的补偿，实施促进就业、补交养老等机制保障被征地农民生活底线。扩大国有土地有偿使用范围，减少非公益性用地划拨。建立兼顾国家、集体、个人的土地增值收益分配机制，合理提高个人收益。

二、房地产调控政策和特点

房地产调控是一项系统工程，中央在房地产调控过程中使用的主要手段包括经济手段、行政手段和法律手段，宏观调控对象分为地方政府、开发商和购房者，涉及房地产开发和经营流程，宏观调控的环节划分为供地环节、开发环节、交易环节和保有环节（见表2－2）。近年来，政府出台的房地产调控政策主要围绕以下方面展开：一是以限贷、限购、严格税收和限制投机管理，整顿规范房地产交易秩序；二是使用规划手段控制户型面积比例、规范住宅建设容积率，调控住房结构比例等；三是提供发展保障性住房，满足住有所居的需求。其中，土地政策、金融政策和相关行政性措施最为典型，简要分析如下。

（一）土地政策

土地政策成为推进宏观调控的重要手段，有的专家将土地供应、财政政策和货币政策相提并论，以“地根”为核心的土地供给成为调节房地产发展的重要内容。① 实施相关土地政策主要包括严格控制土地供应，监督和规范土地交易过程，对大量出让闲置土地的处理，以及对农用地的审批权下放，“招拍挂”和土地出让金的规范使用和管理方面，具体包括：第一，围绕控制土地供给，从房地产发展源头上控制“地根”以治理房地产过热问题。2003 年发布一系列土地政策规范土地出让使用（见表 2－2）。2003 年国土资源部出台了《关于清理各类园区用地加强土地供应调控的紧急通知》，该通知主要推进控制土地供应总量，在全国范围内进行土地市场整顿清查。从国务院层面出台了有关清理园区土地供给和清理整顿开发区和加强建设用地管理方面文件。到 2003 年底，全国撤销和合并的各类开发区 2046 个，在一定程度上促进了土地资源的集约使用。

第二，规范土地交易程序。2004 年 3 月国土资源部、监察部联合下发《关于继续开展经营性土地使用权招标拍卖挂牌出让情况执法监察工作的通知》，该通知要求重点检查经营性土地使用权招标拍卖挂牌出让使用情况，清理历史遗留土地经营使用问题，在限期内未开工使用的政府收回出让土地，将其纳入国家土地储备体系之内。2004 年 4 月，国务院要求全国半年之内暂停农用地转为建设用地。

第三，加大对取得而未用的闲置土地的处理力度。新出台的政策提出对超出合同约定的动工开发日期满一年未动工开发的从高征收土地闲置费，责令限期开工和竣工；满二年未动工开发的土地项目将无偿收回土地使用权，以打击土地囤积行为。2006 年，国务院《关于加强土地调控有关问题的通知》提出农地转用审批权下放，工业用地出让必须以“招拍挂”

---

① 有的经济学者并不同意将土地政策与货币政策、财政政策等一道成为调控宏观经济的重要政策，他们认为土地政策仅为政府控制的一种生产要素，而这种要素应该推进其市场化而不是行政干预和控制。

等市场化竞争方式进行，土地出让金预算管理更加公开透明，耕地保护省长负责制等政策，试图发挥土地政策在宏观经济调控中的特殊作用。①

表 2-2　国土资源部 2003 年颁布的重要土地政策一览

颁布的土地政策情况	实施时间
《关于清理各类园区和加强土地供应调控的紧急通知》	2003-02-18
《关于印发全国土地开发整理规划的通知》	2003-03-07
《国家投资土地开发整理项目实施管理暂行办法》	2003-04-16
《关于进一步治理整顿土地市场秩序情况通报》	2003-05-15
《关于协议出让国有土地使用权的规定》	2003-08-01
《关于进一步治理整顿土地市场秩序中自查自纠问题的处理意见》	2003-09-13
《关于土地开发整理的若干意见》	2003-10-14

（二）金融政策

包括贷款利率、购房首付款比重、开发商贷款等在内的金融政策是调控房地产的重要政策工具。为调控房地产投资和房价攀升，抑制市场投机行为，降低金融风险，中国人民银行等职能部门根据房地产业信贷特点，先后出台了以下相关政策。

第一，控制房地产或购房信贷比例，以期有效规避金融机构潜在风险。2004 年 4 月国务院决定提高包括房地产开发等固定资产投资项目资本金比例，房地产开发项目由 20% 提高到 35% 以上。银行对闲置土地和空置商品房集中的开发商严控长期贷款，对拥有空置 3 年以上开发商，银行不接受该空置物作为贷款抵押物。从个人消费方面，自 2006 年 6 月起，个人住房按揭贷款首付款比例至少为 30%，中低收入群众对购买且套型建筑面积在 90 平方米以下首付比例为 20%，以体现差异和调控的目的。

第二，调节利率或者存款准备金政策。中国人民银行决定从 2004 年 4 月 25 日起将存款准备金率由 7% 提高到 7.5%。此后数次调整存贷款利率，

① 关于土地政策是否为宏观调控政策手段存在较大争议，但总体上认为其供给非均质以及中国土地所有制度等特殊情况所决定，土地政策并不是理论和现实意义上的宏观调控政策。

调整商业银行自营性个人住房贷款政策，将住房贷款优惠利率回归到同期贷款利率水平，实行利益下限管理，商业银行法人根据具体情况自主确定利率水平和内部定价规则。中国人民银行进一步推进商业性个人住房贷款利率市场化，不断扩大银行存贷款利率上下限浮动比例，中国人民银行利率调整对居民个人住房贷款利率采取优惠政策，降低居民住房购置消费贷款负担，对于促进个人住房消费信贷和利率市场化具有促进作用（见表2-3）。

表2-3　近年来中国人民银行存款准备金历次变化一览　单位:%

时间	调整前	调整后	调整幅度
2003年9月21日	6.00	7.00	1
2004年4月25日	7.00	7.50	0.50
2006年7月5日	7.50	8.00	0.50
2006年8月15日	8.00	8.50	0.50
2006年11月15日	8.50	9.00	0.50
2007年1月15日	9.00	9.50	0.50
2007年2月25日	9.50	10.00	0.50
2007年4月16日	10.00	10.50	0.50
2007年5月15日	10.50	11.00	0.50
2007年6月05日	11.00	11.50	0.50
2007年8月15日	11.50	12.00	0.50
2007年9月25日	12.00	12.50	0.50
2007年10月25日	12.50	13.00	0.50
2007年11月26日	13.00	13.50	0.50
2007年12月25日	13.50	14.50	1
2008年1月25日	14.50	15	0.50
2008年3月18日	15.00	15.50	0.50
2008年4月25日	15.50	16.00	0.50
2008年5月20日	16.00	16.50	0.50
2008年6月7日	16.50	17.50	1
2008年9月25日	（大型金融机构）17.50	不调整	—
	（中小金融机构）17.50	16.50	-1
2008年10月15日	（大型金融机构）17.50	17.00	-0.5
	（中小金融机构）16.50	16.00	-0.5

续表

时间	调整前	调整后	调整幅度
2008年12月5日	（大型金融机构）17.00	16.00	-1
	（中小金融机构）16.00	14.00	-2
2008年12月25日	（大型金融机构）16.00	15.50	-0.5
	（中小金融机构）14.00	13.50	-0.5
2010年1月18日	（大型金融机构）15.50	16.00	0.5
	（中小金融机构）13.50	不调整	—
2010年2月25日	（大型金融机构）16.00	16.50	0.5
	（中小金融机构）13.50	不调整	—
2010年5月10日	（大型金融机构）16.50	17.00	0.5
	（中小金融机构）13.50	不调整	—
2010年11月16日	（大型金融机构）17.00	17.50	0.5
	（中小金融机构）13.50	14.00	
2010年11月29日	（大型金融机构）17.50	18.00	0.5
	（中小金融机构）14.00	14.50	
2010年12月20日	（大型金融机构）18.00	18.50	0.5
	（中小金融机构）14.50	15.00	
2011年1月20日	（大型金融机构）18.50	19.00	0.5
	（大型金融机构）15.00	15.5	
2011年2月24日	（大型金融机构）19.00	19.50	0.5
	（中小金融机构）15.50	16.00	
2011年3月25日	（大型金融机构）19.50	20.00	0.5
	（中小金融机构）16.00	16.50	
2011年4月21日	（大型金融机构）20.00	20.50	0.5
	（中小金融机构）16.50	17.00	
2011年5月18日	（大型金融机构）20.50	21.00	0.5
	（中小金融机构）17.00	17.50	
2011年6月20日	（大型金融机构）21.00	21.50	0.5
	（中小金融机构）17.5	18.00	
2011年12月5日	（大型金融机构）21.50	21.00	-0.5
	（中小金融机构）18.00	17.5	

续表

时间	调整前	调整后	调整幅度
2012年2月24日	（大型金融机构）21.00	20.5	-0.5
	（中小金融机构）17.5	17	
2012年5月18日	（大型金融机构）20.5	20	-0.5
	（中小金融机构）17	16.5	
2015年2月5日	（大型金融机构）20	19.5	-0.5
	（中小金融机构）16.5	16	

资料来源：根据中国人民银行网站历次公布数据整理。

第三，存贷款利率的频繁使用逐步娴熟，并成为中国人民银行使用的常规政策工具。中国人民银行同时使用存款准备金率对包括房地产在内的导致宏观经济波动的行业进行调控。在这一调控政策密集出台时期，上调存款准备金率、调整利率等总量政策成为调控工具使用的常规政策，主要针对目前流动性压力，外汇占款量的激增，带来基础货币投放量的增加。根据流动性上调存款准备金率，其总体上是流动性收紧趋势，给市场资金带来了压力（见表2-4）。

表2-4　近年来中国人民银行利率变化　　单位：%

时间	存款基准利率			贷款基准利率		
	调整前	调整后	调整幅度	调整前	调整后	调整幅度
2002年2月21日	2.25	1.98	-0.27	5.85	5.31	-0.54
2004年10月29日	1.98	2.25	0.27	5.31	5.58	0.27
2006年4月28日	2.25	2.25	0.00	5.58	5.85	0.27
2006年8月19日	2.25	2.52	0.27	5.85	6.12	0.27
2007年3月18日	2.52	2.79	0.27	6.12	6.39	0.27
2007年5月19日	2.79	3.06	0.27	6.39	6.57	0.18
2007年7月21日	3.06	3.33	0.27	6.57	6.84	0.27
2007年8月22日	3.33	3.60	0.27	6.84	7.02	0.18
2007年9月15日	3.60	3.87	0.27	7.02	7.29	0.27
2007年12月21日	3.87	4.14	0.27	7.29	7.47	0.18
2008年9月16日	4.14	4.14	0.00	7.47	7.20	-0.27

续表

时间	存款基准利率			贷款基准利率		
	调整前	调整后	调整幅度	调整前	调整后	调整幅度
2008年10月9日	4.14	3.87	-0.27	7.20	6.93	-0.27
2008年10月30日	3.87	3.60	-0.27	6.93	6.66	-0.27
2008年11月27日	3.60	2.52	-1.08	6.66	5.58	-1.08
2008年12月23日	2.52	2.25	-0.27	5.58	5.31	-0.27
2010年10月20日	2.25	2.50	0.25	5.31	5.56	0.25
2010年12月26日	2.50	2.75	0.25	5.56	5.81	0.25
2011年2月9日	2.75	3.00	0.25	5.81	6.06	0.25
2011年4月6日	3.00	3.25	0.25	6.06	6.31	0.25
2011年7月7日	3.25	3.50	0.25	6.31	6.56	0.25
2012年6月8日	3.50	3.25	-0.25	6.56	6.31	-0.25
2012年7月6日	3.25	3.00	-0.25	6.31	6.00	-0.31

资料来源：根据中国人民银行网站历次公布数据整理。

（三）以限购为主的相关行政手段

政府为抑制房地产价格过快上涨，推出了最为严厉的行政性调控手段。从2010年4月17日《国务院关于坚决遏制部分城市房价过快上涨的通知》（“新国十条”或“限购令”）出台，即实施相应的限购政策，一些房价过高的城市相继发布限制家庭购房套数细则（见表2-5），调控目标从“遏制房价过快上涨”到“房价合理回归”。中国在一线城市等中心城市实施商品住宅限购，遏制投机和过度投资，是确保行业长期平稳健康发展必要的行政手段。基本限购令符合绝大多数家庭居住需求。在人口净流入、土地供应紧张的一线城市还附加实施外来人员一定年限的纳税证明等。例如，北京规定对拥有两套及以上住房的本市户籍家庭暂停售房，连续5年（含）以上在北京缴纳社保或个税的非北京市户籍家庭限购1套住房。限购令简单易行，实施依赖城市房地产产权登记和网络签约信息系统，地方政府可以通过土地供应政策、公积金政策等调整房地产供求，房地产需求主体应该回归中间收入阶层，让房价回归到合理水平。

表 2－5　全国主要省市实施"新国十条"进行限购情况　　单位：个

住宅限购地区	省、直辖市（限购城市个数）	具体城市
华南地区	广东（4）	广州、深圳、佛山、珠海
	福建（2）	福州、厦门
	海南（2）	海口、三亚
华北地区	北京	北京
	天津	天津
	山东（2）	济南、青岛
	河北（1）	石家庄
	山西（1）	太原
	河南（1）	郑州
华东地区	上海	上海
	江苏（4）	南京、无锡、苏州、徐州
	安徽（1）	合肥
	浙江（8）	宁波、杭州、温州、金华、绍兴、舟山、台州、衢州
东北地区	黑龙江（1）	哈尔滨
	吉林（1）	长春
	辽宁（2）	大连、沈阳
中南地区	湖南（1）	长沙
	湖北（1）	武汉
	贵州（1）	贵阳
	广西（1）	南宁
	江西（1）	南昌
西北地区	陕西（1）	西安
	甘肃（1）	兰州
	新疆（1）	乌鲁木齐
	青海（1）	西宁
	宁夏（1）	银川
	内蒙古（1）	呼和浩特
西南地区	四川（1）	成都
	云南（1）	昆明
合计	46	

资料来源：根据网络提供的数据进行整理，截止时间为 2011 年 10 月 31 日。

通过严格限购可以明显抑制投资和投机性购置需求。例如，在北京市场上，自2011年2月17日实施限购政策以来，北京有1.4万户家庭出于投资或投机购置需求未通过购房资格审核；首次购置家庭比重保持在90%上下，直接保证了首套住房或改善性住房需求。从数据来看，虽然房价连续下跌，但离合理房价目标还存在一定距离。如果仅依靠限购等调控措施而缺乏其他市场机制的配合难以实现房价合理回归的目标。[①] 通过限购和限贷两种手段，主要目的是遏制投资、投机性需求，让房价合理回归到合理水平，取得阶段性效果，但包括土地制度和土地财政等在内的根本性制度没有得到根本改变。

（四）调控政策特点和简要评述

调控政策可以分为两类：一类是住房需求抑制政策；另一类是土地供给调节政策。其中，住房需求抑制常被认为是最有效的调控手段，提高购房首付比例、取消住房贷款优惠利率、增加住房转让环节营业税以及征收房产税等政策都以抑制投资性需求为目标，2010年4月以来严格限购、限贷政策被认为是最严厉的房地产需求抑制政策。土地供给调节是房地产调控的重要途径，调控方式包括改善土地供给结构、增加普通商品房用地供应、清理开发商囤地行为、加大闲置土地处置力度等。

从过去十余年房地产市场发展和调控情况来看，政府围绕限贷、限购等，在整顿规范房地产交易秩序、调控住房结构比例、发展保障性住房等方面出台了一系列调控政策。通过完善公共住房政策、住房保障制度、建设保障性安居工程，形成住房双轨制供应；通过调整住房供应结构，增加普通商品住房供应，实施保障合理消费、抑制投资投机差别化金融、税收政策，采取限购限价等手段遏制房价过快增长，房地产调控主要呈现以下特点：一是调控目标逐步清晰，从促进房地产市场持续健康发展目标向遏制房价过快上涨转变；调控目标多元化；调控手段逐渐由以经济手段为主、

① 以限购为主的调控政策难以治本［N］．中国证券报，2012－05－25.

行政手段为辅演化为两者并重的趋势。二是调控由最初从供给端着力转为向供需两端同时着力。三是调控工具不断增加，从运用经济手段扩展到综合运用经济、行政和法律等手段。四是在调控中逐步形成保障性住房政策框架体系。调控对象的重心由开发商逐渐转至地方政府和购房者；调控环节的重心为开发、交易，缺乏对保有环节调控。五是房地产政策始终处于过去“两会”舆论热点，对房地产调控政策产生重要影响（见表2－6）。

表2－6　近年“两会”期间对房地产调控问题的关注焦点

年份	近年“两会”房地产调控关注焦点问题
2005	提高钢铁、水泥、电解铝、房地产等行业建设项目资本金比例。重点抑制生产资料价格和房地产价格过快上涨。继续整顿和规范房地产市场
2006	继续解决部分城市房地产投资规模过大和房价上涨过快的问题。严格控制高档房地产开发，重点发展普通商品房和经济适用房
2007	正确运用政府调控和市场机制两个手段，加强房价监管和调控，抑制房地产价格过快上涨，保持合理的价格水平，禁止别墅类房地产开发
2008	重点发展面向中低收入家庭的住房需求主要通过市场调节解决。综合运用税收、信贷、土地等手段，防止房价过快上涨
2009	针对外部冲击提出刺激性政策，以刺激内需和保增长。大幅降低首次购房款比例、免征房屋交易印花税及土地增值税、允许地方政府自行制定刺激房市政策，对符合条件的第二套普通自住房购买者执行首次贷款购买普通自住房的优惠政策
2010	坚决遏制部分城市房价过快上涨势头。加大差别化信贷、税收政策执行力度。完善商品房预售制度
2011	坚决遏制部分城市房价过快上涨势头。有效遏制投机投资性购房。稳定房价和住房保障工作实行省级政府总负责，市县政府负直接责任
2012	严格执行并逐步完善抑制投机、投资性需求的政策措施，进一步巩固调控成果，促进房价合理回归。加快建设城镇住房信息系统，改革房地产税收制度

资料来源：根据媒体相关报道整理。

表 2 - 7　2003—2013 年中国房地产调控主要政策内容回顾

单位:元/平方米

房地产政策调控阶段	时间	文件	调控内容	当时全国住宅均价
第一阶段(2003—2008 年)效果欠佳,目标不清。调控政策方向是控制房地产投资过快增长和房价过快上涨。调控政策方向是控制房价过快上涨,提出发展住房保障	2003 年 8 月	《关于促进房地产市场持续健康发展的通知》	确立房地产业已经成为国民经济的支柱产业;增加普通商品房供应;控制高档商品房建设;加强对土地市场的宏观调控;整顿和规范房地产市场秩序;继续推进现有公房出售;搞活住房二级市场	1045
	2004 年 4 月	《关于深入开展土地市场治理整顿严格土地管理的紧急通知》	继续深入开展土地市场治理整顿;严格执行土地利用总体规划和年度计划	1235
	2005 年 3 月	"国八条"《关于切实稳定住房价格的通知》	稳定房价不力者要问责地方政府负责人;着力增加普通商品房、经济适用房和廉租房供给;合理拆迁,严控被动性住房需求;正确引导居民合理消费预期	1368
	2005 年 4 月	"新国八条"《加强房地产市场引导和调控的八条措施》	各地要公布两年商品房和经济适用房建设规模;依法制止炒买炒卖土地行为;加强对普通商品房和经济适用房价格调控;完善城镇廉租住房制度;加大房地产交易行为调节力度;商业银行要加强对房地产贷款和个贷管理;严肃查处违法违规销售行为;完善信息披露制度,增强政策透明度	
	2006 年 5 月	"国六条"《关于调整住房供应结构稳定住房价格的意见》	新开工商品房套型建筑面积 90 平方米以下的比重须达建筑总面积的 70% 以上;购买住房不足 5 年转手交易按售房收入全额征收营业税;开发商项目资本金比例须达 35% 才能获得开发贷;个人住房按揭贷款首付款比例不得低于 30%;加大对闲置土地的处置力度,2 年未动工开发的无偿收回;进一步整顿和规范房地产市场秩序,严查捂盘、囤房等行为	1520
	2007 年 8 月	《国务院关于解决城市低收入家庭住房困难的若干意见》	多渠道解决城市低收入家庭住房困难;建立健全城市廉租住房制度;改进和规范经济适用住房制度;严格经济适用住房上市交易管理。"9 · 27"房贷新政出台,对当时的住房消费贷款进行了大幅修改	1900

续表

房地产政策调控阶段	时间	文件	调控内容	当时全国住宅均价
第二阶段（2008—2009 年）有显著效果，房地产“救市”政策与各种“救危机”宏观经济政策结合调控政策方向是鼓励住房消费和房地产开发投资，开始保障性住房安居工程	2008 年 12 月	“国六条”《关于促进房地产市场健康发展的若干意见》	进一步鼓励普通商品房住房消费；加大对自住型住房和改善型住房消费信贷支持力度，享受贷款利率和首付款比例优惠；对住房转让环节营业税由 5 年改为 2 年免征，按收入差额征收营业税；支持房地产企业合理融资需求；大幅降低首次购房首付款比例、免征房屋交易印花税及土地增值税、允许地方政府自行制定刺激房市政策等各地可采取鼓励住房合理消费、促进楼市健康发展。出台“国十三条”，加大对自住型和改善型住房消费的信贷支持力度。2009 年 12 月国务院出台“国四条”，提出“遏制房价过快上涨”	2280
第三阶段（2010 年以来）调控政策的目标是遏制房价过快上涨，促进房价合理回归，加强住房保障建设	2010 年 1 月	“国五条”《关于促进房地产市场平稳健康发展的通知》	增加保障房和普通商品房有效供给；购买二套以上住房贷款首付款不得低于 40%；依法查处价格欺诈、哄抬房价及违反明码标价行为；力争 2012 年末解决 1540 万户低收入住房困难家庭住房问题；外资境内投资房地产要严格按照现行政策执行	5034
	2010 年 4 月	“新国五条”《关于坚决遏制部分城市房价过快上涨的通知》	推进保障房建设不力要追究责任；贷款购买二套房家庭首付不低于 50%，贷款利率不低于基准利率 1.1 倍；各地要明确保障房、中小套型普通商品房建设数量和比例；确保 2010 年建设完成保障性住房 300 万套；加强房地产企业购地和融资监管，完善信息披露制度。“新国十条”提出对贷款购买第二套住房的家庭，贷款首付款不得低于 50%	

续表

房地产政策调控阶段	时间	文件	调控内容	当时全国住宅均价
第三阶段(2010年以来)调控政策的目标是遏制房价过快上涨,促进房价合理回归,加强住房保障建设	2011年1月	"新国八条"《关于进一步做好房地产市场调控工作有关问题的通知》	各城市政府一季度向社会公布合新建住房价格控制目标;多渠道筹集保障房房源,逐步扩大住房保障制度覆盖面;个人购房不足5年转手按销售收入全额征收营业税;购买第二套住房首付款比例不低于60%;商品房供地原则上不得低于前2年年均供应量;主要城市拥有两套住房及以上家庭不得在当地再购房;落实住房保障和稳定房价约谈问责机制;"严打"虚假消息散步者。"国十一条"提出严格二套房贷款管理,首付不得低于40%	5377
	2013年2月	"国五条"《国务院常务会议研究部署继续做好房地产市场调控工作》	各省市要制定年度新建商品住房价格控制目标;扩大个人住房房产税改革试点范围;住房用地供应总量不低于过去五年平均实际供应量;地级以上城市符合条件的外来务工人员纳入当地住房保障范围;推进城镇个人住房信息系统建设。2012年9月,暂停发放第三套以上房贷;首套房首付比例不低于30%	6237
	2013年3月	"国五条"细则《国务院办公厅关于继续做好房地产市场调控工作的通知》	制定本地区年度新建商品房价格控制目标;限购区域覆盖城市全部行政区域;进一步提高二套房贷款首付款比例和贷款利率;二手房交易个税按转让所得20%征收;"国五条"要求严格执行商品住房限购措施,加快推进扩大房产税试点工作;增加普通商品住房及用地供应;全面落实保障性安居工程任务,2013年底前要把符合条件的外来务工人员纳入当地住房保障范围;提高商品房预售门槛	

资料来源:根据媒体相关报道整理。

三、房地产调控政策评述

1998 年房改政策的施行一举结束了传统的福利分房制度，加上土地供给政策市场化取向，土地使用制度改革为房地产业发展和住房制度改革等提供重要支持。住宅建设投资体制和消费方式发生重大变化，逐步使房地产业成为国民经济的重要组成部分，金融与房地产业的信贷关系越来越密切，为防止房价过快增长，政府围绕限贷、限购等整顿规范房地产交易秩序，调控住房结构比例，发展保障性住房等调整结构、抑制投机、扩大区域等方面出台了一系列调控政策，这些调控政策总体上具有以下特点。

房地产调控政策效果既取得了明显效果，对于防止房价过快增长起到一定积极作用，同时该政策离预期存在一定的差距。房地产调控政策并没有完全达到预期效果，主要表现在以下四个方面：第一，房价高位运行。房价不断上升，地价不断被刷新。第二，房地产供求矛盾未得到有效解决，尚未形成完善稳定的调控机制。调控政策主要是针对短期市场供求状况，缺乏长期稳定的制度安排，不利于形成合理市场预期（陈龙，2013）；另外，调控手段的运用存在不匹配现象。例如，过度依赖行政手段，不利于房地产市场长期发展，甚至有时会出现政策冲突现象。第三，房地产市场参与主体和监管保障机制缺位。开发商资格参差不齐，存在超越本身资质能力、无资质开发等问题。市场主体非理性和投资投机心理引发从众行为推高房价上涨。由于信息资料缺乏，审核机制不完善，监督机制不到位出现骗购等现象使一些保障房没有真正保障到需要保障的低收入人群（王满银等，2012）。第四，高地价和高房价轮番推动房价上涨。地方土地财政需求抬高地价。在地方政府“以地生财”的土地财政思路影响下，各地“地王”频出，“地王”逐步抬高房价和使房价上涨预期趋于一致，使得高地价事实上推动高房价，这种现象在个别地方短期甚至出现地价与房价倒挂现象，必然从心理上对房价上涨形成一致预期。上述调控政策与预期出现差距，可能与以下调控政策的局限性有关。

第一，从实施房改以来，中国高度重视并强调以房地产为代表的投资在经济增长中的重要地位和作用，该重要地位和作用往往在经济增长受到冲击时被利用。1998 年启动房改的背景是中国受到亚洲金融危机影响，为拉动内需而停止福利分房，这为中国经济持续增长以及 21 世纪以来中国经济进入新的发展周期起到了重要作用。2008 年受到国际金融危机的影响，国内推动以 4 万亿元投资为代表的大规模刺激计划，房地产在相关松动政策影响下对于“保增长”任务的完成发挥了重要作用，因此带来房地产短期内报复性反弹并错失了良好的结构性调控机会（张军，2013）。随后的 2009 年多数城市房地产价格大幅上涨，有的城市房价在年内翻番，尽管民间和官方对具体上涨幅度存在分歧。① 上述房地产调控在经济增长中的地位和作用被过多利用，这也成为随后新一届政府推行“调结构、无刺激、去杠杆”发展思路的宏观背景，并成为中国经济结构转型和全面深化改革的内容。

第二，中国房地产调控政策总体上对于宏观经济起到了重要的积极作用，由于中国国情或体制原因，一些重要的政策领域并未取得实质性突破。通过限购和限贷等宏观调控举措，围绕打击投机或投资需求的政策较多，但导致房地产过快增长的根本制度并没有突破。例如，房地产的波动源头为中国特色的土地征用和供应制度，由此形成的地方政府对土地财政这一预算外收入的体制性依赖没有改变。提前一次性征用未来 70 年的土地出让金，地价难以显著下降，其下游住宅产品价格也随之上涨。房地产调控未涉及保有环节和持有成本，市场利益主体的重复博弈没有导致房价显著下降。对于土地一级市场规范缺乏约束和制度创新。地方政府经营土地一级市场，短期内获取城市发展资金，政府部门甚至直接参与土地炒作。相关利益主体参与其中的利益博弈。地方政府需要退出土地经营，强化规划，改变现有房地产发展思路，以房产税等弥补其收入来源。

---

① 公众对 2009 年地产价格上涨幅度曾有过争议。国家统计局公布 2009 年全国 70 个大中城市房价涨幅为 1.5%，一些公众提出质疑。随后国土资源部中国土地勘测规划院全国城市地价监测组发布报告提出，2009 年全国住宅平均价格涨幅达 25.1%，为 2001 年以来最高。2001 年到 2009 年中只有 2008 年是唯一出现房价下降的年份，降幅仅 1.89%。

第三，相关调控政策强调对于需求侧的限制管理，相对忽视土地供给侧。如果仅仅依靠需求侧对房地产需求进行管理的作用是有限的，对于房地产投融资缩紧，其实是对购房者需求的进一步紧缩，其调控政策相对忽视了房地产的开发周期。房地产开发周期较长，从获取土地到形成销售产品可能需要二、三年甚至更长时间，及时的调控政策影响存量房地产，房地产行业的发展需要政策的连续性和可预见性，避免朝令夕改。同时，房地产调控还需要注重对于供给侧的管理，加大土地供应，形成相对充足的房源供应，不仅有利于缓解房价上涨的预期，而且切实有助于满足居民的住房需求。

第四，调控政策应该更加注重相关利益主体的互动和博弈行为可能出现的“上有政策，下有对策”情况。国家调控的决心和力度有目共睹，调控的手段多样化，从单纯的行政手段发展到行政与经济政策并行，在顺应市场经济发展规律的基础上进行相关调控。但由于在具体执行过程中并没有处理好中央与地方、开发商与购房者之间的多方利益博弈、房地产市场运行的潜在规律以及中国特殊的国情等因素，政策执行结果出现很大偏差。政府调控政策出发点是保证房地产市场的健康稳定发展取得一定成效，但总体没有取得预期效果；相反，有的城市“地王”频出，甚至“房地产绑架了中国经济”（金海燕、任宏，2011）。

房地产调控中还面临市场结构和总量问题。首先，从结构上来看，土地要素供给制约住宅供给。针对房价过快上涨而实施的宏观调控，主要是收紧土地供给和信贷投放，控制房地产供给。土地政策并没有充分配合房地产调控。土地是直接影响住宅开发的生产要素，对于住宅供给具有直接作用。从以往几次房地产调控历史表现来看，土地政策的运用并不成功。在市场上升期中，政府为稳定房价采取提高土地出让金，不仅提高了土地出让价格和开发商土地成本，推升当期房价，同时限制了未来商品住宅市场的总供给；而在市场萧条时，政府供地计划却因为开发企业缺乏竞拍土地而无法完成，使土地调控职能未能发挥。如何改进土地储备开发和土地出让制度增强土地供应的灵活性、前瞻性和应对市场波动能力，确保土地供应可持续是房地产调控政策需要重点考虑之处。

土地供给收紧对于房地产调控起到反向作用。2003 年之后，中国土地一级市场实施严格“招拍挂”制度，减缓供地速度，特别是相对减少发达地区城市建设用地供给，导致在大量人口流入的东部土地供给收紧，房价被相应地快速推高。2008 年以来，包括北京在内的多数城市均难以完成其年初制订的土地供应计划量，特别是商品房用地计划更是未能顺利完成。例如，2010 年全国住宅计划供地 18. 47 万公顷，实际完成 12. 54 万公顷，占计划量的 67. 9%；2011 年全国住宅计划供地 21. 80 万公顷，实际完成 13. 59 万公顷，占计划量的 62. 30%。未能完成计划供地量除宏观经济原因外，还有地方政府出于确保未来土地出让可以增加财政收入等而在地价低迷时缺乏积极性。

其次，低利率政策与调控政策不协调。低利率政策未很好地配合房地产调控政策。由于中国对存贷款利率进行管制，对于一个年均经济增长大约 10% 的经济体而言，低的实际利率意味着资金成本非常低，这将鼓励消费者的购房冲动。货币发行量 M_2 偏多也是重要原因。近十年来中国广义货币供应量增长大约 5 倍，到 2013 年 2 月末大约为 100 万亿元。银行放款审核相对宽松和购房门槛一时相对偏低等相关，加上其他需求释放特别是城镇化从 2003 年的 40. 5% 持续上升到 2013 年的 53. 7% 也导致房地产需求爆发。①

最后，房地产发展面临总量不足问题。一段时间以内，政府保障力度不足和调控政策缺乏长期规划。保障房建设力度弱，难以对商品房价格发挥有效抑制作用，一些本应该成为购置保障房的群体被迫进入商品房市场，这其中与政府调控政策缺乏长期规划有关，一些调控政策短期特征明显，也容易使居民产生房价还将持续上涨的一致性预期。

结构性矛盾还突出表现在投资性住房存在空置加剧了住房供需矛盾。由于住房具有的投资属性和消费属性，如果住房价格持续上涨则其投资性

① 国家统计局 2013 年国民经济和社会发展统计公报。

质将更加明显体现，而投资性质将助推房价上涨。城镇拥有2套住宅及以上的家庭比例由2005年的8.7%上升到2010年的13.7%。由于租赁市场尚未发育成熟导致部分投资购房者出租意向较低，高收入群体拥有较多的住房且空置率较高而难以转化为有效需求，使中低收入家庭居住环境变差并承担住宅价格上涨的后果（冯俊、张锋，2014）。经济发展过程中出现住宅投资性功能难以避免，也不宜消除，但如果大量出现投资住房空置，将有损住房居民功能和消费。该情况可能强加住宅投资功能并影响宏观经济发展。

回顾总结十余年房地产调控轨迹，中国房地产政策在“过犹不及”中徘徊，对房地产市场存在过度打压或拉高，虽然政府和市场在房地产发展和保障房建设方面分工和态度已经明确。像2014年新采行的扶持市场政策任务应该是从社会保障政策层面来讲的，需要大力促进民众正常购房和实施居民需求，并给以适当支持，使之成为房地产市场长期稳健发展的基础，避免非理性房地产投机出现。但在GDP增长逐步回落之际，房地产政策又存在从“打压”转为“扶持”的可能，如南宁、铜陵等城市放松房市调控政策，银监会等要求银行积极贷款支持首度购房民众等，还包括一些学者提出如果房价跌幅达10%则救市措施应该出台，这显示出中国社会形成一种扶持市场氛围，房地产调控政策具有转型特征，相机抉择特点仍然体现明显。

第三节　转型期房地产发展独特性质

转型期中国房地产发展具有其独特性质，这是区别于发达国家等房地产发展的本质性内容。这些独特性质主要包括中国住房制度改革和城镇化加速推进、土地权属以及土地市场双轨制运行特点、中国房价收入比和空置率等问题、中国房地产发展定位是否过于追求其经济拉动作用而相对忽视其社会功能等，本部分将讨论上述指标，这些指标既有国际横向比较意义，同时又反映了中国转型期房地产发展特征。

一、住房制度改革与城镇化加速推进

（一）以市场化、货币化为特征的住房制度改革

住房制度改革的目标是建立与社会主义市场经济相适应的新的城镇住房制度经济系统，实现住房的商品化和社会化。1998 年，国务院出台《关于进一步深化城镇住房制度改革加快住房建设的通知》（国发〔1998〕23 号）提出推进住房分配制度改革，要求从当年下半年开始停止福利房实物分配，逐步向住房货币化目标过渡。从 1998 年下半年停止住房实物分配，逐步实行住房分配货币化和住房供应体系商品化，标志着中国住房供应和分配机制发生了根本变化，住房制度改革全面展开，实施以住房货币化为核心的房地产改革，开启房地产市场，这标志着中国房改向商品化、社会化推进。除了部分人群实行住房商品化以外，还建立了针对中低收入家庭的社会保障性质的住房供应体系。为推进住房制度改革，中国相应为此建立和完善了住房公积金制度和住房信贷系统。

住房制度改革要求全面停止住房实物分配，实行住房分配货币化，提出建立和完善多层次城镇住房供应体系，其主要内容包括：第一，调整住房投资结构，重点发展经济适用住房，加快解决城镇住房困难居民的住房问题。第二，对不同收入家庭实行不同的住房供应政策。第三，发放住房补贴。之后对房改目标进行了必要修正，不断明确房改目标，低收入家庭主要通过保障房解决；中等收入家庭根据各地实际可以采取限价商品房或保障房等办法解决；高收入家庭主要通过市场解决。政府主要提供廉租房，使低收入群体“住有所居”；建设主要面向中产阶级的经济适用房；高档住房主要靠市场调节。这被称为“房产新政”。

全面停止实物分房的城镇住房制度改革是一次根本性的转变。住房制度改革是房地产业发展过程中的一项重大变革，标志着中国住房制度向商品化、社会化推进和发展。这一过程实现了机制转换，促进了房地产特别

是住宅业的发展，改善了居民居住条件，住宅业成为新的经济增长点和居民消费热点，房地产业事实上也成为国民经济的支柱。在实施住房货币化过程中，发放的住房补贴不能满足居民对住房的需求，房价飙升，经济出现过热现象。经济适用房也没有成为住房供应的主要渠道，1998—2003年，全国经济适用住房累计竣工面积仅4.77亿平方米，累计解决600多万户住房问题。2003年，新一轮经济周期启动以来，中央政府在继续推进住房制度改革的同时，面对房价过快上涨，加大政策调控力度，提出在稳定住房价格特别是普通商品住房和经济适用住房价格的同时，加快建立和完善适合国情的住房保障制度。下文将简要回顾在房改时面临地产价格过快增长势头所发布的主要调控政策。

住房制度改革取得了一些积极成果，住房制度改革推动了房地产持续发展，满足了不同需求的商品房不断推向市场，居民住房水平有了明显提高，住房条件得到根本性改变，房地产开发投资为改善民生做出了重要贡献。它改善了居民居住条件，1998年到2012年，城镇年住房完工面积由4.8亿平方米增加到10.7亿平方米，在过去15年间，城镇住房累计完工面积达104亿平方米；2012年城镇人均住房建筑面积达到32.9平方米；[①] 2012年城镇常住人口7.12亿人约2.49亿户，推算城镇住房套户比大约为0.81∶1。[②] 住宅业成为新经济增长点，拉动内需，促进经济发展。尽管受到世界金融危机影响，中国宏观经济基本稳定，2003年至2010年中国GDP增长平均增长10.2%，房地产发展对于促进经济稳定增长起到积极作用。

随着中国市场化取向改革的逐步深入，中国房地产市场在土地要素市场化条件下逐步兴起。土地使用权和所有权分离，土地使用权进行市场化等方式进行让渡。土地使用和管理制度改革，推行土地使用权有偿使用，将部分国有土地使用权通过拍卖、协议、招标等不同市场化程度的形式给

① 参见2013年统计年鉴。

② 有媒体报道指出，2012年城镇家庭户均住房（含非成套住房）大约1.02套。按照此口径，如果只计入同时拥有厨房和厕所的成套住宅，则城镇家庭户均拥有住宅仅为0.72套。

外商或房地产开发企业。土地使用权与所有权分离，使用权有偿使用方式在全国推开，土地要素市场化逐步推行，人均住宅面积不断提高，促进了房地产市场发展（杜宇，2005）。到2010年底，全国城市人均住宅建筑面积约达31.6平方米，农村人均住房面积34.1平方米，比2002年分别增长了29%和28.7%，居民居住条件得到明显改善。

对于新出现的住房困难特别是针对当初房改时未曾预料到的问题，包括著名学者或社会人士乔新生、宗庆后等提出了"二次房改"的建议。他们提出的理由包括，当初房改是在金融危机和分税制背景下提出的，地方政府将房地产作为增加可支配财政收入的源泉，房地产市场呈现畸形发展。房地产市场人为分为以土地市场化、商品房价格市场化为主要特征房地产商品市场和寡头垄断。房地产市场供求矛盾已经成为政府与消费者、开发商等之间的矛盾，地方政府与开发商合谋操纵市场价格获取利益，加上房地产市场特殊利益集团难以规制（乔新生，2011）。需要对住房供求进行分类控制，实现政策性和市场化分配相结合的"双轨制"房地产发展模式的"二次房改"被视为解决当前房地产问题的重要方法（张双长、李稻葵，2010）。

（二）中国城镇化进入加速推进发展阶段

关于城镇化的水平，现在主要采用的指标是城市人口在总人口中的比重，测度和反映中国城镇化特点和居民享受城镇化文明和便利程度。在世界城镇化背景和中国正处于城镇化加速阶段的条件下，中国城镇化进程正在以前所未有的速度加快发展，城镇化的实际发展进程超过此前预期。①综观城镇化进程的国际经验，城镇化率在达到30%以后便进入城镇化加速阶段，一直达到70%之后增长速度才缓慢下降。中国在20世纪90年代后期城镇化率就已经达到30%的水平，迈入城镇化高速增长的最低关口，在此基础上不断增长（见图2－1）。自1999年以来，中国城镇化发展正在加

① 中国城镇化水平发展速度超过了预先计划水平。原先预计到2005年城镇化水平达到35%左右，到2010年达到40%～42%，现中国已提前5年实现原定2010年的城镇化目标。

速推进。[①] 2000 年城镇化率达到 36.2%，2003 年为 40.5%，首次跨过 40% 大关，2010 年城镇化率接近 50%，2015 年城镇化率超过 56%，离成熟的城镇化发展阶段还有较大空间。根据预测，2020 年城镇化率将达到 60% 左右。城镇化进程处于加速时期，这一时期体制不断转轨，机制持续转型，各种社会矛盾逐步体现，如何保护社会阶层利益显得十分尖锐，特别是新进入城市的居民住房制度保障以及原来居民住房改善问题。在中国，城镇化过程持续推进，城市人口持续增长，房地产业由于其前后产业链条长、就业人口多，其对经济直接的拉动作用就不会结束，并可能占有重点经济地位。

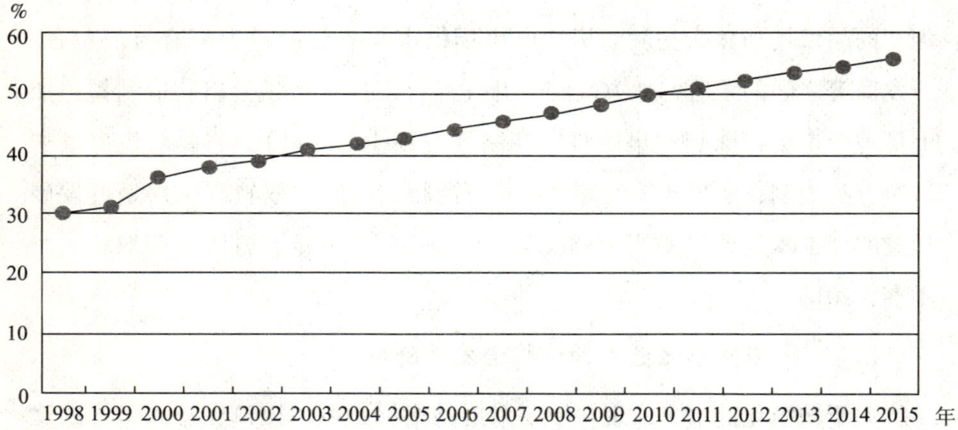

资料来源：国家统计局：中国城镇化率历年统计数据（1999—2016 年）。

图 2－1　中国城镇化加速发展进程

根据以下基本事实，可以判断中国城镇化将加速推进的态势。当经济进入新的发展态势条件下，经济结构调整和发展转型将有利于推进城镇化进程。中国高素质劳动力、众多的工程师、功能齐全的工业体系、保障可

① 英国城镇化水平从 26% 提高到 70% 用了 90 年时间，法国从 25.5% 提高到 71.7%，美国从 25.7% 提高到 75.2%，都用了 120 年。而我国从 1993 年的 28% 提高到 2003 年的 40.5% 仅用 10 年，按此速度，2020 年左右就能达到 60%，2035 年以前就能达到 75% 左右，即中国走过同样的城镇化进程只用英国的一半时间，法国和美国的差不多三分之一的时间。

靠的基础设施和安定团结的政治局面，经济发展方式和五大发展理念的指导，为城市发展提供了可靠的保障和有力的支撑，这些推动经济发展的外部因素成为今后城市规模持续、快速扩张的原因。

城市作为经济发展主体的地位日益显现。地区间的竞争通过城市之间的竞争来实现，这使得城市，特别是大城市的发展成为发展的主体。在中国城市人口构成中，大城市人口占城市总人口数量的一半左右，加之强大的集聚效益和相应的扩散效益及健全的社会设施和较好的发展机遇，大城市又逐步成为一国提升城镇化水平的主要推动力量。城镇化既是社会经济发展的结果，又是推动社会经济前进的动力，既是发展目标，又是发展手段。城镇化过程是中国经济成长的过程，是拉动内需、扩大消费的主要手段。

未来态势可能出现在以下几个方面：一是城镇化水平还将得到快速提升，2020 年之前每年还可能增加 0.8 到 1 个百分点；二是城镇化区域差异仍将存在；三是城镇化质量和水平将有显著提升，大城市产业结构服务化倾向明显；四是以沿海三大都市圈和众多地方大都市圈为中心的城市空间格局将基本形成；五是“城市问题”，特别是“大城市问题”仍将长期存在。城镇化发展展望可以参见联合国在 2000 年所进行的测量，见表 2－8。

表 2－8　1998—2030 年中国人口城镇化预测

年份	GDP		总人口	城镇人口数量（万人）	城镇化水平（%）
	总量（美元）	年增长（%）			
2000	10833.7	—	127756	45200	35.38
2010	21712.9	7.2	137292	66444	48.43
2020	38883.5	6.0	1454448	89294	61.39
2030	63337.3	5.0	149594	114305	76.41

资料来源：本预测总人口根据 United Nations，World Population Prospects，The 1998 Revision；GDP 按 2000 年人均水平推算。

城镇化将给经济社会各方面带来巨大变化。城镇化进程将对经济、社会、文化乃至生态环境产生不同的影响。从经济贡献上来看，城镇化加速将成为经济增长的新动力。从城市对经济发展的贡献上来看，城市发展和竞争力不断增强，正成为中国经济增长和竞争力增强的重要引擎。城市经济快速发展，在国民经济社会发展中发挥着主导作用。城市发展又吸收大量农村富余劳动力，带动农民增收。城镇化有助于促进第三产业发展，有利于增加就业，加快中国第三产业的发展和全社会信息化水平的提高。从节约利用土地资源来看，城镇化可以节约大量土地资源。综观世界上城镇化走过的道路，任何国家的城镇化进程都是以大量节约土地为特征的，城镇化进程越快，城镇化率越高，土地的节约就越明显。

城镇化对房地产市场需求具有重要的拉动作用。城镇化过程表现为农村人口向中小城镇转移、中小城镇人口向城市转移、全国各城市的人口向核心城市转移。城镇人口增加带动城市住房需求，包括存量改善和新增需求。国内一二线城市的房地产市场陆续进入改善型需求主导的阶段，三四线城市则将进入首套房集中释放阶段；城镇化进程是创造购房需求的过程，以目前的城镇化率每年持续推进，每年新增城市人口将给房地产市场带来巨大新增购房需求。欧美西方发达国家经验表明，在城镇化率达到80%以前，新增购房需求都将增加。

房地产业飞速发展与城镇化进程密切相关。根据2010年第六次全国人口普查主要数据，全国居住在城镇的人口为66557万人，占总人口的49.68%，同2000年第五次全国人口普查相比，城镇人口增加了2亿余人，乡村人口减少1.3亿余人，城镇人口比重上升13.46个百分点，它成为中国人口从农村向城市转移速度最快的10年。期间，城镇化率提高13.46个百分点，新增城镇人口约2亿余人，这部分人口住房需求庞大。这一过程与中国城市推进住房制度改革叠加，更加对房地产市场的需求形成巨大的拉动效应。

二、土地权属与土地市场双轨制

中国的土地市场具有特殊性。土地是房地产存在的载体和基础，土地市场运行的有效性影响房地产市场效率。分析土地市场时，必须先了解其产权，这是土地市场交换的基础，因而需要了解中国土地产权制度的安排。土地权属和土地市场双轨制运行是理解中国房地产市场的基础，是中国房地产市场发展的独特之处，这是区别于传统市场经济国家房地产市场的基本因素，也是中国房地产市场取得巨大发展成就的推动原因，同时还是房地产市场中利益主体行为博弈的起点。中国社会主义性质的体现之一是土地公有，即城市土地国家所有制和农村土地集体所有制二元结构，现实中出现的一些权利关系模糊并影响房地产市场发展的问题，在很大程度上与这种土地二元产权结构有关。

1. 土地公有制是社会主义公有制的重要体现，它直接决定了中国土地的权属问题。土地权属性质是土地所有权和土地使用权的性质，中国土地所有权性质分国家土地所有权和集体土地所有权。《土地管理法》规定城市土地属于国家所有，农村土地属于农民集体所有。土地使用权的性质分为国有土地使用权和集体土地使用权。一般能用于开发建设的是国有土地。土地权属是土地产权的归属，是存在于土地之中排他性完全权利，中国土地所有权和使用权通常分离，土地使用权有年限规定，住宅为70年、商业为40年、工业和其他为50年。

上述土地制度安排使城市土地产权关系中出现产权关系不清楚，产权界定难度大，中央政府和地方政府间土地产权关系难以理顺。城市土地国家所有具体通过国家代表全体人民行使土地所有权，在委托—代理关系下，由国务院作为产权主体但它不能直接行使权利，而是由国务院将城市土地经营管理等产权委托给地方政府行使，即国有土地所有权通过多层级代理行使。地方政府通过多层级代理事实上拥有土地自然属性和经济属性，而成为国有土地实际控制人。地方政府同时成为国土资源和集体土地的宏观管理者和实际所有权实际行使者，管理者和所有者职能重叠，类似于既是运动员角色又是裁判员角色，地方政府往往同时拥有政治利益和经济利益目标，这些目标不可能同时与中央政府目标一致，在房地产发展和相关民生政策执行过程中，地方政府拥有信息优势而出现的一些与中央宏观调控不一致。

中国土地制度安排，事实上形成农村集体土地所有权虚置。中国农村集体公有制由国家控制但由集体承受其控制结果的一种农村产权制度安排，集体土地所有权不是独立的所有权，地方政府征用土地可以不必过多考虑集体利益，并绕过集体土地所有权安排，因为村民委员会作为自治组织，它不是经济法人和独立的一级政府，却导致土地征用过多过滥，农村利益受到侵害（周其仁，2004）。

2. 土地征用是土地市场“双轨制”出现的重要步骤。土地征用是实现不同性质土地使用权流转的唯一合法渠道，地方政府、开发商等利益主体往往攫取其中的部分利益。由于中国土地所有权形式采取的是国家所有和农村集体所有，土地所有权转移只能发生在这两个权利主体之间，而土地使用权的转移则可能发生于各种主体之间，包括国家、法人单位和自然人等。

土地市场“双轨制”运行过程中同时存在行政和市场力量，土地征用市场、土地使用权出让市场和土地使用权转让市场。双轨制土地市场运行首先通过土地征用完成，地方政府从集体经济组织合法取得土地；其次以协议、招标或拍卖的形式出让给土地使用者，土地使用者之间根据土地供给和需求进行市场化交易，市场市场化程度依次提高（见表2－9）。

表2－9　中国土地市场“双轨制”运行类型与特点

市场类型	市场参与主体	交易形式
土地征用市场（行政力量介入，市场化程度低）	农村集体、地方政府、土地使用者	土地征用（按照已有法规执行）
土地使用权出让划拨市场（市场化程度有高有低）	地方政府、土地使用者	土地“招拍挂”、行政划拨、协议出让等市场化程度不同
土地使用权转让市场（市场化程度高）	土地使用者	市场化方式进行

土地征用是土地所有权转移的唯一合法渠道。《宪法》第十条规定：“国家为了公共利益的需要，可以依照法律规定对土地实行征用。”《土地管理法》第二条第四款亦规定：“国家为公共利益的需要，可以依法对集体所有的土地实行征用。”该法第四十七条又规定：“征用土地的，按照被

征用土地的原用途给予补偿。”同时明确了征用土地补偿标准，土地集体所有者在土地被征用没有商议的余地。土地所有权转移具有强制性、单向性和行政性特点。土地征用是国家以公权力强制地对他人土地权利予以剥夺，使他人土地权利因征收或征用而消灭或终止。

土地市场“双轨制”运行，土地市场双轨制即计划划拨土地和市场化“招拍挂”使用土地并存。一方面通过市场化出让方式即通过招标、拍卖、挂牌三种方式出让土地，土地价格被推高，协议等非市场化划拨方式较低，即政府无偿划拨国有土地给使用单位。另一方面以非市场化方式划拨土地供给成本低，特别是在土地实际使用类型和方向难以监控或者纠正成本太高的情况下，划拨等形式进行的土地出让可能事与愿违。土地供给的“双轨制”促使并扩大了特权用地，导致了不公平竞争。土地供应的“双轨制”对农村土地造成不良影响，一些地方政府过滥过多的征用土地以谋取预算外收入（王华春等，2005）。

上述土地市场运行方式带来许多相关难题。土地征用作为问题来源的“源头”，低的补偿价格和高的出让价格形成的巨大利差，关于如何分配该巨大利差存有分歧。土地市场所有权属于国家，但委托给地方政府管理，地方政府实际上控制并拥有土地所有权，地方政府在官员晋升锦标赛过程中，为政治晋升而可以任意支配土地征用和出让等。土地市场化程度可以由地方政府控制，土地供应中的行政划拨和有偿使用并存，稀缺的土地资源中以协议出让的占有较大比重；有些无偿划拨土地重新以市场化方式入市，利润空间巨大。

3. 改革土地征用制度，规范并逐步取消土地市场“双轨制”运行，建立统一开放、竞争有序的土地市场是大势所趋。第一，明确规定适应产权市场化的土地权利，可以进入市场的土地所有权、土地使用权、承包经营权等产权需要明确，以利于市场交易。第二，改革土地征用制度，缩小征地范围，明确界定“公共利益”的有限范围，非公共利益用地纳入市场化配置范围。提高补偿标准和协商方式，被征地农民要给予公平、完整的市场化补偿。第三，通过立法等形式，开放集体土地市场进入国有建设用地市场交易。允许集体农地进入建设用地市场，避免歧视集体土地所有权和剥夺集体农地开发权。例如，在上海和广东南海区通过合作方式使用集体农地建设高速公路等基础设施，实现集体农地进入建设用地市场等实践经验基础上，因势利导，通过规范立法，开启这一市场化进程和手段。第四，突出市场定价，实现土地资源市场配置，以真正反映资源的稀缺程度。纠正地价评估受到的政府影响，避免以低地价、零地价进行恶性竞争。

由于发达国家房地产业发展是基于土地私有，以市场交易为基础；中国房地产业基于土地公有，以满足住房需求为前提条件的房地产业，中国房地产业与西方国家的房地产业不同，中国房地产市场“双轨制”运行，难以全面遵循市场运行要求，而是以增加地方财政收入为基本目标。中国房地产发展和存在的问题不能简单套用市场经济规律，中国房地产发展应该更加关注居民住宅问题是否得以解决，以及政府在其中是否起到提供必要的居住保障职能等问题（柏晶伟，2014）。

三、衡量房地产发展的惯例与国情

（一）国内外房价收入比

房价收入比是某个时期内，在区域房地产市场上可供销售的普通商品房的平均价格与当地中等家庭年收入的平均收入之比。① 由于房价收入比反映了一个城市或者地区中等收入家庭住房支付的能力。联合国人类住区中心认为，房价收入比在 3 ~6 比较合理。世界银行 1998 年针对 96 个国家或地区的统计资料显示，房价收入比最高的国家或地区为 30，最低为 0. 8，平均值为 8. 4，中位数为 6. 4。各个国家或地区房价收入比高度离散，这 96 个国家或地区中，发达国家或地区房价收入比一旦超过 6 则可视为出现泡沫，合理范围应该在 3 ~6。总体上来看，国际上通常接受上述房价收入

① 通常国际上衡量一个国家房价是高估还是低估主要参考以下指标：一是房价与居民收入比；二是房价与住房租金比；三是个人购买住房负债率。本部分仅以房价收入比进行说明。

比区间，该区域因为国家或经济体发展阶段等具体情况不同而存在一定的差异。

有专家对房价收入比提出不同看法。一是房价收入比在一定程度上反映了居民住房的支付能力，仅以房价收入比衡量居民的住房支付能力并不全面，因为居民住房支付能力还受到居民未来的家庭收入、银行贷款利率、房地产相关税费等诸多因素的影响。由于不同城市自然禀赋、经济发展、人口结构及素质和生活习惯等不同，同样定义的房价收入比也不尽相同。① 二是房价收入比并没有考虑居民已经拥有的资产，一线城市、旅游城市往往房价收入比较高。三是由于中国统计制度存在不少需要完善之处，特别是关于居民的真实水平一直存在争议。中国对商品住宅的统计口径与欧美国家不同，房价收入比数据不如欧美国家准确，可比性虽具有一定意义却不是全部（包宗华，1999；郑睿祺、刘洪玉，2002；杨文武，2003），但这些指标对于中国房价调控具有一定的指导意义。

房价收入比是一个存在争议的指标，中国不同机构可能采用不同统计指标和不同计算方法来计量房价收入比，但通过这些指标总体上能够比较全面客观地反映房价是偏高还是偏低的趋势。这里将通过已有为社会广泛知晓的报告数据进行简要分析。根据已有对全国以及主要城市房价收入比研究成果（郑红玉，2013），在剔除可售型保障性住房后，2013 年中国 35 个大中城市房价收入比均值为 10.2，其中北京、上海、深圳、福州 4 个城市领先，北京高达 19.1 位居榜首。从全国房价收入比变化趋势观察，中国房价过高（刘海影，2014）。例如，最低的年份通常高于国际惯例所确定的最低水平，更多年份均在高位运行（见表 2－10）。

① 能进行国际横向比较的前提是能够统一居民收入和房价的定义，房价收入比的定义一旦结合本国实际情况，其内涵就会存在很大差异。不同国家采用的统计口径和计算方法不一致，房价收入比进行横向比较存在一定技术难题。

表 2-10　2013 年 30 个地区房价收入比及其排名

房价收入比排名	城市	房价收入比/%	房价收入比排名	城市	房价收入比/%
1	北京	14.5	16	江苏	6.7
2	海南	12.3	17	青海	6.6
3	上海	12.1	18	新疆	6.5
4	浙江	9.5	19	甘肃	6.4
5	福建	9.1	20	辽宁	6.3
6	天津	8.4	21	吉林	6.2
7	广东	8.4	22	山西	6.1
8	四川	7.4	23	广西	5.9
9	黑龙江	7.4	24	贵州	5.9
10	江西	7.3	25	云南	5.9
11	陕西	7.1	26	宁夏	5.9
12	湖北	6.9	27	河南	5.6
13	重庆	6.8	28	山东	5.5
14	安徽	6.8	29	湖南	5.5
15	河北	6.7	30	内蒙古	5.0

资料来源：财经网，2014 年 5 月 16 日。

从全国范围内来看，房价收入存在高低不同的分布。全国涨幅前五位的省份分别为黑龙江、上海、山西、河北和江西，涨幅后五位分别为贵州、四川、福建、浙江和陕西。2013 年 30 个地区商品住宅销售均价同比涨幅均为正值，房价收入比上升表示商品住宅销售均价的增长速度快于城镇人均可支配收入的增长速度，同时房价收入比下降表示商品住宅销售均价的增长速度慢于城镇人均可支配收入的增长速度。①

无论从居民自身住房支出负担还是从房价收入比来说，中国现阶段房价都处于相对较高水平，特别是北京、上海等一线城市的房价收入比更是脱离了当地居民的平均收入水平，需要从收入增长、房价调控、基本居住保障等角度综合推进解决。

① 全国房价收入比分化严重北京最高内蒙古最低［EB/OL］. 财经网，2014-05-16.

（二）住房空置率

国际上将空置面积和空置率作为衡量房地产风险的重要指标。空置率指在某一时间空置未居住的房屋面积占房屋总面积的比率。国内通常使用的空房率指开发商建成住宅房屋之后，空置房与建成房之间的比率，在存量市场空置率和增量市场空置率之间还存在一定区别。空置面积是衡量房地产风险的重要指标，但没有纳入中国官方统计体系。2010 年，国家统计局引入待售面积概念，提出待售面积主要指房地产开发企业已竣工商品房中到报告期尚未售出或出租的房屋面积，空置面积是指已经售出后住房处在闲置无人居住状态的面积。国家统计局尚未统计空置率指标。

按照国际上成熟的统计区域住宅空置率的标准，如果商品房空置率控制在5%～10%则为合理区，说明商品房供求基本平衡，对国民经济运行没有直接影响；空置率在10%～20%为空置危险区，需要加大商品房销售力度或者降低供给量；空置率在20%以上为商品房严重积压区，说明商品住宅供给剩余，可能产生危机。

不同调查报告或地方官方数据均反映出中国城市住宅空置率相对较高。从国内调查报告来看，2010 年 7 月，根据国家电网公司调查数据显示，全国660余个城市范围内连续超过半年以上电表读数为零的房屋基本为空置房，共6540万套。① 中国其他城市空置率上升数据对上述空置趋势也有所印证。② 西南财经大学中国家庭金融调查与研究中心的数据显示，中国城镇自有住房空置率迅速上升，从2011年的20.6%上升到2013年的

---

① 中国地产泡沫空前巨大，空置房可供2亿人居住［N］. 环球企业家，2010-07-06. 前国际货币基金组织副总裁朱民在IMF 2015春季年会上提出，“目前中国楼市首要问题是空置率太高，空置面积达10亿平方米。”按照2015年房地产销售面积13亿平方米计算，10亿平方米占该年销售量的77%。

② 据北京市住建委发布消息称，北京商品住宅新房库存达到70838套，是继2013年3月20日北京商品住宅库存跌下7万套以来的新高。市场供应增加、成交量走低导致库存上涨。《中国企业报》记者调查发现，市场需要消化的不仅仅是这7万余套库存新房，一些已经被购房者买入但并未入住的空置房也在争抢本不旺盛的购买力。而这一现象，在高档小区更加明显。参见关于《北京多处售价千万元级高档小区长期空置》，《中国企业报》2014年5月27日的有关报道。其他报道，2012年北京市公安局人口管理总队曾进行过的调查显示，当时北京全市房屋总量1320.5万套，核对空置房屋381.2万户，空置率达28.9%，处于非常高的水平。

22.4%，以该比重推算，中国城镇空置住房总量大约为4898万套。① 以官方公布的权威数据为例进行说明，北京市住建委2014年5月发布，北京商品住宅新房库存达到70838套，创2013年3月20日北京商品住宅库存跌下7万套以来的新高，市场需要消化这7万余套库存新房。一些城市部分小区平时的入住率不到20%，约20%的房屋用电量是零。空置率是反映房地产市场是否过度投机的一项重要指标，可信的空置率数据将会为调控和判断市场提供决策依据。

国外机构研究显示中国住房空置率处于较高水平。中信里昂证券发布2013年5月—2014年5月的《中国城市地产空置率调查报告》，对过去五年竣工的房地产项目调查得出平均空置率为15%，相当于有1020万套空房，比美国高出5个百分点。由于过度投资，该比例估计在未来三年将超过20%，住宅高空置率在一定程度上说明房地产投资过度。根据中信里昂证券估计，中国每年真正的住宅需求大约700万套，即7亿平方米的建筑量。从2011年至2013年每年销售大约1000万套房，未来两三年每年将新增加300万套至400万套空置房，到2017年可能达1800万套，房地产销售量从2014年开始收缩直到2020年。② 根据2012年5月发布的《中国居住小康指数》报告显示，约80%的受访者已经拥有自己的住房。中国自有住房拥有率高达89.7%，远远超过美国（65%）、英国（70%）和日本（60%）的相应住房自有率水平。

国家统计局认为当前统计住宅空置率有一定难度。2010年8月，国家统计局新闻发言人表示，由于住宅空置率包括空置概念，目前调查统计制度还没有对此进行统计；同时住宅空置率与住宅的空置面积概念需要进行

---

① 西南财经大学中国家庭金融调查与研究中心所述空置率包括一套房家庭因故无人居住的住房，即“人房分离”空置率为5.1%；多套房家庭既未自住也无他人居住的住房，即“多套房空置”城镇家庭比例为17.3%。参见纪睿坤．城镇空置房近5000万套沉淀资金4.2万亿［N］.21世纪经济报道，2014-06-11.

② 中信里昂证券的地产空置率调研方法：第一，调研同事像买家一样，向业主、地产、管理处了解小区空置率的大概水平。第二，照相机拍照，每个项目拍20张，根据调研同事回来报告的空置率，再做一个调整，挨着每一个窗户去数。如果有一些冷气机或家具，则将把那套房定为入住房。第三，晚上调研，核实亮灯率。

区分，住宅空置尚未给出一个统一标准，在技术上目前无法办到。但是，对房地产市场中的住宅空置率进行有效监控，一方面，可以合理引导房地产事业健康发展，确保住宅及其相关资源有效利用；另一方面，可以从一个侧面反映社会财富分配的公平程度，对于收入分配管理具有积极作用。

中国已建房屋加上在建房屋和土地储备已经过剩。根据国家统计局2013 年的统计公报，2013 年全国房屋施工面积是 66.6 亿平方米；竣工面积是 10 亿平方米，其中住宅是 7.9 亿平方米。国家统计局数据显示，2012 年，房地产开发企业房屋施工面积 57.3 亿平方米，住宅新开工面积 13.1 亿平方米，住宅竣工面积 7.9 亿平方米。按开发商平均储备 3 年的土地面积计算，开发商囤积储备住宅面积至少 40 亿平方米。加上地方政府储备的土地，土地储备更大。按现在开发速度至少可供 3～5 年房地产开发。按人均 30 平方米计算，住宅在建面积 42.9 亿平方米大概能解决 1.4 亿人住房。在建和空置住房解决 3 亿人住房。根据《国家新型城镇化规划（2014—2020 年）》，未来 6 年实现 1 亿人农村人口城镇化。2013 年，中国城镇居民人口是 7.3 亿人，如果到 2020 年实现 1 亿人进城，城镇总人口是 8.3 亿人，在这 6 年中新增住宅面积可以给全国每个城镇居民理论上提供 27.7 平方米，这里未计算大量小产权房面积。

当然上述空置率差异较大，具体数字可能存在不同看法，但囤积住房待价而沽，获取价差等投机现象并不少见，一些居民参与投机炒作导致房地产价格扭曲，改变着居民对住宅的行为方式，放大金融风险并可能导致社会不稳定。① 房地产市场投资购房与国内居民过度依赖房地产投资和政府优惠信贷政策有关。通过获取较高金融杠杆放大房地产需求。在羊群效应示范带动下，住房投资和投机价值取代了居住功能，住房成为投资载体，这种过度的房地产投资偏好和一致预期加大了房地产调控的难度，如

① 中国地产价格畸高是不是因为供求矛盾？这是一个争论焦点。空置率可以说明供大于求或者纯粹是因为投资客炒作和开发商囤积造成高房价。2010 年 7 月，有报道称国家电网公司在全国 660 个城市的调查显示，有高达 6540 万套住宅电表连续 6 个月读数为零，这些空置房足以供 2 亿人居住。

何全面遏制过度炒作与投机是房地产调控需要着力解决的重点问题。①

空置率可以在一定程度上反映中国投资性住房或者投机性住房交易情况，但是并不能从根本上反映房地产需求状况。由于土地公有制的特殊性质，中国房地产和住宅空置率更加应该关注其对于居民居住保障功能（乔新生，2010）。如果仅从房地产销售环节通过计算住宅的空置率，了解房地产市场发展状况，那不是解决问题的根本。有学者提出讨论住宅空置率可能误入陷阱，为避免此陷阱应该更加注重以下事实：一是依照政府信息公开条例规定，各级政府在规定时间和媒体上全面公开房地产交易主体购置房屋数量。二是公布房地产交易价格，如果出现登记的房地产交易价格与市场交易价格存在显著差距，应当要求房地产交易人进行说明。三是房地产投资人不能申请保障性住房，避免引导更加不公平。四是应当及时公布社会保障性住房信息，通过各种渠道鼓励城市居民申请社会保障性住房。五是开征房地产税，对拥有多套住房的投资者增加其保有成本，倒逼住房入市。如果国家统计局等相关部门能够定期发布住房空置率，该指标不仅有利于高层决策，也有利于居民对房地产发展的理性判断，更是推进转型期经济社会平稳发展的重要内容。

四、房地产业是否应为支柱产业

支柱产业在国民经济中发展速度较快，对经济起引导和推动作用，同时具有先导性作用，具有较强的连锁效应，诱导新产业崛起，并且对为其提供生产资料的各部门、地区经济结构和发展变化有广泛深刻的影响。②

---

① 6540万套空置房持续发酵，权威部门失语［N］．经济参考报，2010－07－30.

② 国家发展和改革委员会宏观经济研究院经济研究所薛燕等专家曾就支柱产业提出过一些更加细化的特征。该产业增加值在国民生产总值（GNP）中所占比重达5%左右；出口创汇稳定增长，国际市场占有份额上升；就业人员占全国就业人员总数的比重有所提高，在紧密相关的产业部门就业人员大量增加；行业关联度高，影响力及感应度系数均大于1；具有较高的产业集中度和骨干企业的市场占有率，集约化、社会化的大生产方式，配套协作的企业组织网络；与国际同行业相比，技术比较成熟；需求收入弹性高于1，在1.5左右；经济效益好，附加价值率一般在25%～40%；具有高于国民经济总增长率的、持续的、较高的部门增长率。参见薛燕．支柱性产业有哪些标准［J］．时事报告，2012（1）．

对比上述一般判断，发达国家基本都未将房地产列入其支柱产业范围。中国对房地产业的定位存在分歧，作为现代社会生产过程中的产业组成之一，理论上房地产业难以承担支柱产业的重任，而在中国因为其在国民经济中占有较大份额，已经成为事实上的支柱产业。

（一）主要发达国家支柱产业发展历程与启示

美国支柱产业源于技术创新。第二次世界大战前美国支柱产业培育发展主要依靠市场调节，政府加强对潜在支柱产业的培育和引导，先后将钢铁、石油等培育、发展为支柱产业；第二次世界大战以后，政府重点发展资本集约型产业，先后将电子、化工等成功发展为支柱产业；20 世纪 70 年代以后，将技术集约型产业如航天航空、信息技术、计算机、新材料等培育发展成为支柱产业；20 世纪 90 年代以后，政府加强信息产业与其他产业的融合；2008 年美国总统奥巴马将新能源等产业作为带动美国经济发展的重点产业，目前美国支柱产业主要集中于航天、信息、金融等。

日本在培育支柱产业时注重引进和吸收、再创新。日本支柱产业的演变充分利用了技术扩散和辐射的重要作用。1946—1955 年经济复兴时期，日本政府在保持农业和轻纺产业发展的同时，采用重点倾斜的方式，在美国援助下形成钢铁、电力等支柱产业。在经济高速增长期，日本将造船、石化、汽车等行业进行培育并成为支柱产业。在 1970—1980 年产业结构调整时期，在石油危机冲下，使日本进行产业结构调整，逐步使产业结构从外需主导转向依靠内需，新兴微电子、生物工程和新材料等产业逐步成为支柱产业。①

韩国的支柱产业演变重视技术梯度的转移和应用。第二次世界大战以后，韩国借助国外贷款进行结构调整，第一个五年计划期间大力扶持轻纺、食品加工，重点发展进口替代。第二个五年计划重点发展劳动集约型产业，推动产业专业化，工业基础和实力不断增强。第三个五年计划重点发展技术集约型产业，大力扶持机械、冶金、化学和电子等重化工业，为

① 丁敏．日本产业结构研究［M］．北京：世界知识出版社，2006.

在国际经济舞台赢得竞争力奠定基础。第四个五年计划以技术开发为重点，将国外贷款主要用于制造业，确定相关产业作为重点扶持产业，钢铁、汽车、造船等成为国民经济支柱。①

美、日、韩支柱产业的选择和更替说明，政府可以发挥产业结构调整的引导作用，以技术进步促进产业结构调整并慎重选择战略产业。从主要发达国家产业发展历程上来看，凡是国际上有足够竞争力的大国，其产业发展，通常依靠科技支撑和技术创新，使某一产业在国内逐步形成优势，进而成为支柱产业，不断在国际贸易中获得比较优势，为国家经济发展做出贡献（王华春、玛尔哈巴·肖开提，2012）。在发展过程中房地产对于实现居民安居乐业具有保障作用，这些国家将房地产业列入社会政策范畴，德国更是房价十年保持稳定，② 房地产行业作为科技含量和战略引领作用有限、资金和劳动力投入密集型产业，从长远来看，并不能担任大国经济崛起的经济支柱（戴旭，2007）。

（二）房地产业产值在国民经济中占有重要地位

房地产业属于基础性和先导性产业，它提供产品和劳务，兼有基础性生活资料和生产资料的双重属性。房地产业开发的住宅是满足人们居住需要的最基本的生活资料，房地产业开发的厂房、商铺、办公用房等是满足生产经营需要的重要生产资料。房地产作为社会经济生活的基本要素贯穿于社会生产各环节，具有基础产业特征。各行业经济活动率先从房地产开发开始，房地产业就为先导性产业。房地产业的产业链长、产业关联度大，可以带动相关产业发展，对于促进国民经济增长发挥着重要作用，因而具有支柱产业的某些特征。

房地产业在国民经济中发挥着重大作用，主要体现在推动城市建设、促进经济增长和提高居住生活水平等方面。第一，推动城市开发，促进现

① 金宇泽．韩国的经济结构调整［J］．当代韩国，2001（2）．

② 德国十年房价保持稳定，德国房价调控在民生保障方面具有重要的借鉴意义，国家在实现经济快速发展、社会安定过程中，突出实施“以人为本”房产政策。参见：德国房价十年，供求平衡是硬道理［N］．中国财经报，2010－03－25.

代化建设。房地产开发是城市开发的先导，改变着城市面貌，完善城市功能。第二，带动相关产业发展、促进经济增长。在国民经济的产业体系中，房地产业与建筑业、建材业、金融业有着直接的紧密联系，影响到钢铁、化工、塑料、机电等基础工业和制造业；还带动家用电器、家具和室内装饰等行业，促使旅游、园林、商业、咨询、中介服务等第三产业的兴起和繁荣。第三，增加财政收入，为现代化建筑积累资金。房地产开发可以提供大量税金、土地使用权出让费和利润等，直接增加财政收入，为城市现代化建设积累资金；房地产业发展还会进一步带动其他关联产业发展，间接地创造税收和利润。房地产业通过各种渠道提供的税费，已成为国家和地区财政收入的重要组成部分。第四，改善居住条件。房地产业发展提供了数量更多、品质更高、环境更好的住房，充分满足了日益增长的居住需求。

中国房地产行业的定位具有不同的历史发展阶段。作为拉动经济增长的重要力量，是否强调房地产的支柱性地位与经济大势联系密切，经济大幅波动时更强调房地产对经济增长的拉动作用。① 1998 年 3 月国务院《政府工作报告》提出，“积极推进住房体制改革，采取切实措施促进住房商品化，使居民住房建设成为新的经济增长点。”2000 年 3 月国务院《政府工作报告》提出，“要积极培育住房等新的消费热点，使住房建设真正成为重要产业。”2003 年，国务院下发的《关于促进房地产市场持续健康发展的通知》（简称“18 号文”）提出房地产业关联度高、带动力强，“已经成为国民经济的支柱性产业。”2005 年 5 月，《国务院办公厅转发关于做好稳定住房价格工作意见的通知》中指出，“房地产业是国民经济支柱性产业”。2008 年 11 月 10 日上午，在北京召开省区市和国务院部门主要负责同志会议，国务院总理温家宝发表重要讲话时指出，“房地产业是国民经

① 国家发展和改革委员会副主任朱之鑫 2013 年 3 月 24 日在中国发展高层论坛上表示，“很多人都说房地产业作为支柱性行业，我查了一下文件，没有这句话，我们提出是把建筑业作为支柱性产业。”房地产涉及多方面问题，首先要保障好生存性需求，最大限度地保证低收入者利益，政府提供政策支持。

济的重要支柱产业”。2008年12月上旬召开中央经济工作会议重提房地产的支柱性地位，称“要把满足居民合理改善居住条件的愿望和发挥房地产业支柱性产业的作用结合起来”。从房地产和经济发展历程来看，房地产对就业、经济拉动明显，房地产事实上的支柱性产业的地位是客观存在的。

近年来，由于经济形势的变化，特别是房价持续走高，房地产少有被定位为支柱产业。在2008年12月之后，中央文件或会议对房地产的表述，鲜见再有“支柱产业”的提法。2008年12月中央经济工作会议提出，“要把满足居民合理改善居住条件的愿望和发挥房地产业支柱产业的作用结合起来，增加保障性住房供给，减轻居民合理购买自住普通商品住房负担，发挥房地产在扩大内需中的积极作用。”2009年初，国务院先后制订了十大重点产业调整和振兴规划，其中不包括房地产业。房地产拉动投资和经济增长，但出现一些地方对土地财政依赖过多，房地产吸纳资金过多，房价高涨等现象。从产业结构调整和升级等因素考虑，经济“去房地产化”、房地产“去支柱化”的观点日益增多。

（三）具有基础性、配套性和满足居住功能的房地产不应该成为重要支柱产业

中国将房地产业作为支柱产业具有阶段性和历史性特征，房地产作为支柱产业不符合基本国情。房地产业不能作为长期支柱产业发展，因为房地产行业的大规模投资属性并拉动GDP增长和获得土地财政，正好符合地方政府的短期行为（华伟、艾华，2007）。地方政府从地方经济发展甚至短期民生改善的角度出发，倾向刺激房地产发展，获得高额土地出让金和加速市政建设。房地产业发展与地方政府行为短期的互动可能导致房地产市场泡沫，为产业结构调整和可持续发展留下隐患。① 房地产业作为支柱产业将加剧地方政府短期行为（谢太峰，2009）。

---

① 吴敬琏教授认为，地产是支柱产业的争论本身就是计划经济的思维。地方政府执行宏观调控如何转型是挑战。现在要使制订出来的方案能更好地运转。中国现在要提出实在的有效的措施切实推进决定的贯彻和解决过去体制不顺积累起来的问题。参见吴敬琏.2014景气如何？[J].正和岛，2014-02-14（67）.

支柱产业作为数量表象不能全面反映产业质量。在经济发展特殊时期的房地产业可能拉动经济增长，但这并不能真实反映该国经济结构和发展的持续性，相反还可能掩盖经济的结构性矛盾。还有学者研究认为，房地产关联性强并带动其他诸多产业增长是一个伪命题，按照相应的研究方法，除房地产业以外，其他更多的产业也具有同样特征，其产业关联性、辐射性都同样明显（张清勇、年猛，2012）。在2008年由于次贷危机导致出口增长受阻等条件下，中国依靠投资尤其是房地产过度投资推动经济增长和就业导致产能过剩和结构调整难度加大，“无刺激、调结构、去杠杆”的施政理念是对刺激政策的修正，实践证明，将房地产业作为并过多强调其支柱产业作用可能带来负面影响。

房地产行业的产品除具有居住功能以外，房地产业的本来产业属性是基础性、先导性的配套产业，主要产业功能是为其他相关产业的发展提供配套服务，尽管在房地产发展过程中，从房地产行业占GDP的比重分析，它可能成为事实上的支柱产业，但房地产业发展本身不是目的。房地产业在短期内可以快速拉动经济增长，但一国经济可持续发展不能过度依靠房地产业。发展经验表明，只要当基本住房需求满足以后，房地产业对经济增长的拉动作用明显降低，房地产业配套特征将更加明显。① 从大国经济长远发展角度来考虑，拉动中国经济持续增长动力在于技术创新所产生的新兴产业和消费内需带动，应该充分认识并正确定位房地产业在国民经济长期和短期发展中的地位。即使是现阶段房地产投资对经济增长贡献明显，从长期考虑，拉动经济增长的力量应当是消费，并不是房地产投资。房地产的发展应该突出其基础性和配套性（郁亮，2012）。

房地产的基础性、配套性表现在社会经济生活中，房地产业提供的产

① 日本等发达国家经验教训表明，地产拉动经济增长风险将日益积累，达到一定时期后将产生资产泡沫，泡沫经济破灭后对实体经济的打击将是长期的。从发达国家产业发展历程上来看，他们在人均收入上升到一定程度后，居民为改善住房条件出发，对住房需求具有一定的快速成长期，地产业因此出现爆发式增长，对经济增长拉动作用显著，但基本住房需求实现以后，地产业对经济增长的拉动作用将显著降低。这些国家的持续发展并不是依靠地产的发展，而是依靠持续的产业创新。

品和服务具有基础性生产资料和生产资料特征，作为住宅产品时满足居民最基本的居住需求时的生活资料，是基础性的物质生活条件；房地产基本要素贯穿于生产和再生产的各个环节中，其基础产业的特征明显。房地产业是重要的基础产业，而不应成为重要的经济支柱产业。中国房价之所以难以控制主要是因为国家把住宅建设作为重要支柱产业发展。作为一种科技含量低、投入密集、高利润回报的产业，① 把它定义为支柱产业将带来一系列社会问题，要高度重视房地产业的正确定位。② 世界经济史上没有一个国家凭借房地产业带领国家现代化（戴旭，2007）。

经济结构优化调整是经济可持续发展的动力，房地产业作为支柱产业不利于产业结构调整和升级。在经济结构优化调整过程中，技术创新是产业的发展源泉。绿色建筑、节能等技术是持续发展的内在要求，并对于房地产发展具有推动作用，但它本质上仍然受制于房地产业的基础性和配套性地位，整个产业发展并不利于整体产业结构调整。房地产业发展的短期效益明显，可能促使地方政府为了短期利益而忽视高科技产业发展，因为技术创新产业的发展需要投入大量的人力、财力和物力，并具有风险高、长周期特征，所以地方政府并不热衷于发展相关产业。房地产业通过具有较大的投资规模，拉动 GDP 增长明显，与地方政府短期行为不谋而合，地方政府乐意将房地产业作为当地的支柱产业，由此获取大量预算外收入。房地产业与地方政府行为短期化相互促进可能催生房地产市场畸形繁荣，为房地产本身和当地经济可持续发展留下隐患。

---

① 据国家信访局统计，近几年来全国群众上访案件中涉及土地问题的接近 40%，其中 60% 左右与征地相关。国家信访局研究室透露，近 3 年反映城市建设特别是拆迁安置问题的信件呈逐年上升势头，到 2004 年 8 月与上年同比上升 50.3%。从拆迁上访人数来看，2002 年比上年增长 64.9%；到 2004 年 8 月，同比增长 47.2%。

② 时任国土资源部副部长贠小苏在 2010 年 12 月 20 日加强地产用地管理和调控视频会议上指出，要认识和解决好住房为主的地产业定位，住房为主的地产业是城市的重要基础产业，而不应该定义为重要的支柱产业。

第三章

房地产周期波动的实证研究

房地产周期波动是客观的经济现象，在发展过程中存在明显的周期波动，即房地产业呈现有规律的扩张与收缩相交替。如何对它进行客观描述是一个见仁见智的过程。研究房地产业的周期波动有助于直观地认识房地产波动脉络，本章将在认识房地产波动的经济根源、政策根源等背景下，以主成分分析法、频谱分析法等计量房地产波动周期，挖掘房地产波动周期背后的经济原因，为出台房地产业调控政策提供参考。

第一节 房地产周期性质与研究方法

一、房地产周期传导机制

对于周期而言，形象地讲即两次景气之间的时间跨度就是一个周期，当房地产市场上供大于求时，则房地产出现不景气现象，这时可能通过市场机制进行调整从而实现供求平衡；如果出现相反的情况，市场供不应求时，则房地产为景气，如此周而复始即为景气循环（张红，2004）。波动内涵更为广泛，它强调房地产市场的不稳定性，它除了受到周期循环影响以外，还受到随机性不规则波动的影响，特别是一些利益主体行为的诱导甚至适应性预期，也可以加大波动幅度和方向。本研究认为，房地产周期波动过程中，周期由内生性力量决定，它受到利益主体行为特别是地方政府行为的影响。

经济周期表现为经济增长出现螺旋式上升或下降的过程。完整的经济周期包括繁荣、衰退、萧条、复苏四个阶段，其中前两阶段是经济扩张过程，后两个阶段则构成经济收缩。解释经济周期成因的理论流派较多，各种理论的重点不同，形成了不同观点。与宏观经济周期波动类似，房地产周期尽管其波动长度和幅度随着时间而有所不同，但其同样可以划分为复苏、扩张、衰退和萧条四个阶段。

房地产周期的波动由市场供求相互作用形成，一方面，可以表现为房地产市场实体住宅等的空置率、租金率变化；另一方面，也可以表现为资本市场的房地产周期，通常表现为房地产价格或者销售量的变化，在房地产发展的不同阶段，房地产供求、空置率、租金率等表现不一样。表 3－1 总结了房地产不同周期的相关特征。

表 3－1　处于房地产周期不同阶段的决定原则

指标＼阶段	萧条	复苏	繁荣	衰退
供给	下降到 0	较小	开始增长	比需求增长的快
需求	下降	开始增长	比新的供给增长的更强烈、更快	正的，但开始减小
空置	增加到最大	下降到自然水平	下降到低于自然水平	恢复到自然水平
租金	下降	不增长	正的增长	正的增长，但是增长率下降
投资者	没有交易	静待市场的变动	关注	关注

经济周期由外生和内生因素共同作用形成。外生因素因其不可预知性，对经济运行带来的冲击并不规则，内生因素带来的波动具有规律性和可预测性。内生因素通常由市场供求决定，外生因素通常独立于房地产市场，这两种因素的影响可能并存，其相对重要性可能在不同时期、不同地区表现出各自的特征。市场化程度不同的经济体系结构对内外冲击反应不同，内外因素共同作用导致经济周期波动复杂多变，由此形成的经济周期按照时间长短可以划分为：短周期即基钦周期，持续时间为 3～4 年；中周期即朱格拉周期，时间持续为 9～10 年；长周期即库兹涅茨周期，持续时间为 20 年，或康德拉季耶夫周期，持续时间长达 50～60 年。经济周期分析预测具有以下常用方式，分别是以哈佛指数为内容的经济“晴雨表”分析、宏观经济监测系统、景气动向调查和宏观经济计量模型等，经济周期的测度方法归纳如表 3－2 所示。

表 3－2　经济周期波动测试方法

传统的经济周期波动测试方法	新兴经济周期波动测试方法
哈佛大学指数法	谱分析法
扩散指数与合成指数法	宏观经济计量方法
生产能力使用率测试法	ARCH 模型测试
时间序列分析法	动态模型拟合法
经济周期监测信号法	协整和误差修正模型测试

房地产周期的波动同时受到经济系统内部和外部冲击，它们往往同时发生作用。内外冲击共同影响房地产走势，作为具有明显波动性的房地产行业，外部冲击的影响效果十分明显。外部冲击传导方面，一是实际供给的冲击，由于生产技术特别是与房地产相关的技术进步对房地产生产供给产生直接影响，导致房地产供给出现变化。二是实际需求的变化，这些因素包括投资变化、人口和消费结构变化、财政投资特别是保障支出的变化、货币供给和需求性的变化等都将对房地产供求产生实质性冲击。三是政策性条件变化，主要是由于经济管理部门的政策性调整给房地产带来的影响。四是体制变动的影响，由于体制改革，特别是土地制度、住房分配制度等改革对房地产带来的系统性影响。

从内部因素传导方面来看，这由房地产经济系统的内部结构决定，它以滞后的方式扩散并引发房地产经济周期波动。该过程传导因素包括：一是房地产投资加速原理，房地产投资与消费存在明显的作用与反作用关系，将加快国民经济相关领域投资发展和良性互动过程。二是房地产业前后的产业关联性，即房地产业内部行业之间的前后向产业效应，特别是由于其前后关联而使其乘数效应显明（房地产周期波动研究课题组，2002；刘学成，2001）。

二、房地产周期计量方法的选择

本书将根据内外原因变化，借鉴单项指标和扩散指数、合成指数等来反映房地产周期的波动，包括以下方法：一是单项指标确定法，即选择一种影响作用和范围最大的代表性指标，用以说明房地产周期波动性质，进行房地产景气指数研究，该方法由于简单易行，因此在实践中也有一定的用途。二是扩散指数法，即选取包括土地出让收入、土地出让面积、商品房价格、新建和竣工住宅面积、住宅投资、房产成交面积等代表性指标反映房地产发展轨迹。按照环比增长率确定单项指标波动，利用景气循环对相应指标进行分析，利用扩散指数计算房地产周期。三是合成指数法，即根据周期源自于房地产供求理论的假定，从房地产供求、价格和增加值等主要方面选择房地产投资增长率、施竣工面积增长率、销售额增长率和增加值增长率等指标，计算指数变化率并合成计算指数变化率等描述房地产波动。

上述研究指标中的单项指标仅说明房地产市场的个别特征，扩散指数法和合成指数法虽能利用众多经济指标按一定规则得出综合指数，但确定的波动特征容易被放大或缩小。为了更加客观准确地分析房地产市场的运行状况，需要构造能综合反映房地产市场指标变动状况的景气指数。本研究主要选取主成分分析法、谱分析法和两者相结合的研究方法计量分析房地产市场周期波动的情况。具体为：一是主成分分析法，通过降维将多项指标综合为少数线性无关成分，以主成分贡献率为权数构造综合指标，代替原来的较多变量以解决多变量存在多重共线性在估计参数方面带来的偏差。该方法可以较好地消除指标信息重叠，根据原始信息自动生成客观权系数。二是频谱分析法，把时间序列视为不同叠加，研究时间序列频率结构特征，通过频谱密度函数计算时间序列频率分量并确定固定周期长度。频谱分析法揭示时间序列频域结构，衡量时间序列中各个周期因素的相对重要性，确定时间序列周期长度。频谱分析法将经济波动指标分解成具有不同周期函数而避免了主观性（王宏新，厉召龙，2010）。借助主成分分析法和频谱分析方法，将多个指标合成独立指标，借助合成指标的频谱分析以识别房地产市场周期。

第二节 主成分分析法

本节选取包括土地出让面积、房地产投资等在内的15个指标，采用主成分分析法、频谱分析法，识别房地产短、中、长周期，为博弈行为分析提供基础数据和参照，运用SPSS软件对1999—2012年中国房地产市场周期的15个指标进行主成分分析，确定合成指标。使用Matlab软件对上述指标数据进行频谱分析，计量房地产周期波动情况。

由于房地产业发展与宏观经济、人口总量和结构、政治传统与法律制度、社会文化传统等因素相关，表现出周期性波动特点。中国自实施住房制度改革以来，房地产业经历快速发展，房地产产值在国民经济中的重要性日益提高。本部分将实证分析中国房地产周期情况，选择影响房地产发展的关键指标，构建划分指标体系，选择计量方法，通过定量指标判定房地产波动周期，并分析其特征。

一、指标选取和数据来源

为有效利用选取指标表达的信息，避免变量的多重共线性对周期波动划分产生的负面影响，本节使用主成分分析法，对房地产周期相关指标进行降维，用一个或少数线性无相关反映原变量信息的主成分来表示原来的系列变量，根据各主成分方差贡献和所有主成分累计方差贡献率比例以确定合成指数中相应主成分所占权重，以计量房地产周期波动。为进一步验证房地产周期的跨度和确定波动信息，还引入了频谱分析法，将时间序列作为无关联分量进行叠加，计量时间序列中主要的频率分量，再根据频谱峰值确定房地产波动周期的长度。主要计量过程如下：

（1）假设存在平稳时间序列 $\{X_{(t)},\ t=0,\ \pm1,\ \pm2\}$，构造截尾函数 $x_{(t)}$ 以利用傅里叶变换计算谱密度，$x_{T(t)}=\{x(t),\ |t|\leqslant 1/2;\ 0,\ |t|>1/2\}$，此时 $x_{T(t)}$ 满足狄利克雷条件并且绝对可积，即 $\int_{-\infty}^{+\infty}|x(t)|dt<+\infty$，$x_{T(t)}$ 的傅里叶变换为 $FT(f)=\int_{-\infty}^{+\infty}xT(t)e^{-i2\pi ft}dt=\int_{-\frac{1}{2}}^{\frac{1}{2}}x(t)e^{-i2\pi ft}dt$。

（2）平稳时间序列 $\{X(t)\}$ 谱密度函数 $h(f)$ 只要存在，则它与 $\{X(t)\}$ 的自相关函数 $R(\tau)$ 函数存在傅里叶变换关系，二者互为逆傅里叶变换，其中

$$h(f)=\int_{-\frac{1}{2}}^{\frac{1}{2}}R(\tau)e^{-i2\pi ft}dt=F[R(\tau)] \tag{3-1}$$

$$R(\tau)=\int_{-\frac{1}{2}}^{\frac{1}{2}}h(f)e^{i2\pi ft}dt=F^{-1}[h(f)] \tag{3-2}$$

（3）通过函数 $h(f)$ 和 $R(\tau)$，当 $\{X(t)\}$ 是实值序列时，则可以计算出平稳时间序列 $\{X(t)\}$ 的标准化谱密度函数 $p(f)$

$$r(\tau)=\int_{-\frac{1}{2}}^{\frac{1}{2}}p(f)e^{i2\pi f\tau}df$$

$$\begin{aligned}p(f)&=\int_{-\frac{1}{2}}^{\frac{1}{2}}r(\tau)e^{-i2\pi f\tau}d\tau=\sum_{k=-\infty}^{+\infty}r(\tau)cos(2\pi fk)\\&=1+2\sum_{k=1}^{+\infty}r(\tau)cos(2\pi fk),\ -\frac{1}{2}\leqslant f\leqslant\frac{1}{2}\end{aligned} \tag{3-3}$$

在指标选取方面，结合中国房地产发展实际、转型期经济社会发展特征和受到国家宏观调控作用的实际情况，特别是它在1998年房改以来的历次宏观调控中赋予的“保增长”或“扩内需”等不同角色，都需要全面考虑宏观经济相关要素在指标选取中如何体现，本部分选取土地类、社会经济类、房地产供求类和金融类4大类型和相应的一级指标进行计量。其中，土地类包括土地出让金和土地出让面积，社会经济类指标包括宏观经济相关具体指标，房地产供求类指标主要包括供求方面的具体指标，金融类指

标侧重于货币供应、信贷利率等和房地产供求密切相关的金融指标，总体让相应指标相互独立，共同描述房地产波动。在选取的5个一级指标中，选取国内生产总值（GDP）、全社会固定资产投资总额等15个二级指标，以全面反映房地产波动体系（见表3-3）。

表3-3　房地产周期波动指标体系构建

类别	符号	指标	选择依据
土地类	X_1	土地出让面积	反映集体用地变为城市建设用地的增量来源
	X_2	土地征用收入	反映地方预算外资金收入的大部分来源
社会经济类	X_3	GDP	衡量国民经济发展情况最重要指标，反映宏观经济形势，影响房地产业基本面
	X_4	全社会固定资产投资总额	反映固定资产投资规模、速度、比例关系和使用方向，在投资方向、比例和结构对房地产业产生影响
	X_5	城镇居民家庭人均可支配收入	城镇居民对商品房需求的支付能力
	X_6	居民消费价格指数	社会通货膨胀水平，全面影响宏观经济运行
房地产供求类	X_7	房地产开发投资额	决定房地产市场供给，影响未来商品房价格
	X_8	商品房施工面积	预期的商品房供给，影响当期和未来商品房价格
	X_9	商品房竣工面积	当期商品房供给，影响当期商品房价格
	X_{10}	商品房销售额	商品房销售总体状况，反映房地产市场所处发展阶段指标
	X_{11}	商品房销售面积	表示商品房销售数量，直接反映商品房市场需求
	X_{12}	商品房平均销售价格	反映房地产市场发展状况的重要指标
金融类	X_{13}	五年期以上贷款利率	住房抵押贷款利率，影响市场需求
	X_{14}	货币供应量	影响货币价格，影响房地产供给和需求
	X_{15}	汇率	以年终人民币向对美元挂牌结算汇率为准，房地产价格受到人民币对美元升值的影响

在确定中国房地产周期实证研究的指标之后，对数据进行收集、整理和分析由于客观原因，研究数据从1999年即实施房改之后的第一年开始。本书所用数据均来自1999—2013年《中国国土资源统计年鉴》《中国统计年鉴》《中国房地产市场年鉴》《中国金融年鉴》、国家统计局和中国人民

银行公报，以上数据符合一致性要求。为保证数据时间上的一致性，以历次利率执行的时间长度作为权数，对五年以上贷款利率指标进行加权平均处理。由于中国房地产周期相关数据表现为相对值的增长或下降，在计算过程中所有数据均采用环比增长率这种相对值，根据主成分分析法的计算要求进行标准化处理。

研究数据来源，按照主成分分析法，选用土地类、房地产供求类、社会经济类、金融类等大类指标，在 4 个一级指标中，选取土地出让收入、土地出让面积、房地产投资增长率、商品房竣工面积增长率、销售额增长率、商品房销售价格指数、社会固定资产投资增长率、城镇居民人均年收入增长率、GDP 增长率、物价指数、五年期以上贷款利率、人民币对美元汇率等 15 个二级指标。上述所有数据均来自《中国国土资源统计年鉴》《中国统计年鉴》《中国房地产年鉴》《中国金融年鉴》等官方统计口径（见表 3 －4）以及上海外汇交易中心年终人民币对美元的汇价，根据原始数据计算得到增长率数据①（见表 3 －5），经过整理和加工，计算出增长率数据的标准值（见表 3 －6）。

二、确定主成分向量

在确定主成分向量方面，主要围绕以下几个方面进行：

1. 对表 3 －6 中的数据进行相关性分析，得出各指标间的相关系数矩阵（见表 3 －7）。从表 3 －8 可知，指标土地出让面积（X_1）与土地出让收入（X_2），居民消费价格指数（X_6）与房地产开发投资额（X_7），房地产开发投资额（X_7）与房地产施工面积（X_8），商品房销售额（X_{10}）与商品房销售面积（X_{11}）等几个指标间存在极其显著的关系，许多变量之间直接相关性比较强，即存在信息重叠，有必要进行主成分提取分析。

① 由于是计算房改以来的相应数据增长率，计算得到的增长率数据从 1999 年即房改实施的次年算起。

表 3-4 1998—2012 年中国房地产周期研究 15 指标原始数据

	1	2	3	4	5	6	7	8	9	10	11	12	13	14	15
年份	土地出让面积(万平方米)	土地出让收入(万元)	GDP(亿元)	全社会固定资产投资(亿元)	城镇居民家庭人均可支配收入(元)	居民消费价格指数	房地产开发投资(亿元)	房地产开发施工面积(万平方米)	房地产开发竣工面积(万平方米)	商品房销售额(万元)	商品房销售面积(万平方米)	商品房平均销售价格(元/平方米)	银行五年期以上贷款利率(%)	货币供应量(亿元)	年终汇率
1998	62058	4995607	84402	28406.2	5425.1	99.2	3579.6	50770.1	17566.6	25133027	12185.3	2063	9.21	38953.7	8.2791
1999	45390.68	5143294.5	89677	29854.7	5854	98.6	4103.2	56857.6	21410.8	29878734	14556.53	2053	6.8	45837.3	8.2783
2000	48633.22	5955848	99215	32917.7	6280	100.4	4984.1	65896.9	25104.9	39354423	18637.13	2112	6.21	53147.2	8.2784
2001	90394.12	12958896.06	109655	37213.5	6859.6	100.7	6344.1	77213.5	27303.2	48627517	22411.9	2170	6.21	59871.6	8.277
2002	124229.84	24167925.18	120333	43499.9	7702.8	99.2	7790.9	92757	32522.8	60323413	26808.29	2250	5.82	70881.8	8.277
2003	193603.96	54213112.88	135823	55566.6	8472.2	101.2	10154	116907.5	39509.8	79556627	33717.63	2359	5.76	84118.6	8.277
2004	181510.36	64121759.67	159878	70477.4	9421.6	103.9	13158	140451.4	42464.9	103757069	38231.64	2778	5.84	95970.8	8.2768
2005	165586.08	58838170.95	183217	88773.6	10493	101.8	15909	166053.3	53417	175761325	55486.22	3168	6.12	107278.6	8.1917
2006	233017.88	80776447.01	211924	109998.2	11759.5	101.5	19423	194786.4	55830.9	208259631	61857.07	3367	6.47	126028.1	7.9718
2007	234960.59	122167208.3	249530	137323.9	13786	104.8	25280	236318.2	60606.7	298891189	77354.72	3864	7.34	152519.2	7.6040
2008	165859.68	102597987.9	314045	172828.4	15781	105.9	31203	283266.2	66544.8	250685240	65969.8	3800	7.26	166217.1	6.9451
2009	220813.9	171795255.8	340903	224598.8	17175	99.3	36241	320368.2	72677.4	443548155	94755	4681	5.7	220001.5	6.831
2010	293717.81	274644791.2	401513	251683.8	19109.4	103.3	48259	405356.4	78743.9	527212400	104764.6	5032	6.16	266621.3	6.7695
2011	335085.17	321260823.1	473104	311485.1	21809.8	105.4	61796.9	506775.5	92619.9	585888600	109366.75	5357	6.8	289847.7	6.4588
2012	322800	285170000	519470	374694.7	24564.7	102.6	71803.8	573417.5	99424.9	644557900	111303.65	5791	6.82	308672.9	6.3125

表 3-5　1999—2012 年中国房地产周期研究 15 指标环比增长率数据

年份	1	2	3	4	5	6	7	8	9	10	11	12	13	14	15
	土地出让面积(万平方米)	土地出让收入(万元)	GDP(亿元)	全社会固定资产投资(亿元)	城镇居民家庭人均可支配收入(元)	居民消费价格指数	房地产开发投资(亿元)	房地产开发施工面积(万平方米)	房地产开发竣工面积(万平方米)	商品房销售额(万元)	商品房销售面积(万平方米)	商品房平均销售价格(元/平方米)	银行五年期以上贷款利率(%)	货币供应量(亿元)	年终汇率
	X_1	X_2	X_3	X_4	X_5	X_6	X_7	X_8	X_9	X_{10}	X_{11}	X_{12}	X_{13}	X_{14}	X_{15}
1999	-0.2686	0.0296	0.0625	0.0510	0.0791	-0.0061	0.1463	0.1199	0.2188	0.1888	0.1946	-0.0049	-0.2617	0.1767	-0.0001
2000	0.0714	0.1580	0.1064	0.1026	0.0728	0.0183	0.2147	0.1590	0.1725	0.3171	0.2803	0.0287	-0.0868	0.1595	0.0000
2001	0.8587	1.1758	0.1052	0.1305	0.0923	0.0030	0.2729	0.1717	0.0876	0.2356	0.2025	0.0275	0.0000	0.1265	-0.0002
2002	0.3743	0.8650	0.0974	0.1689	0.1229	-0.0149	0.2281	0.2013	0.1912	0.2405	0.1962	0.0369	-0.0628	0.1839	0.0000
2003	0.5584	1.2432	0.1287	0.2774	0.0999	0.0202	0.3033	0.2604	0.2148	0.3188	0.2577	0.0484	-0.0103	0.1867	0.0000
2004	-0.0625	0.1828	0.1771	0.2683	0.1121	0.0267	0.2958	0.2014	0.0748	0.3042	0.1339	0.1776	0.0139	0.1409	0.0000
2005	-0.0877	-0.0824	0.1460	0.2596	0.1137	-0.0202	0.2091	0.1823	0.2579	0.6940	0.4513	0.1404	0.0480	0.1178	-0.0103
2006	0.4072	0.3729	0.1567	0.2391	0.1207	-0.0030	0.2209	0.1730	0.0452	0.1849	0.1148	0.0628	0.0572	0.1748	-0.0268
2007	0.0083	0.5124	0.1775	0.2484	0.1723	0.0325	0.3016	0.2132	0.0855	0.4352	0.2505	0.1476	0.1345	0.2102	-0.0461
2008	-0.2941	-0.1602	0.2586	0.2586	0.1447	0.0105	0.2343	0.1987	0.0980	-0.1613	-0.1472	-0.0166	-0.0109	0.0898	-0.0867
2009	0.3313	0.6745	0.0855	0.2996	0.0883	-0.0623	0.1615	0.1310	0.0922	0.7693	0.4363	0.2318	-0.2149	0.3236	-0.0164
2010	0.3302	0.5987	0.1778	0.1206	0.1126	0.0403	0.3316	0.2653	0.0835	0.1886	0.1056	0.0750	0.0807	0.2119	-0.0090
2011	0.1408	0.1697	0.1783	0.2376	0.1413	0.0203	0.2805	0.2502	0.1762	0.1113	0.0439	0.0646	0.1039	0.0871	-0.0459
2012	-0.0367	-0.1123	0.0980	0.2029	0.1263	-0.0266	0.1619	0.1315	0.0735	0.1001	0.0177	0.0810	0.0029	0.0650	-0.0227

表 3-6　1999—2012 年中国房地产周期研究 15 指标增长率数据标准化值

年份	ZX_1	ZX_2	ZX_3	ZX_4	ZX_5	ZX_6	ZX_7	ZX_8	ZX_9	ZX_{10}	ZX_{11}	ZX_{12}	ZX_{13}	ZX_{14}	ZX_{15}
1999	-1.334	-0.808	-1.486	-2.005	-1.292	-0.321	-1.592	-1.493	1.245	-0.389	0.084	-1.171	-2.195	0.238	0.736
2000	-0.292	-0.529	-0.642	-1.332	-1.523	0.564	-0.432	-0.660	0.568	0.155	0.626	-0.700	-0.640	-0.024	0.741
2001	2.123	1.679	-0.663	-0.968	-0.806	0.008	0.554	-0.388	-0.675	-0.190	0.134	-0.718	0.131	-0.524	0.733
2002	0.637	1.004	-0.815	-0.466	0.320	-0.643	-0.205	0.243	0.841	-0.170	0.094	-0.586	-0.427	0.348	0.740
2003	1.202	1.825	-0.211	0.949	-0.527	0.633	1.071	1.502	1.187	0.162	0.483	-0.424	0.039	0.391	0.740
2004	-0.702	-0.476	0.721	0.831	-0.079	0.870	0.944	0.245	-0.861	0.100	-0.300	1.388	0.254	-0.306	0.739
2005	-0.780	-1.051	0.121	0.717	-0.018	-0.836	-0.527	-0.163	1.817	1.753	1.707	0.866	0.557	-0.657	0.337
2006	0.738	-0.063	0.327	0.449	0.238	-0.208	-0.327	-0.360	-1.294	-0.405	-0.420	-0.222	0.639	0.209	-0.313
2007	-0.485	0.240	0.727	0.571	2.136	1.082	1.041	0.497	-0.704	0.656	0.438	0.967	1.327	0.747	-1.070
2008	-1.413	-1.220	2.289	0.703	1.121	0.281	-0.100	0.186	-0.522	-1.873	-2.077	-1.335	0.034	-1.082	-2.659
2009	0.505	0.591	-1.043	1.238	-0.951	-2.368	-1.335	-1.257	-0.607	2.073	1.613	2.148	-1.779	2.471	0.096
2010	0.502	0.427	0.734	-1.097	-0.058	1.365	1.550	1.607	-0.734	-0.390	-0.478	-0.051	0.848	0.773	0.387
2011	-0.079	-0.504	0.744	0.430	0.996	0.639	0.684	1.286	0.622	-0.717	-0.869	-0.197	1.055	-1.123	-1.060
2012	-0.623	-1.116	-0.803	-0.022	0.445	-1.067	-1.327	-1.246	-0.881	-0.765	-1.034	0.033	0.157	-1.460	-0.148

表 3－7 相关系数矩阵

Correlation Matrix	ZX_1	ZX_2	ZX_3	ZX_4	ZX_5	ZX_6	ZX_7	ZX_8	ZX_9	ZX_{10}	ZX_{11}	ZX_{12}	ZX_{13}	ZX_{14}	ZX_{15}
ZX_1	1.000	0.892	-0.283	-0.013	-0.247	-0.023	0.354	0.258	-0.166	0.164	0.247	0.001	0.129	0.304	0.415
ZX_2	0.892	1.000	-0.282	0.011	-0.195	0.071	0.438	0.350	-0.029	0.222	0.320	0.028	0.008	0.485	0.428
ZX_3	-0.283	-0.282	1.000	0.443	0.673	0.553	0.566	0.589	-0.305	-0.409	-0.556	-0.041	0.659	-0.323	-0.746
ZX_4	-0.013	0.011	0.443	1.000	0.469	-0.192	0.161	0.243	-0.176	0.301	0.079	0.597	0.335	0.082	-0.411
ZX_5	-0.247	-0.195	0.673	0.469	1.000	0.298	0.375	0.426	-0.292	-0.274	-0.441	0.105	0.716	-0.280	-0.728
ZX_6	-0.023	0.071	0.553	-0.192	0.298	1.000	0.818	0.710	-0.078	-0.444	-0.389	-0.310	0.584	-0.252	-0.117
ZX_7	0.354	0.438	0.566	0.161	0.375	0.818	1.000	0.896	-0.174	-0.155	-0.179	0.029	0.715	-0.028	-0.056
ZX_8	0.258	0.350	0.589	0.243	0.426	0.710	0.896	1.000	0.077	-0.199	-0.218	-0.066	0.675	-0.064	-0.157
ZX_9	-0.166	-0.029	-0.305	-0.176	-0.292	-0.078	-0.174	0.077	1.000	0.244	0.419	-0.239	-0.270	-0.096	0.307
ZX_{10}	0.164	0.222	-0.409	0.301	-0.274	-0.444	-0.155	-0.199	0.244	1.000	0.950	0.768	-0.195	0.615	0.437
ZX_{11}	0.247	0.320	-0.556	0.079	-0.441	-0.389	-0.179	-0.218	0.419	0.950	1.000	0.545	-0.294	0.593	0.587
ZX_{12}	0.001	0.028	-0.041	0.597	0.105	-0.310	0.029	-0.066	-0.239	0.768	0.545	1.000	0.079	0.486	0.126
ZX_{13}	0.129	0.008	0.659	0.335	0.716	0.584	0.715	0.675	-0.270	-0.195	-0.294	0.079	1.000	-0.402	-0.354
ZX_{14}	0.304	0.485	-0.323	0.082	-0.280	-0.252	-0.028	-0.064	-0.096	0.615	0.593	0.486	-0.402	1.000	0.295
ZX_{15}	0.415	0.428	-0.746	-0.411	-0.728	-0.117	-0.056	-0.157	0.307	0.437	0.587	0.126	-0.354	0.295	1.000

2. 对表 3-7 中的标准化数据进行因子分析，得到包含 15 个原始指标所有信息的因子 Y_n（$n=1, 2, \cdots, 12$）；对因子 Y_n 进行方差分解主成分提取分析，得出各因子的特征根和累计方差贡献率（见表 3-8）。

表 3-8　方差分解主成分提取分析表

成分	初始特征值			抽取的主成分载荷贡献率		
	总计	方差（%）	累积（%）	总计	方差（%）	累积（%）
Y_1	5.344	35.630	35.630	5.344	35.630	35.630
Y_2	3.293	21.953	57.583	3.293	21.953	57.583
Y_3	2.570	17.135	74.718	2.570	17.135	74.718
Y_4	1.368	9.119	83.837	1.368	9.119	83.837
Y_5	0.813	5.423	89.261	—	—	—
Y_6	0.702	4.677	93.938	—	—	—
Y_7	0.406	2.704	96.642	—	—	—
Y_8	0.246	1.640	98.282	—	—	—

据以因子特征值大于 1 作为提取主成分的标准，如表 3-8 所示，提取主成分个数，$m=4$，即提取四个主成分。

3. 检验因子载荷，得出初始因子载荷矩阵（见表 3-9）。从表 3-10 初始因子载荷矩阵可知，GDP（X_3）、城镇居民家庭人均可支配收入（X_5）、居民消费价格指数（X_6）、房地产开发投资（X_7）、房地产开发施工面积（X_8）、银行中长期贷款利率（X_{13}）在第一主成分上有较高载荷，说明第一主成分基本反映了这些指标信息；全社会固定资产投资总额（X_4）、商品房销售额（X_{10}）、商品房销售面积（X_{11}）、商品房平均销售价格（X_{12}）和货币供应量（X_{14}）在第二主成分上有较高载荷，说明第二主成分基本上反映了这些指标的信息；土地类指标（X_1）和（X_2）在第三主成分上有较高载荷，说明第三主成分基本反映了这两个指标的信息；房地产开发竣工面积（X_9）和年终汇率（X_{15}）在第四主成分上有较高载荷，说明第四主成分主要反映了这些指标的信息。提取四个主成分基本可以反映全部指标的信息，用四个新变量代替原来的 15 个变量。

表 3－9 初始因子载荷矩阵

	主成分 1	主成分 2	主成分 3	主成分 4
X_1	0.12636	0.03969	0.91325	－0.05343
X_2	0.19881	0.10988	0.91231	0.06203
X_3	0.69401	－0.04481	－0.40837	－0.46330
X_4	0.27374	0.68518	－0.19799	－0.41021
X_5	0.55778	0.11552	－0.39856	－0.53279
X_6	0.80230	－0.39438	0.02895	0.06754
X_7	0.92166	－0.02367	0.31876	－0.06702
X_8	0.93657	－0.02650	0.15824	0.03038
X_9	0.02008	0.00251	－0.22875	0.87508
X_{10}	－0.18830	0.87328	0.18017	0.37106
X_{11}	－0.22290	0.69737	0.27921	0.57318
X_{12}	－0.02396	0.91817	0.02791	－0.12935
X_{13}	0.82772	0.04353	－0.09423	－0.28953
X_{14}	－0.21960	0.55129	0.51788	0.04227
X_{15}	－0.24209	0.06560	0.56319	0.64220

在确定主成分指标方面，主要围绕以下几个方面进行：

1. 计算第一、二、三、四主成分对应的特征向量（见表 3－10）。表 3－10通过使用初始因子载荷矩阵中的数据除以主成分相对应的特征值，并开平方根，得到四个主成分中每个指标所对应的系数。将初始因子载荷矩阵中的四列数据输入到数据编辑窗口，即为变量 B_1、B_2、B_3 和 B_4，然后根据 $A_1 = B_1/SQR$（5.344），① 即可得到特征向量 A_1。同理，可得到特征向量 A_2、A_3 和 A_4 的具体数值。

① 其中，第二、三、四主成分 SQR 后的括号中分别填 3.293、2.57、1.368。

表 3-10　第一、二、三、四主成分对应的特征向量

	第一主成分	第二主成分	第三主成分	第四主成分
X_1	0.05466	0.02187	0.569637	-0.04568
X_2	0.085996	0.060554	0.569054	0.053034
X_3	0.300201	-0.02469	-0.25472	-0.39613
X_4	0.118411	0.377583	-0.1235	-0.35074
X_5	0.241276	0.063659	-0.2486	-0.45554
X_6	0.347042	-0.21733	0.018058	0.05775
X_7	0.398676	-0.01304	0.198824	-0.05731
X_8	0.405122	-0.01461	0.098704	0.025977
X_9	0.008686	0.001385	-0.14268	0.748213
X_{10}	-0.08145	0.481239	0.11238	0.317267
X_{11}	-0.09642	0.384297	0.174159	0.490079
X_{12}	-0.01036	0.505977	0.017409	-0.11059
X_{13}	0.358041	0.023988	-0.05877	-0.24756
X_{14}	-0.09499	0.303801	0.323025	0.036142
X_{15}	-0.10472	0.03615	0.351289	0.549096

2. 主成分表达式，四个主成分的表达式分别为特征向量乘以标准化值，得到 F_1、F_2、F_3、F_4。

3. 主成分综合模型。综合模型是主成分的加权平均数，权数为单个方差贡献率。

$$F = F_1 \times (35.63/83.837) + F_2 \times (21.953/83.837) + F_3 \times (17.135/83.837) + F_4 \times (9.119/83.837) = 0.425F_1 + 0.262F_2 + 0.204F_3 + 0.109F_4$$

通过上述步骤，最终确定合成指标。主成分综合模型的 15 个特征向量组成的 15×1 矩阵乘以原始数据的标准化值组成的 14×15 的矩阵，即可得到合成指标值，即中国房地产周期指数，见表 3-11。

表 3-11　中国房地产周期指数（合成指标值 S）

年份	合成指标值 S	年份	合成指标值 S
1999	-1.48112	2006	-0.16429
2000	-0.39239	2007	0.869961
2001	0.410223	2008	-1.37326
2002	0.174517	2009	0.326349
2003	1.34981	2010	0.870894
2004	0.386772	2011	0.100182
2005	0.298489	2012	-1.37615

第三节　频谱分析法

一、平稳性检验与谱分析

首先对上述数据进行平稳性检测。对表 3-11 中确定的合成指标值的时间序列进行单位根检验，检验数据序列的平稳性主要采用单位根检验方法，单位根检验是检验序列中是否存在单位根，若存在单位根则为非平稳时间序列。单位根的检验方法主要有 ADF 检验、KPSS① 检验、LLC② 检验等方法，为保证检验的有效性，采用 ADF 检验方法（Dickey and Fuller,

① Kwiatkowski D., Peter C. B., Schmidt P. P., and Shin Y. C.. Testing the null hypothesis of stationarity against the alternative of a unit root, Journal of Econometrics, 1992, 54 (1-3): 159-178.

② Levin A., Lin C. F., and Chu C. J. Unit - root Test in Panel Data: Asymptotic and Finite - Sample Properties, Journal of Econometrics, 2002, 108 (1): 1-24.

1981①；Said and Dikey，1984②）检验房地产周期指数序列数据的平稳性。ADF 检验的原假设 H_0 为时间序列含有单位根，拒绝原假设说明时间序列中不含有单位根，序列具备平稳性。ADF 检验结果如表 3 - 12 所示：

表 3 - 12　ADF 检验结果

变量	ADF 检验值	1% 临界值	5% 临界值	Prob. *	检验结果
原序列	-3.5563	-4.0579	-3.1199	0.0238	平稳

注：* MacKinnon（1996）③

结果表明合成指标值 A、时间序列 S 为平稳时间序列，该序列的有效样本数据为 1999—2012 年的相关数据，即样本时间长度 N = 14 年（见表 3 - 13）。

表 3 - 13　谱分析样本数据

年份	谱分析样本数据	年份	谱分析样本数据
1999	-1.48112	2006	-0.16429
2000	-0.39239	2007	0.869961
2001	0.410223	2008	-1.37326
2002	0.174517	2009	0.326349
2003	1.34981	2010	0.870894
2004	0.386772	2011	0.100182
2005	0.298489	2012	-1.37615

在进行频谱分析时，主要围绕以下几个步骤展开：

1. 确定截断点与频率分量的个数。为保证谱密度估计值的渐进无偏和一致性，需要合理确定截断点 M 及由 M 确定的窗函数所分辨的频率分量的个数 m。其中，m = （1，2，…，M）。当 $N < 50$ 时，$M = N/2$，这里 $M = 14/$

① Dickey A. D.，and Fuller W. A.. Likelihood Ratio Statistics for Autoregressive Time Series with a Unit Root，Econometrica，1981，49（4）：1057 - 1072.

② Said E. S.，and Dickey D. A.. Testing for unit roots in autoregressive moving average models of unknown order，Biometrika，1984，71（3）：599 - 607.

③ Mackinnon J. G.. Numerical Distribution Functions for Unit Root and Cointegration Tests，Journal of Applied Econometrics，1996，11（6）：601 - 618.

2=7，m=（1，2，3，…，7）。根据频率的计算公式 $f=m/N$ 及周期计算公式 $P=1/f$［3］，得到各频率分量对应的频率值与周期，如表 3－14 所示。

表 3－14　各频率分量对应的频率值与周期

m	频率	周期/ a
1	1/14	24.0
2	2/14	7.0
3	3/14	4.67
4	4/14	3.5
5	5/14	2.8
6	6/14	2.33
7	7/14	2

2. 计算谱密度值。按照谱密度的计算步骤与公式，对表 10 的 S 进行计算，得到不同频率分量所对应的谱密度值，如表 3－16 所示。解答步骤如下：

步骤 1：样率的选取应为最高频率的两倍以上，这里取两倍为 14/14。

步骤 2：用 Matlab 软件实现，实现程序如下：

```
N=14;
Fs=14/14 ;    %采样频率;
t=（0：N-1）/Fs ;    %时域;
X=（-1.48112，-0.39239,0.410223,0.174517,1.34981,0.38677,
0.29849，-0.16429,0.86996，-1.37326,0.32635,0.87089,0.10018，-
1.37615）；  %要快速傅里叶变换的原始信号;
Y=fft（X，N）；   %快速傅里叶变换;
f=（0：N-1）*Fs/N ;    %频域的点数;
subplot（2，1，1）;
plot［f，abs（Y）］    %频谱图。
```

步骤 3：获得的每根谱线的强度如表 3－15 所示。

表 3 - 15 各频率分量对应的频率值与幅度（谱密度值）

m	频率 m/14	幅度	周期
1	1/14	数据显示不全	24.0
2	2/14	3.811488681	7.0
3	3/14	4.466545244	4.67
4	4/14	3.106577442	3.5
5	5/14	3.543570185	2.8
6	6/14	1.60138506	2.33
7	7/14	2.011506059	2

3. 识别周期。结合表 3 - 14 和表 3 - 15 的数据，绘制 S 的谱密度曲线，如图 3 - 1 所示。谱密度曲线上凸起的拐点，即谱峰，对应的周期即为该时间序列中主要频率分量的周期。如果谱密度曲线存在多个谱峰时，主谱峰（所有谱峰中谱密度值最大的点）对应的是主周期，次谱峰（所有谱峰中谱密度值第 2 大的点）对应的是次周期，获得的频谱图如下所示。

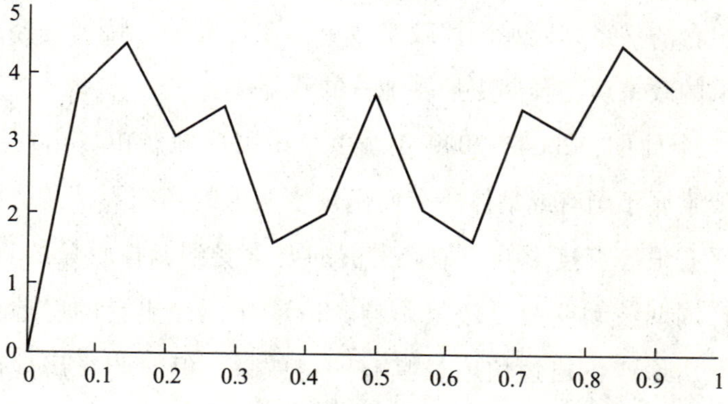

图 3 - 1 房地产周期频谱

4. 周期计量结果。根据主成分分析和频谱分析得出以下结论：第一，1999—2012 年，房地产周期主周期时间大约 5 年（见图 3 - 1）。1999—2012 年，房地产周期指数谱密度曲线主谱峰的谱密度值为 4.467，对应周期时间同样大约 5 年。第二，1999—2012 年，房地产市场波动在主周期之外存在为期大约 2.5 年时间的次周期，期间房地产周期指数谱密度曲线次谱峰的谱密度值大约为3.54，对应周期时间大约为2.5年。在时间较长的朱格拉周期中存在数个波动剧烈的基钦周期。房地产周期波动存在基钦短周期和朱格拉中周期，符合经济周期波动规律。

二、周期确定与特征

（一）房地产周期划分

上述分析表明房地产主周期时间和次周期时间分别大约为5年和2.5年，其间房地产业经历了3个完整的周期波动，并与相对长期的朱格拉周期和较短的基钦周期波动一致。周期波动前期剧烈而后期平缓，大起大落状况有所缓解，房地产业逐步成熟。

1. 第一个周期，1999—2004年。本轮较长时间的房地产业周期波峰和波谷不大，周期振幅下降，周期相对平稳。从1999年开始，房地产业也进入更加快速的发展时期，房地产开发投资增长率、商品房销售额增长率和房施工面积增长率均持续增长。这也和政府在财政金融、土地供应等针对房地产业出台的一系列宏观调控政策效果不明显有关，特别是经过多轮超乎预期效果的政策后，预期更加剧地价的涨幅。

2. 第二个周期，2004—2009年。由于中国房地产市场出现结构性问题，土地要素属于国有或集体所有而出现事实上的产权不清楚，资金价格市场化水平有限等直接影响房地产发展的要素受到调控政策的直接控制，因而房地产周期波动明显受政策影响。2004年以来出台的房地产调控政策，对防止房地产价格过快增长具有一定效果，但对防止房地产投资过多、过快，乃至宏观经济稳定带来一定影响；交易环节的税收政策和限购等措施对房地产消费的影响同样明显，由于政策原因导致的房地产波动影响深远。

3. 2009年以来进入第三个周期。受到美国次贷危机的影响，中国在2008年开始大约一年时间内房地产发展经历了戏剧性变化，受经济结束连续高速增长的阶段的影响，房地产业面临短暂衰退。2009年以来相应指标均出现调整，其中，2010—2012年房地产开发投资增长率、商品房销售额增长率和商品房施工面积增长率在两位数以上的增速，但房地产周期合成指数2009—2012年一直下降。新一届政府执政以来，大力加强保障房建设，保证居民基本的住房需求，在城镇化推进条件下，房地产仍然持续发展，目前未见明显的全面衰退迹象，但在温州、鄂尔多斯等地出现了所谓“鬼城”，相关地方政府和主管部门高度重视此行业的周期波动。经历1997年波谷以来，房地产业进入复苏阶段，该周期到2013年仍在持续，房地产业经历了十余年的较长周期。①

（二）房地产周期特征

1. 房地产周期受到商业信用的直接影响。商业信用的发展将房地产业价值链拉长，当房地产处于繁荣期时，因为信用扩张而出现繁荣发展景象；而房地产业衰退时，因为信用收缩而加速产业衰落。房地产业因为信用关系加剧了行业周期波动。受到1998年住房制度改革的影响，房地产市场逐步趋暖，总体景气水平上升，2001年房地产合成增长率指数比1998年、1999年和2000年分别同比上升12.07%、14.43%和20.68%，初步表现出加速扩张和繁荣特征。

2. 房地产周期的表现形式发生变化。周期各个阶段的持续时间增加，波动幅度有所降低，衰退与扩张时间均在减少，表明中国经济以前增长“大起大落”的特点在发生变化，内生稳定性有所增强，未来经济增长与周期波动可能出现“缓起缓落”和“长起短落”为主要特征的新型态势。② 经济周期可能出现新趋势，即出现以缓升缓降和振幅缩小为特征的高位稳定型形态，经济周期呈现“微波”化。随着中国经济从长期、高速增长阶段进入到中等速度增长阶段，未来中国经济周期和房地产周期可能出现新变化。

---

① 近期关于地产上涨周期的终结学者们持各种观点。这以高盛集团首席投资策略师哈继铭博士在2014年3月在接受凤凰财经《总裁在线》栏目专访时提出的中国房价下跌三条件理由最为典型。哈继铭博士提出因为人口结构的变化、货币政策专向和城镇化无法支撑房价，中国地产的黄金时间，现在就剩一两年时间，下跌是不可避免的。参见权静．哈继铭提出房价下跌的三条理由［N］．凤凰财经，2014-03-26.

② 刘树成．论中国经济增长与波动的新态势［J］．中国社会科学，2000（1）.

3. 大小周期环环相扣，表现出复杂性。房地产周期波动幅度相对在缩小，宏观经济周期内有小幅度周期波动，传统意义上的复苏、繁荣、衰退、萧条典型阶段划分不再显著，经济周期内部伴随短期的基钦周期，和宏观经济周期联系密切的房地产周期出现周期转型。从特点上来观察，房地产周期波动幅度大于经济周期波动幅度，随着房地产业的市场特性和保障属性的逐步明确，房地产业周期波动的幅度将出现平滑趋势。

4. 房地产市场的周期性非常强。在过去十余年中国房地产市场出现两个明显且完整的周期，第一个为2007—2009年，第二个为2009—2012年。房地产投资增长同GDP增长总体上保持一致，然而房地产投资增长和波动幅度都明显大于GDP增长，说明房地产在服从经济周期规律的同时存在自己独特的发展规律。从1998年房改开始，中国房地产成交额经历了稳定增长的过程，2005年、2006年出现大幅度波动，2007年回升而2008年负增长，2009年强势回升，此后略有回落但是增长势头依然强劲。

三、房地产周期讨论

中国房地产业周期总体呈现出高低交替性波动的态势，具有周期特征的主要指标呈现出上升或下降相互交替性的变动。自1998年住房制度改革以来，住房需求逐步释放，市场逐步发展为市场机制发生作用，导致房地产周期交替波动，包括内外宏观环境、投资、消费、人口结构和政策因素等内生性条件，同时包括利益主体之间的利益博弈等外部因素也使房地产波动方向和幅度出现新的变化，共同影响房地产周期的变动。

1. 投资、人口结构变化导致的需求变化等对房地产周期波动的影响。宏观经济周期与房地产周期呈现相同的发展方向和变化趋势，房地产指标变动本身具有领先意义，房地产周期波动领先于宏观经济周期波动。房地产投资和消费直接影响房地产的发展。投资直接导致房地产周期波动，对房地产经济有着重要影响。投资成为影响宏观经济波动的最重要因素，特别是在中国宏观经济稳定发展过程中因为消费长期处于不振状态的条件下，房地产投资变化和其周期波动密切关联。房地产投资带动投资品相关行业发展，投资扩张导致房地产需求扩张，需求扩张促进住房价格上涨，逐步推进房地产业繁荣。如果房地产投资不振，则将进一步加剧房地产和整体经济的低迷氛围。从长远来看，投资扩张以消费需求扩张为前提，消费限制并影响投资速度。

房地产具有重要的消费属性。房地产投资是手段，最终目的是向居民提供耐用的消费特征明显的住宅。房地产消费变化对房地产周期的影响如同房地产投资一样。受到住房消费政策影响而导致房地产需求短期内释放，特别是受到发展中国家城镇化进程持续推进的影响，房地产消费需求旺盛。在居民具有强烈的改善居住条件意愿的转型时期，房地产需求还有上升空间，房地产消费需求对房地产业的发展将起到支撑作用（贺书平，2006）。

人口结构变化影响住宅需求的总量和结构。人口的数量和结构与住宅需求的周期变化相关，住宅结构和总量变化影响房地产周期（赵君丽，2002）。人口数量和结构决定住宅需求的强弱。城市新增人口对住宅需求十分明显，特别是城镇住宅需求总量主要受到25~35岁的青年婚龄期影响，即通常所说的住宅刚性需求，① 直接影响房地产住宅需求发展。家庭小型化和结构简单化引起住宅需求总量与结构变动，决定着城市住宅需求单位趋于小型化（楚红军，1997）。中国人口出现过三次出生高峰，即20世纪50年代、1963—1974年和20世纪80年代后期的三次出生高峰，按照同批人年龄推移测算，房地产刚性需求高峰分别出现于1990年、2000年和2015年左右。房地产实际周期特别是从住宅年销售增长率和波动率上来观察，与上述人口总量和结构呈现出高度一致，实际数据表明，1998年住房制度改革后，于2000年左右出现房地产需求，以及新政府强调在“十二五”时期对保障房建设以满足居民住宅需求，暂不考虑政策和投机因

① 住宅需求收入弹性在0.6~0.9，是小于1而缺乏弹性的商品，即类似必需品。

素，与本书提出的房地产周期基本吻合。① 待中国这批婴儿潮退休之后，阶段性的“4－2－1”家庭结构关系可能导致出现住房绝对剩余，这将成为房地产需求急剧下降的内生原因。人口结构和总量变化对房地产需求产生重大影响。

2. 相关利益主体特别是地方政府基于晋升而开展的博弈行为助推房地产波动。房地产波动中的外生因素影响，特别是在不同利益主体之间的博弈、预期因素等也对波动幅度和方向产生重要影响，地方政府选择性地执行有关调控政策即对房地产波动具有影响力，这将在下一章进行分析。即对中国房地产波动的研究不仅需要从经济角度开展，还需要从博弈论视角分析，才可能比较全面地反映中国房地产市场波动的真实情况。

相关利益主体积极利用有关预期推动房价朝有利于自己的方向发展。城镇化就被开发商等说成推动房价持续上涨的重要理由。城镇化难以支撑持续上涨的房价，中国城镇化过程与老龄化密切联系。中国企业劳动密集型企业主要通过大量廉价劳动力获得在国际竞争优势，在劳动力年龄逐渐上升过程中，企业用工偏好将有所下降。在劳动力供应出现拐点后，工资水平不断上升，城镇化过程中的这些企业难以按照以前的增长模式持续，甚至可能考虑搬离中国到其他劳动力价格更低的国家进行生产，则城镇化速度可能将下降，这些内在因素可能影响房价。在就业不充分的地区，房价将表现出明显的脆弱性，较大城市和就业相对充分的城市房价将有一定的抗跌性。城镇化并不是房价持续上涨的重要理由，它是一个动态过程。

有关利益主体充分利用和制定博弈规则以便利博弈过程向着有利于自身方向发展。房地产市场调控政策其实是一个博弈过程，它实际上规定着利益相关方的行动选择和战略收益。在相关政策约束下，理性利益主体基

① 赵君丽．人口变化与房地产需求——人口结构变化与房地产周期相关性研究［J］．城市开发，2002（8），这一周期变化也可以从另外一些学者的论述中得到证明，如哈继铭博士提出中国地产投资好时机总体已经过去，未来地产泡沫破灭不可避免。参见权静．哈继铭提出房价下跌的三条理由［N］．凤凰财经，2014－03－26.

于最大化收益函数进行战略选择，最终导致博弈均衡。博弈是基于规则而展开，博弈规则即主要是调控政策的出台就是博弈过程。在房地产市场中的相关利益主体个人收益与社会整收益之间存在差异。利益差异促使战略行动可能符合或仅部分宏观调控政策意愿，部分政策意图被利益主体博弈和理性预期所抵销。中央政策应该及时纠正调控偏差，确保政策严肃性和预期效果。

3. 房地产波动明显受到调控政策影响。由于中国房地产市场出现结构性问题，土地要素属于国有或集体所有而出现事实上的产权不清楚，资金价格市场化水平有限等直接影响房地产发展的要素受到调控政策直接控制，房地产周期波动受政策影响。2004 年以来出台的房地产调控政策，对防止房地产价格过快增长具有一定效果，但对防止房地产投资过多过快，乃至宏观经济稳定有一定影响。交易税收政策和限购等措施对房地产消费影响同样明显，政策原因对房地产的波动影响深远。

调控政策成为房地产周期波动的外部冲击力量。由于中国房地产业在国民经济发展中具有的重要地位，国家宏观政策对房地产行业发展往往重点调控，因此房地产市场发展表现出明显的经济周期或政策周期，即房地产与经济政策周期密切相关，国家宏观政策发展方向成为决定房地产市场走向的重要外在力量。在宏观调控政策对房地产周期波动具有明显影响的前提下，一旦出现异常波动条件时，通过出台有效的调控政策，采取相机抉择的反周期政策，减少周期波动对经济运行带来的负面效应。当房地产经济处于扩张时期，政府应该采取必要的反周期运行政策，抑制房地产经济出现过热势头；当房地产经济处于衰退时期，政府应该采取扩张的宏观经济政策，刺激房地产市场增长，防止出现衰退。但事实证明，把握政策时滞及操作力度等均有难度。

从实行分税制以来，地方政府房地产发展获得的收益趋使其推动房地产发展，并从中获得与晋升相关的政绩。中央地方财政分权，特别是从土地财政中地方政府获取的大量收益，成为地方发展房地产的重要推动力量（黄颐琳，2005），因此地方政府执行房地产调控政策时，因涉及自身利益而难以全部落实。有的地方为了实现地方财政收入的增长，或通过市政工程上马以维持经济增长的政绩，被动地推动着房地产市场扩张并向着有利于当地官员晋升的方面发展（周黎安，2007）。房地产市场政策导向性明显，房地产业作为高投资和高回报的行业，地方政府对它在地方财政收入与经济发展上的期望值较高。

第四章

地方政府主导的房地产市场博弈行为

中国房地产波动已经渗入利益主体互动博弈因素，只有将经济计量分析和利益主体行为分析结合起来，才能较好地分析和解决房地产波动中的利益均衡问题。房地产市场中的相关利益主体涉及较多，但直接参与博弈并对最终结果产生影响的利益主体包括政府、开发商和消费者，其他利益主体包括银行、房地产中介等，其博弈行为需要通过其他利益主体予以实现，他们作为间接的博弈行为主体，对市场均衡产生间接影响。本章主要研究直接利益主体的主要战略博弈和均衡及其背后的成因。

第一节 博弈论的适用性与博弈框架

一、博弈论在房地产市场中的适用性

1. 博弈论的行为分析方法与房地产市场利益主体的博弈行为高度契合。博弈论指个体或组织在一定环境条件下，接受既定的规则约束，根据所掌握的完全或有限信息，进行各自的行为或战略选择并加以实施，从中取得相应结果或收益的过程（张维迎，2005）。博弈论研究决策者之间的利益决策，这些利益决策可能存在利益冲突，每个利益主体都有自身决策方案的选择，选择的结局取决于利益主体的互动，即利益主体的方案组合决定了一个结局或均衡。可以看出，博弈行为决策结果并非由某一个决策者的选择单独做出；任何决策结果对不同决策者的效用可能不相同，往往彼此存在冲突；理性决策者在选择决策方案时，需要考虑其他决策者可能的选择以及对自身带来的影响。

2. 房地产市场是利益主体的经济理性行为的集中体现。理性经济人存在机会主义动机，房地产市场中的利益主体具有充分理性，开发商追求自身利润最大化，政府官员特别是地方政府官员的行为基于土地财政和经济增长，其行为类似晋升锦标赛。房地产市场发展是一个长期动态的演进过程，这一演进过程中任何利益主体的行为都可能影响其他主体的决策，同时其也受到别的利益主体决策和行为的影响，特别是现行土地征用制度的不完善等现状使得相关利益主体博弈行为更加明显。房地产市场中出现的问题实际上主要是地方政府、开发商和其他利益主体在既定制度条件下的博弈结果。房地产市场中涉及重要的土地交易，与土地交易密切相关的利益主体包括地方政府、开发商和中央政府。妥善处理地方政府、开发商和中央政府的经济利益、政治利益关系是土地制度的重要内容。

3. 传统价格分析法的某些局限性需要博弈行为分析予以补充。在解释中国房地产发展种种调控效果不如意的现象时，多数学者使用新古典主义从供求因素角度，以价格分析法进行解释，但使用该分析方法的前提假设包括理性人、信息完全、市场出清等，在现实房地产市场中常常不能满足，实际情况是持续过快上涨的房价让房地产市场主体，特别是消费者采取适应性预期，强化了房价上涨的势头；中央和地方政府、开发商、消费者和银行之间的信息不对称是常态，价格分析在房地产市场分析方面存在不足。

4. 中国房地产市场是一个利益博弈的典型市场。地方政府和开发商为尽可能多地享受房地产收益而在房地产市场中多数时间形成合作博弈策略；中央和地方政府目标函数不完全一致，导致后者在政策执行上往往出现非合作博弈；消费者与开发商之间因为信息不对称，可能出现逆向选择等。博弈行为集中体现在房地产市场，博弈行为分析是剖析房地产市场相关利益主体的行为及背后动因的良好工具，以深入理解利益主体的经济性及他们之间的博弈关系。

二、房地产市场的利益主体及其价值取向

（一）房地产市场利益主体构成

1. 政府。政府是土地开发和房地产行业发展的监管人和调节者，通过对社会资源的分配，综合运用宏观和微观调控工具对市场实施监管。中国土地属性为国有或集体所有，建设用地的开发和形成由政府根据发展战略与规划进行，城市土地开发由地方政府根据规划需要进行。

中央政府是宏观经济调控者，基于宏观和综合发展角度调控房地产发展，此过程中需要促进金融发展并防范金融风险，规范房地产经营，通过房地产健康发展促进经济增长。作为民生发展的目标之一，需要实现“住

有所居”的民生托底目标。其具体表现在房地产价格上，中央政府希望房地产价格稳步而避免过快上升，与国民经济可持续发展相适应，同时防止房价短期暴涨。中央政府实施上述目标的手段包括指导性政策建议、道义劝说和宏观调控等，实质性调控手段包括土地政策、金融政策、税收政策等，以此调节房地产供应总量、结构和需求。中央政府掌握行政和立法、司法资源优势比地方政府多，而地方政府在人员任免、晋升等方面依赖于中央政府，中央政府政策被看作是地方政府行为选择的风向标。

目前，中国地方政府对房地产发展态度与地方官员的晋升机制有关，这是理解中国房地产发展，特别是地方政府对该行业发展的重要内容。地方政府在政策选择和市场调控取向上与中央政府保持一致，或出于自身实际利益与中央政府进行博弈互动。为获取晋升机会，地方政府出于“为增长而发展”的目标，通过土地出让金取得方预算外地方财政收入增长，并提升了 GDP 增长率，房地产成为实现上述目标的重要手段。集体或国有土地资源是地方政府控制的最核心资源。地方政府通过大规模拆迁和较低的补偿标准，使自身获取土地的成本最小化，通过垄断土地的招标拍卖，获取土地收益极大化。同时，在房地产市场发展过程中，地方政府官员自然地与开发商结成利益联盟，以实现各自利益最大化。地方政府作为房地产市场的市场参与者和调控政策的执行者，对于区域性房地产发展具有重要的推动作用。

2. 开发商。开发商以自身利润最大化为目标，实现目标的手段主要是从地方政府手中获取土地，再以银行贷款融资进行房地产开发。如果对未来预期乐观，将囤积土地资源甚至囤积房源，不但获取地价升值的好处，同时享有房价快速上涨的利润，实现开发收益利润的最大化。由于开发商开发房地产具有一定的区域垄断特点，多数开发商依靠其垄断竞争型市场结构占有较高市场份额。

开发商不断上升的市场份额导致其行为会对其他房地产企业产生示范效应。在大型企业内部和中小型企业内部存在相互观望的相机决策行为，使开发商内部各厂商之间的博弈过程更趋复杂。中国房地产行业集中度出现明显上升，其利益偏好具有一致性和显著性，有利于统一博弈战略行为，这种特性随着有关开发商集中度上升而更加明显。2013 年，十大开发商占据 13.3% 的市场，而 2011 年仅为 10.7%；50 大开发商市场占有率在过去三年上涨了 4.6 个百分点，2013 年其市场占有率达到 25.4%（见表 4－1）。

表 4－1　房地产行业集中度变化情况

靠前企业集中情况	2011 年	2012 年	2013 年
前 10 名企业	10.7	12.8	13.3
前 20 名企业	14.9	17.6	18.3
前 30 名企业	20.8	24.6	25.4

资料来源：国务院发展研究中心，澳新银行，2014 年 5 月。

3. 消费者。消费者以自身效用最大化为目标，依靠自身所掌握的资金和信息等资源参与交易，构成市场需求。消费者可以分为自住型、投机型和投资型。自住型消费者以狭义的消费为目标，希望房价尽可能低或者处于可以接受的房价收入比范围内；投机型消费者依靠房地产价格上涨之后采取抛售等方式 来获取价差，购置动因主要基于未来房价上涨的预期；投资型消费者主要为获取房租收入等，如果房价上涨过快，部分投资者在预期价格难以持续的条件下可能转入投机型消费者行列。由于消费者众多，相互之间协调配合并构成契约的交易成本较大，消费者组织相对松散，共同行动的可能性较低；消费者处在信息劣势地位，议价能力弱，在博弈过程中居于劣势。

4. 银行等其他间接参与者。银行作为房地产金融的资金提供主体，主要目标是通过抵押贷款获取优质资产，由此带来投资回报。银行执行国家的利率调控，对开发商和消费者进行抵押贷款，防止呆账、坏账出现，确保资金和金融安全。房地产行业的特点决定了银行在其中提供资金的重要作用，银行一方面期望房地产行业持续健康发展，另一方面也不希望房地产过快上涨而影响了资金放贷安全。

（二）房地产市场利益主体的价值取向

价值取向是利益主体行动内在驱动力和出发点，不同利益主体具有不同的价值取向。

1. 中央政府与地方政府的价值取向。中央政府是房地产行业中的重要参与者和促进行业发展的重要合作者。由于住房供应涉及居民基本生存需求，各国政府为实现居民的生活保障还必须实施包括福利房在内的公共政策。中央政府根据国家发展战略与规划进行开发，城市土地开发由当地政府根据发展规划需求进行供给。中央政府作为宏观调控者，不仅要从宏观综合角度来促进房地产业发展，而且还要承担金融风险防范和规范房地产业发展，同时实现“居者有其屋”的民生目标。中央政府作为宏观经济的监控者，以保持宏观经济平稳运行、确保物价和就业水平稳定，借助财富分配和再分配手段调节社会资源流动。在房地产价格方面，中央政府希望该行业与国民经济发展相适应，避免价格的暴涨和暴跌。中央政府主要通过宏观调控手段，包括土地政策、金融政策、财政政策等来调节房地产供求总量、结构，以达到政策目标。中央政府即房地产市场博弈规则的制定者和博弈过程的监控者。在实际经济活动中，中央政府的行为选择通常是在经济增长和居民生活之间寻求平衡点，避免房地产市场出现较大波动。

地方政府是市场参与者和调控执行者。地方政府作为中央政府的代表，在总体与中央利益一致的条件下，存在明显的地方利益取向。地方政府作为辖区内社会公众整体福利代表，在中央政府的直接干预和指挥下履行房地产市场监管职责，确保公众居住权利得以实现，保障中低收入家庭的基本居住需求。但在实际发展过程中，地方政府的目标是获取较高的GDP增长率，并以此实现地方财政收入特别是预算外的财政收入增加，而房地产业为实现上述目标提供了最佳载体。地方政府可以在很大程度上控制拆迁规模和补偿标准，进而影响土地总量和供应价格。地方政府垄断土地资源，采取招标拍卖等形式获取最大的土地收益。在土地收益分配格局和分税制下，地方政府的财政收入主要来源于土地收益，包含有自身土地财税收入最大化的构成成分；地方政府由于在绩效考核、人员晋升等多方面受制于中央政府，也是房地产市场调控的最终和直接执行者和政策细化者，执行中央政府政策是其价值取向中最重要的组成部分；借助房地产行业带动相关行业增长从而促进就业、拉动消费和投资也是地方政府的重要价值取向。在房地产市场博弈过程中，其他利益主体如消费者和开发商在这些规则框架内进行相机抉择实现自身利益。

2. 开发商的价值取向。开发商本质价值取向是利润最大化。开发商拥有市场信息资源优势，对于商品住宅市场的总体供给水平和销售渠道具有较高的控制权能，对于政府政策的干预能力和消费者预期的引导能力、议价能力相对较强，通过市场或非市场手段影响政府决策；通过控制销售量和销售价格获取消费者剩余。如果地价过快上涨，开发商将通过囤积土地获取额外利润；如果房价过快上涨，开发商囤积房源获取额外利润，开发商之间通常采用合谋等手段提高利润。开发商通常规模、资金实力雄厚，依靠自身所拥有的广泛社会资源和政府资源进行经营活动，经营目标是股东权益最大化，对于房地产市场波动反应较灵敏。

3. 消费者的价值取向。消费者参与商品住宅市场交易的目的在于满足自身住房需求，实现自身效用水平最大化。由于消费者掌握的信息有差别，市场经验和专业知识有所差距，购房目标差别较大，部分消费者是理性的。消费者按照购买商品住宅的主要目的分为自住和投资两类。自住消费价值取向是以低成本换取居住需求，改善性需求者选择重新购置房屋以满足日益增长的住房使用需求，受到市场运行波动的影响较为强烈，他们希望购房时具有可以接受的房价收入比。投资型或投机型消费者通过将自身所持有的流动性转化为房产实体。投资型消费者参与商品住宅市场博弈的基本取向是获利高租金收益率和房屋升值收益率，依赖的手段是希望地产价格上涨获取价格差带来的收益；如果房地产价格快速上升之后，可能有一部分投资性购房者因为预期价格下降而转入投机性行列。

4. 银行等间接参与者的价值取向。作为房地产市场的资金提供者的银行，同样对于房地产发展具有重要的润滑作用。银行等参与者主要目标是在符合相关政策条件下，实现信贷资产的保值增值，防止出现呆账、坏账，保证金融资产安全。由于房地产投资空间固定，使用寿命长，投资额度大，因而其生产与消费都离不开金融业的支持。房地产与金融行业相伴的产业，银行对房地产抵押贷款过程中，以抵押物为标的进行放款。开发商、消费者或投资者等利益主体需要从银行获取开发或购置资金。

三、房地产市场利益主体的博弈框架

房地产市场上有众多参与者，除政府、开发商、消费者之外，还有银行、房地产中介、物业管理公司等。开发商、政府和消费者是交易行为的直接参与者，而银行、中介等机构则是交易辅助机构。直接参与者在交易活动中具有资源优势，对市场均衡结果和运行状态具有重要且直接的影响；市场交易辅助机构主要起润滑剂作用，博弈过程通常依附于某一方的利益，博弈策略往往根据某一方策略进行选择，其行为对市场也具有影响，但不是矛盾的主要方面。房地产市场上主要的利益主体如图 4－1 所示。

房地产利益主体具有短期共同利益。土地国有制在实际操作中为土地政府所有制，政府积极利用掌握的土地从房地产市场中获取土地收益，政府具有直接参与倾向性交易，主导着房地产市场发展。政府、开发商和银行与开发商这些公共部门与私人部门之间具有利益一致性。从扩大政绩和增加财政收入角度出发，政绩考核容易转化为对房地产市场价格上涨的支持。土地使用权转让由地方政府垄断，地方政府对发展房地产具有积极性。银行从自身利益出发满足开发商对土地和资金的需求。在包括近年胡润排行榜在内的各类富豪排行榜上，居前位的多与房地产业有关。①

各相关利益主体之间既有合作也有冲突。中央与地方政府利益冲突体现为整体与局部利益、长远与短期利益之别，这与税收分配有关。1994 年实施分税制以来，原本地方税种划归中央或者变为中央与地方共享税，地方财政收入减少而支出责任相对增加，出现财权事权与支出责任不匹配。地方政府从本地利益出发往往变成尽可能争取收入最大化，并非完全执行

① 在 2008 年中国胡润榜前 10 名中，有 5 名是从事地产业的。从事地产开发者越来越多，2002 年是 25 家，2003 年增加到 37 家，2004 年更多达 45 家，到 2008 年 50 余家，即中国富豪约一半产生于或者与地产具有密切关系。2006 年度美国富豪排行榜前 25 名没有 1 名是从事地产业的。2008 年世界前 10 名富豪没有 1 名是从事地产业的。以比尔·盖茨、吉姆·沃尔顿、巴菲特等为代表的国外富豪大多从事于高科技、商业、消费品生产、投资、石油、制造等行业。

房地产调控政策。开发商利益主体通过集体努力影响甚至改变政府的重要政策。① 地方政府不仅承担着执行中央政策的义务，还具有发展地方经济、维护稳定的责任，它在中央政府与开发商之间、在执行中央政策与发展本地经济之间相机抉择，这与开发商单纯逐利目的存在冲突（项勇，2012）。

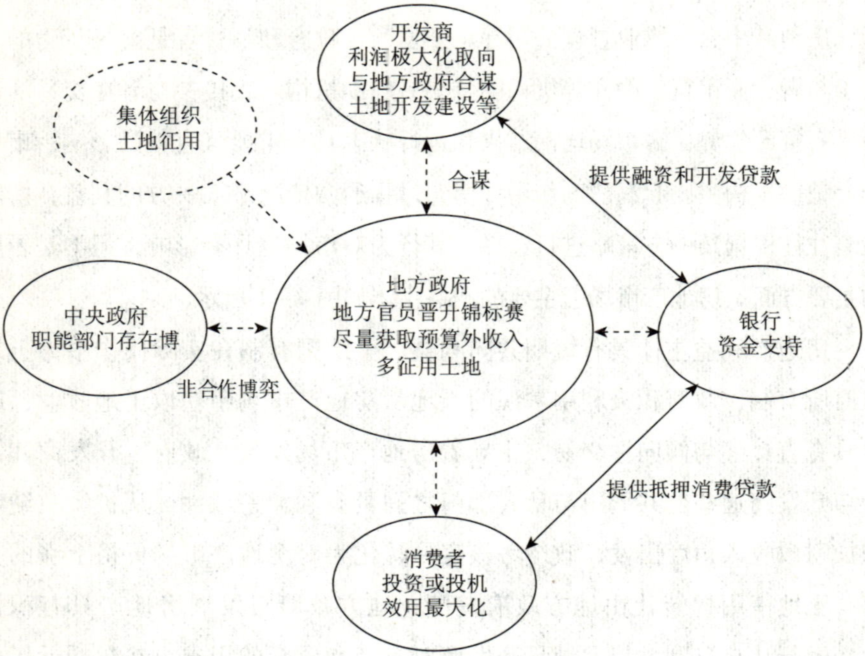

图 4-1　地方政府主导的房地产利益主体博弈结构

在以地方政府为核心的房地产市场利益主体博弈框架中，中央政府内部包括国土部、中国人民银行、国家发改委、建设部等都是房地产调控的重要参与职能部门，他们之间在共同落实国务院政策措施的同时，也存在一定的意见分歧，不可避免地存在彼此利益博弈，这将在下文中予以说明。中央政府和地方政府之间在总体利益一致的情况下，由于目前中国政绩考核等导向，导致二级政府之间存在利益冲突，表现为非合作博弈行为。房地产市场

① 在开发商的极力推动下，全国工商联集开发商智慧撰写报告促成国务院 18 号文件出台，该文件确认并重申地产业是国民经济的重要产业，这是典型的利益主体博弈结果。

上的消费者根据其动机不同可以分为自住型、投资型和投机型消费者，其行为动因具有明显区别。银行向开发商、消费者提供资金融通服务，其利益是希望房地产持续上涨，确保资金安全并稳定获利。各个利益主体之间的博弈为外围博弈，因为它并非是利益主体博弈的核心所在。

房地产市场利益主体的核心博弈是地方政府驱动的特别是与开发商合谋为代表的博弈行为。作为博弈行为的核心主体为地方政府，它的行为动机主要是根据既有官员晋升考核机制，突出地方经济增长指标，只有该指标在地方政府之间可以脱颖而出，相应的地方政府官员就可以得到仕途升迁，在此假定条件下，地方政府将不遗余力地将更多的土地出让，获取尽可能多的土地出让金收益这一预算外的资金收入，用于地方市政建设等促进经济增长的领域。地方政府有动力与开发商进行合作甚至合谋，以使得自己获取竞争锦标，在晋升中获胜。特别需要说明的是，地方政府在本地区内与开发商等合作或合谋之外，获取晋升的另一条件是地方政府要在不同区域的地方政府中胜出，即地方政府之间还存在竞争，在晋升锦标赛中获取的通常为众多地方政府中胜出的佼佼者。这部分实证将在第六章中详细予以论证和说明。

第二节 房地产市场的博弈分析

一、利益主体内部的博弈行为

（一）中央和地方政府之间的非合作博弈

1. 中央与地方政府在总体利益趋同的前提下，中央政府更加注重房地产市场的社会整体利益，地方政府更加关心房地产带来的包括与房地产相关的税收等经济利益，两者局部利益差异导致其存在动态博弈。房地产市场健康发展符合中央和地方政府的长期利益，房地产泡沫破裂对双方都不利。为激发市场活力，调动地方政府在改革开放中的积极性，中央政府有计划地向地方政府下放权力。行政权力和财政权力的转移强化了地方政府作为经济人的特性，使中央和地方的关系不仅仅是简单的领导与被领导关系，这为中央政府与地方政府博弈提供了前提。地方政府与中央政府由于管辖区域、范围、责任和职能不同，在追求公共利益的过程中表现不一致。中央政府的目标是追求全国公共利益最大化，地方政府则是追求地方公共利益最大化；地方政府官员追求政绩和升迁。中央政府实施宏观调控，通过制定财税政策和行政措施促进房地产市场的健康发展。地方政府是中央宏观调控的主要执行者且具有较大的主动权。

2. 对调控目标选择性理解和执行为中央和地方政府非合作博弈提供了可实施标准。实际执行过程中，对于中央政府多次提及的“防止房地产价格过快上涨”调控目标存在不同解读，这些解读往往有利于地方政府博弈行为。首先，什么程度是“过快增长”，中央政府没有给予明确界限或封顶数据，或具体高出 GDP 增长率多少等；其次，地方政府也许预期到中央政府因为“保增长”等刚性目标，对房地产投资带动作用有所顾忌。地方政府倾向于房地产快速发展，地方政府更多地认为市场并未“过快增长”，中央政府的严厉政策多为道义戏说而不会出现实质性惩罚措施；只有地方政府认为房地产确实过热并且中央政府对某些地方政府进行严惩时，其他地方政府才会积极执行中央调控政策。

3. 中央和地方政府围绕分税制后的利益分配博弈，特别是房地产市场快速发展过程中，地方政府可以获取更多的预算外收入而大力促进房地产发展。分税制后出现事权和支出责任不匹配促使地方政府开拓新收入渠道，房地产相关税费收入成为他们的可行选择。近十年来，地方政府通过促进房地产发展获得的土地出让金、房地产相关税收占地方总收入的 60% 左右，成为地方政府进行城市建设和社会发展的重要财源。分税制导致中央政府与地方政府在财权和事权方面起冲突，某些方面中央与地方政府逐渐成为两个利益主体。地方政府对中央宏观调控具有自由裁量权，这种博弈表现为地方政府对中央政府政策进行选择性执行，即“上有政策，下有对策”。地方政府根据地方利益最大化原则，选择性执行甚至地方政府刻意曲解中央政府政策，使宏观政策效果大打折扣。以上博弈过程很大程度上影响了两级政府在房地产调控中的行为目标，使中央宏观调控效率低下，达不到期望效果。

4. 中央与地方政府的博弈行为表现出不同行为特征。中央政府宏观调控具有全局性和地方政府微观调控的区域性。为保持房地产业健康发展，中央政府偏向采取财政、税收、金融、行政等各项措施来抑制房价过快增长，而地方政府偏向采取积极态度推动房地产发展。在中央政府抑制房地产市场过热过程中，地方政府并不是积极参与。房地产市场快速发展可以增加地方官员政绩、增加城市政府土地出让金收入和财政收入，地方政府在落实中央政府房地产调控政策时，倾向最大限度地利用中央政府的鼓励性政策。在房地产市场非理性发展过程中，受益者为地方政府，其所带来风险由中央政府承担。在房地产市场宏观调控中，中央政府具有抑制房地产非理性繁荣的动力。由于调控过程中存在中央政府和地方政府博弈，中央政府的政策实施机制使其政策执行存在效率损失。地方政府出于现实利益考虑，消极抑制房地产市场出现的泡沫，甚至以非法使用土地或取得土地出让金等预算外收入求得当地经济发展。① 中央政府和地方政府在这一过程中的博弈导致中央政府宏观调控政策的失效。

中央和地方政府在房地产发展问题出现的非合作博弈，对双方最优的均衡是如果市场过热时中央政府实行严厉政策，则地方政府选择积极执

① 根据国土资源部执法监察局局长张新宝的介绍，在当今土地违法案件中，地方政府成为土地违法的主导因素。执法部门发现，在当前土地使用中政府违法带有普遍性，凡是性质严重的土地违法行为，几乎都涉及政府或相关领导。现在主流用地模式仍是“土地围绕项目转”。尤其是书记、市长千方百计引来的项目，国土资源部门就得想方设法为其供地。这种违法通常是以经济发展为导向，地方官员在受到查处时也常用“发展是硬道理”来解释其非法行为（参见夏珺．堵住非法用地的“闸门”——国土资源部执法监察局局长张新宝谈当前土地执法［N］．人民日报，2007 - 11 - 04）。

行；在市场正常区间内，中央政府不严厉政策，而地方政府选择不积极执行，这并没有实现效率最优，因为要达到对双方最优效率应该是无论中央制定任何政策，地方政府积极执行。改进上述博弈效率的办法有：第一，独立权威地监测和发布房地产市场过热与否。第二，对地方政府不积极执行而带来的收益进行严格限制，包括严惩或减少地方政府经济利益，加大地方政府的社会责任考核等。这些问题并不能妥善解决，这将在第六章等进行深入分析。

5. 在实践中，中央和地方政府部门之间的非合作博弈时有体现。中央部委从各自职能范畴制定政策，中央部委与中央调控目标理解不一致，各部委之间存在利益冲突和博弈行为。为了某种利益而给政府施加影响，利益主体对中国公共政策有着越来越大的影响。这在住宅与建设部、国税总局、人民银行等部门政策调控行为上表现明显。2005 年开始的房价较快上涨之后，随着固定资产投资总额和房价涨幅上涨，部委利益冲突逐渐明晰，如以国税总局和建设部二手房个税，建设部与中国人民银行是否取消房屋预售制度博弈最为集中体现。房地产调控效果不明显和这些部门博弈具有一定关系。在房地产调控之初，相关部委通力协作，由建设部牵头，国土资源部、财政部、发改委、国税总局、人民银行、银监会等联合下发的文件比较有效地针对房地产行业进行组合调控，通过信贷、土地、税收等手段将房地产调控较好地进行落实，但在成功控制房价过快上涨取得阶段性成效之后，中央部委协作效率下降，截至 2005 年 8 月，建设部、国税总局和人民银行之间的分歧加大，国税总局设想对二手房交易征收个人所得税，而建设部没有启动二手房个税。

上述政策调控过程中，除了建设部与国税总局博弈以外，建设部与人民银行就房屋预售制度博弈更加明显。有关中央银行在其《2004 年中国房地产金融报告》取消期房销售的建议（中国人民银行房地产金融分析小组，2006）。中国人民银行取消建议一出，作为房地产主管部门的建设部立刻召开座谈会并以新闻发言人方式对外宣布，期房销售不会在近期取消。① 部门利益往往使政府的公共政策受某利益主体的影响。预售制度为房地产行业带来资金周转便宜，取消预售制度对于调控房地产具有重要影响，建设部不愿意类似直接调控房地产业的政策出台。自中国房地产行业调控以来，由于涉及相关部委较多，政出多门成为常态，虽在国务院推动下某些调控难以实现协调，无法摆脱行业利益冲突的结局，部委之间的博弈一定程度上抵销着调控效果。

（二）开发商之间的博弈

中国城市土地归国有，地方政府是地方土地的实际所有者。城市土地的使用采取有偿使用制度，地方政府通过招标、拍卖、挂牌出让国有土地使用权。在招标中，从博弈的角度来观察，土地招标过程是不完全信息静态博弈，即静态贝叶斯博弈。贝叶斯均衡是两家企业的叫价分别是其各自保留价格的一半。在均衡的情况下，得到该地块的是对其评价较高的企业，这从资源配置的角度来讲是有效的，但国家作为土地的所有者只得到企业保留价格的一半。相比之下，如果信息是完全的，企业之间的竞争将使国家获得企业保留价格的全部。随着竞标者数量的增加，参与竞标企业的叫价与其保留价格的差额会逐渐递减。

在拍卖与挂牌中，从博弈角度来看，拍卖与挂牌的特点是开发商能够观察到对手出价信息；开发商轮流行动；整个博弈可以有多个回合，是完全信息动态博弈。假定某地块只有甲乙两家开发企业参与拍卖竞价（多企业参与竞拍的结果相同），甲乙两企业对该地块的保留价格分别是 V1 和 V2。拍卖开始后，双方根据观察到的对方的叫价轮流加价，双方叫价逐渐接近于各自保留价格。当甲企业加价至其保留价格即 B1 = V1 时，乙企业

① 新华网新华网北京 2005 年 8 月 24 日报道，针对社会上关于是否取消商品房预售制度议论，建设部新闻发言人 24 日明确指出，国家近期不会取消商品房预售制度。这位新闻发言人说，商品房预售制度是《城市地产管理法》确立的一项制度。从十多年的实践来看，这一制度与中国国情是适应的，目前还不能取消。世界上有许多国家和地区也都有类似制度。当前，要进一步完善预售监管措施，切实加强监管，以维护当事人的合法权益。这位发言人指出，当前地产市场调控工作的重点，是坚定不移地贯彻好国家已出台的各项调控措施，以切实稳定住房价格，促进地产市场平稳发展。近期，国家不再出台新的调控政策。

继续加价即 B2 > B1，B2→V2，这时甲不再加价，叫价最高的乙企业获得该地块。该博弈纳什均衡是甲企业的叫价等于其保留价格，乙企业的叫价大于甲企业的保留价格。双方的支付分别为：甲（V1 - B1 = 0）；乙（V2 - B2→0），在这种情况下，开发商陷入囚徒困境。

1. 博弈模型。由于商品住宅质量、设计、地理位置，以及购买住宅所带来的社会效应存在差异，消费者对产品的价格偏好就不是他们考虑的唯一变量。基本假设条件如下：

假设 1：商品住宅在质量、设计、地理位置、社会效应等方面存在优劣差异，消费者通过媒体宣传、品牌等渠道判断住宅产品的差异。

假设 2：市场上有两个寡头企业：开发商 1 和开发商 2，住宅销售价格即消费者实际支付的价格为 p_i（$i = 1, 2$），住宅销售量即住宅的需求量为 q_i（$i = 1, 2$），由于商品住宅存在差异性导致消费者愿意为此多付的价格为 d_i，当商品住宅不存在差异性时消费者为此支付的价格为 p'，可知 $p' = p_i - d_i$（$i = 1, 2$）。

那么两个开发商所开发的住宅的需求函数为

$$q_1 = q_1(p_1', p_2) = a_1 - p_1' + \theta_1 p_2'$$

$$q_2 = q_2(p_1', p_2) = a_2 - p_2' + \theta_2 p_1'$$

其中，a_1 和 a_2 是一个常数，表示当住宅价格为 0 时市场需求仍然存在，θ_1 和 θ_2 为两个开发商所开发住宅的替代系数且 $\theta_1, \theta_2 > 0$，假设两个开发商没有固定成本，其边际成本分别为 c_1 和 c_2。

两个开发商的利润函数如下：

$$\pi_1 = (p_1', p_2', c_1) = q_1(p_1 - c_1) = (a_1 = p_1' + \theta_1 p_2')(p_1' + d_1 - c_1)$$

$$\pi_2 = (p_1', p_2', c_2) = q_2(p_2 - c_2) = (a_2 = p_2' + \theta_2 p_1')(p_2' + d_2 - c_2)$$

2. 博弈过程。对上面两个开发商的利润函数公式求 p_i 的偏导，并令其等于 0，可得出

$$\frac{\partial\ \pi_1}{\partial\ p_1'} = (a_1 - p_1' + \theta_1 p_2') - (p_1' + d_1 - c_1) = 0$$

$$\frac{\partial\ \pi_2}{\partial\ p_2'} = (a_2 - p_2' + \theta_2 p_2') - (p_2' + d_2 - c_2) = 0$$

解上述方程组得

$p_1'^* = (a_2 + c_2 - d_2) + (a_1 + c_1 - d_1)$

$p_2'^* = (a_1 + c_1 - d_1) + (a_2 + c_2 - d_2)$

下面将模型简化以便分析，令 $a_i = 0$，如果开发商展开价格战，其结果是 $p_1'^* = p_2'^*$，可以认为 $c_1 - d_1 = c_2 - d_2$

即使两个开发商的成本 c_1，c_2，可能由于 d_1 和 d_2 的不同使 $p_1'^* = p_2'^*$。由于 $p_i = p' + d_i$，可以得出此时 p_1，p_2 的均衡解。

根据以上模型分析得知，如果开发商提供的住宅存在差异性，那么即使他们的开发成本不同，也可以在市场中占有一席之地。上述开发商之间的博弈分析从另一个角度解释房价居高不下。当在某次竞拍博弈中乙方采用了不合作战略。由于该博弈是动态的重复博弈，乙方最终所导致的累计损失必然会超过。不合作时所获得的短期利益，不合作是不理性的，双方的最优战略都是合作，合作与串谋成为该博弈的纳什均衡。

（三）消费者之间的博弈

假定有两个消费者甲与乙参与房地产市场，分别有两种行动方案可以选择，即｛观望，购置｝，由于在购置或观望问题上信息完全，其战略与行动相同，即表示为 $S_i =$ ｛观望，购房｝，$i = 1, 2$；S_1，S_2 分别为甲和乙的策略空间，支付函数为 $u_i = u_i\ (s_1,\ s_2)$，$s_i \in S_1$，$s_2 \in S_2$，$i = 1, 2$。支付矩阵如表 4－2 所示：

表 4－2　消费者甲乙购置行为博弈

开发商　乙 ＼ 消费者　甲	购置	观望
购置	(a, a)	(b, c)
观望	(c, b)	(d, d)

注：括号中第一个字母代表 A 的支付，第二个字母代表 B 的支付。

当 $a > c$ 时且 $b > d$，则购置行为成为甲和乙的最优战略，（购置，购置）成为纳什均衡，尽管（购置，购置）并非最优但成为甲和乙的唯一选择。在 $a>c$ 时且 $b<d$，（观望，观望）同样形成纳什均衡。具体出现哪一个均衡与博弈过程相关。如果 $a<c$ 且 $b>d$，将出现（购房，观望）与（观望，购房）两个纳什均衡结果；如果 $b<d$，那么（观望，观望）成为唯一纳什均衡。$a>c$ 条件宽松，即（购房，购房）成为纳什均衡。如果对房地产需要处于该均衡，那么房价可能持续上涨，消费者将积极购置房地产。为资产保值增值可以拓宽其他投资领域分流资金，破除某些垄断领域，诱导私人资本流向实体经济。对于自住购买者购置房产难以通过其他渠道替代，增加保障房可以减弱消费者的购置商品房需求。

上述博弈分析可以在近年房价阶段性涨跌中得到较好体现。当出现 $a>c$ 时，模型结果说明中国从 2005—2008 年房地产市场价格走势，开发商对资金需求大，消费者对住房需求旺盛，供不应求导致房价持续上涨。在 2008 年次贷危机出现之前，消费者出于对住房的真实需求和保值增值目的促使 $b>d$，房地产市场纳什均衡为（购房，购房）回答了房价持续过快上涨原因所在。次贷危机以来房价出现短暂性回落，即 $b<d$ 条件下的情形，次贷危机促使投资者进行资金撤离而选择观望，导致（观望，观望）纳什均衡，房价出现阶段性下跌。中国政府宣布 4 万亿刺激计划之后，投资者对房地产预期发生变化，导致 $b>d$ 情况出现，房价再次报复性上涨。① 随后政府采取限制开发商放贷和对二套住宅消费者限购等行政性措施以后资金出现紧张，即导致 $a<c$ 情形，由于地方政府选择性执行相关政策并没有达到（观望，观望）纳什均衡结果，即房价仍未见明显的普遍性下跌，而是维持在高位小幅波动。

通过消费者之间的博弈行为分析可见，以提高贷款利率、提高自首比、限制放贷款和限购等行政措施并不能顺利达到降低房价目的，拓宽其他投资渠道，破除垄断，放松准入，提供更多的保障房等，用以分流可能进入房地产领域的资金才可能降低房价，让房地产经济在健康轨道上持续发展。

---

① 国家统计局公布 2009 年全国 70 个大中城市的房价涨幅为 1.5%，国土资源部下属中国土地勘测规划院全国城市地价监测组发布该涨幅为 25.1%，为 2001 年以来最高水平。期间，北京、上海等城市涨幅更大。

二、开发商和消费者之间的博弈

房地产市场中最引人关注的是开发商与消费者之间的博弈行为。在开发商维持价格不变、消费者采取观望态度时则整个市场交易氛围变差；当开发商开始降低价格、购房者在市场价格达到心理预期时入市，此时市场逐渐回暖，达到共赢。理性开发商和消费者之间博弈的结果应该是降价和入市，取决于降价幅度和消费者降价预期值是否达到。信息完全条件下，开发商对消费者市场充分了解，同时房地产市场发展对多数房地产企业及其商品房产品也有充分的了解，房地产企业和其消费者双方可获得均衡选择。

表 4－3　开发商和消费者之间的博弈

开发商＼消费者	观望	购买
维持价格	(－5，－4)	(2，－2)
降低价格	(－2，－3)	(2，4)

在表 4－3 中，开发商和消费者围绕“维持价格”或“降低价格”以及“观望”或“购买”选择进行博弈。如果开发商“维持价格”不动，而消费者进行“观望”，则开发商所得最低，消费者也获得负的收益，即这并不是最优选择，事实上无论如何国家都要促进房地产行业发展而不会听之任之如果采取降低价格。如果开发商选择“降低价格”而消费者选择“购买”策略，则双方分别可以实现较高的收益，这是最优均衡结果。在这两种行为选择之外，还存在开发商“维持价格”而消费者“购买”行为，这也许成为所谓“刚需”者的选择；如果开发商选择“降低价格”而消费者采取“观望”战略，则对于双方都是不利的选择。

一般情况下，开发商维持或降低价格带来的收益不同，此时需要外在力量来平衡强势开发商和相对弱势消费者的利益。房地产市场同时存在居住消费者和投机投资者之间的价格博弈但两者目的不同。通常购房投机者消费能力和未来预期乐观，在房地产交易博弈中容易达成交易，从一定意义上讲，房地产投机者和消费者的价格互动博弈导致高房价。为此，从维持价格或降低价格方面来说，规范房地产价格评价体系，健全完善的信息披露机制，让中介咨询服务机构参与价格形成过程，减少开发商败德行为，可以减少交易过程中出现的效率损失。加强政府对开发商的监督，加大对开发商违约行为的惩罚也是实现房地产稳定的重要举措。对开发商违约惩罚和打击不力成为开发商逆向选择行为的外部因素，对开发商违约行为打击力度越大，出现败德行为可能性越低。促进市场专业咨询机构发展有利于开发商和消费者的信息公开。由于部分消费者缺乏对市场的基本识别能力，即使消费者付出监督成本其效果并不如意，难以发现开发商败德行为。借助专业中介咨询机构可以较好地遏制开发商不良行为，这样的中介机构应该得到政府认可或具有一定权威性。

三、政府、开发商和消费者之间的博弈

（一）非合作博弈的建立

假设1：在博弈过程中有四个局中人（$i=1, 2, 3, 4$）：局中人1为中央政府；局中人2为地方政府，局中人3为开发商，局中人4为消费者。局中人策略$s_i \in S_i$，其中$s_1 \in \{A, B\}$，A表示中央政府监督地方政府，B表示中央政府不监督地方政府；$s_2 \in \{T, S\}$，T表示地方政府严格执行调控政策，S表示地方政府不执行调控政策或微弱调控；$s_3 \in \{H, L\}$，H表示开发商维持原价即高价售房，L表示开发商低价售房；$s_4 \in \{Y, N\}$，Y表示消费者购买，N表示消费者观望。

假设2：局中人1即中央政府是公共利益的代表，其理性行为目标是公共利益最大化。假设局中人2即地方政府是理性人，其行为符合参与人利益最大化原则，地方政府具有信息优势。假设中央政府对地方政府执行政策与否的监督成本为G，地方政府执行政策时中央政府的收益为H；地方政府只执行对其自身有利的政策或不执行政策所获得的收益为V，严格执行调控政策的收益为D（$V>D$），严格调控所付出行政成本为M，地方政府不执行政策或微调时中央政府对地方政府惩罚金为F（$F>G$），此时支付矩阵如表4－4所示：

表 4-4　中央政府与地方政府博弈

中央政府＼地方政府	严格执行 T	选择性执行或不执行 S
监督 A	$(H-G,\ D-M)$	$(F-G,\ V-F)$
不监督 B	$(H,\ D-M)$	$(0,\ V)$

假设 3：设政府出台的政策对各类开发商的效用函数的影响是一致的，暂不考虑开发商之间的竞争关系；暂不考虑开发商持有成本和未来收益、贴现系数等因素。

开发商的收益取决于原价格 K 和销售量 Q，降价后 $Q_j=Q+\alpha K_j$，α 是每降一单位价格后增加的销售量，K_j 是较于原定价格所降的价格，L 是地方政府严格执行调控政策时，开发商坚持按原价销售造成的损失，如持有成本等，L_j 是地方政府严格执行调控政策时，开发商选择降价销售时的损失。MC 为销售所耗费的边际成本，暂忽略固定成本。开发商维持原与降价两种情况下，地方政府严格执行调控政策时的财政收入分别为 D_1 和 D_2，选择性执行或不执行时的财政收入为 V_1 和 V_2。假设中央政府对地方政府执行政策进行监管时，可得支付矩阵如表 4-5 所示：

表 4-5　地方政府与开发商的博弈

开发商＼地方政府	严格执行政策 T	选择性执行或不执行政策 S
维持价格 H	$(KQ-MC*Q-L,\ D_1-M)$	$(KQ-MC*Q,\ V_1-F)$
降价 L	$[(K-K_j)Q_j-MC*Q_j-L_j,\ D_2-M]$	$[(K-K_j)Q_j-MC*Q_j,\ V_2-F]$

同理可知，中央政府对地方政府执行政策的监管概率较小时，在开发商维持价格和降价两种情况下，地方政府选择性执行或不执行政策的收益为 V_1 和 V_2。

假设 4：局中人 4 消费者的支付函数为 $u_4=U(E,\ P)$，E 指购房所带来的效用满足，主要包括自住型需求和投资、投机型需求，P 是指为了购买住房所需要支付的价格；为简化分析，假设自住型购房者购买低价房所得到效用满足与其支付相等，以高价购房损失 ΔP，投资、投机型消费者购买高价房效用满足于其支付相等，以低价购房获得 ΔP 的收益。由于抑制消费的政策导致消费者购房时额外的支付为 P_0。当地方政府严格执行中央抑制消费的政策时，支付矩阵如表 4－6 所示：

表 4－6 消费者与开发商的博弈

开发商 \ 消费者	自住型消费者		投资、投机型消费者	
	购买 Y	观望 N	购买 Y	观望 N
维持价格 H	$(KQ-MC*Q-L,\ -\Delta P-P_0)$	$(-L,\ 0)$	$(KQ-MC*Q-L,\ -P_0)$	$(-L,\ 0)$
降价 L	$[(K-K_j)\ Q_j-MC*Q_j-L_j,\ -P_0]$	$(-L_j,\ 0)$	$[(K-K_j)\ Q_j-MC*Q_{j-L},\ \Delta P-P_0)$	$(-L_j,\ 0]$

根据以上分析，对三方利益主体的博弈格局进行海萨尼转换①，即可得出完全但不完美的信息博弈，此处将消费者假定为自住型消费者。

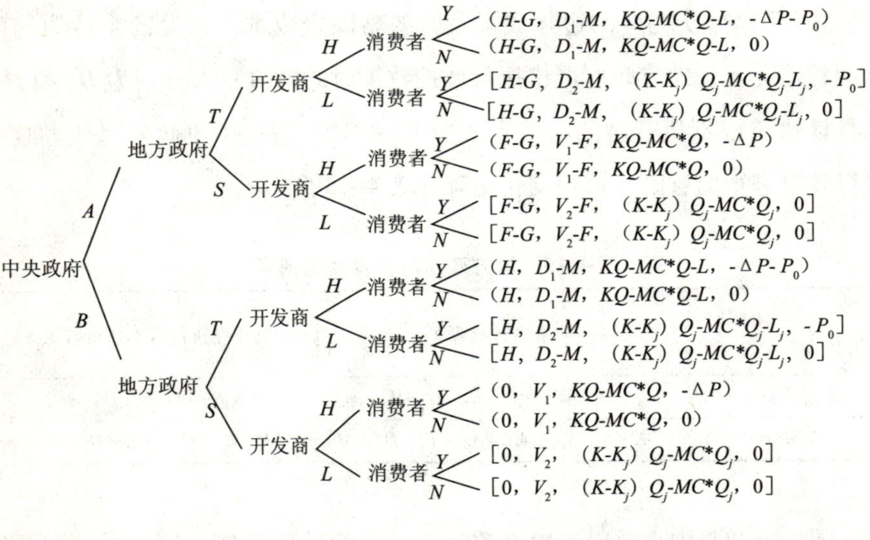

图 4－2 中央和地方政府、开发商和消费者博弈过程中的海萨尼转换

① 把不确定性条件下的选择转换为风险条件下的选择。在风险条件下，B 虽然不知道 A 的类型，但可以知道不同类型的分布概率。将不确定性条件下的选择转换为风险条件下的选择，称为海萨尼转换（Harsanyi transformation）。

（二）博弈分析

由于现实中存在信息不完全和参与人的有限理性，演化博弈论从有限理性的个体出发，以群体为研究对象，认为现实中个体并不是行为最优化者，个体的决策是通过个体之间模仿、学习和突变等动态过程来实现的。本研究运用演化博弈论的复制子动态方法建立动态微分方程，并得出演化博弈均衡。

中央政府与地方政府博弈的均衡解。分析中央政府与地方政府博弈，设 θ 为中央政府监管的概率，γ 为地方政府不执行政策的概率。

中央政府不同选择的期望收益为

$$u(A) = (H - G)\gamma + (F - G)(1 - \gamma)$$

$$u(B) = H\gamma + \theta(1 - \gamma)$$

中央政府的平均期望收益为

$$\bar{\mu}_1 = u(A)\theta + u(B)(1 - \theta) = [(H - G)\gamma + (F - G)(1 - \gamma)]\theta + H\gamma(1 - \theta)$$

中央政府的复制子动态方程为

$$\hat{\theta} = \theta(u(A) - \bar{\mu}_1)$$

同理，地方政府的不同选择的期望收益为

$$u(T) = (D - M)\theta + (D - M)(1 - \theta) = D - M$$

$$u(S) = (V - F)\theta + V(1 - \theta) = V - \theta F$$

地方政府的平均期望收益为

$$\bar{\mu} = u(T)\gamma + u(S)(1 - \gamma)\gamma = (D - M)\gamma + (V - \theta F)(1 - \gamma)$$

地方政府的复制子动态方程为

$$\hat{\gamma} = \gamma[u(T) - \bar{\mu}_2]$$

联立两个复制子动态方程可得

$$\dot{\theta} = \theta(1 - \theta)[-G\gamma + (F - G)(1 - \gamma)] = f(\theta, \gamma)$$

$$\dot{\gamma} = \gamma(1-\gamma)[(D+F-M-V)\theta + (D-M-V)(1-\theta)] = g(\theta,\gamma)$$

要求解此博弈的演化博弈均衡，令 $f(\theta,\gamma)=0$，$g(\theta,\gamma)=0$

解得（$(M+V-D)/F$，$(F-G)/F$）为一个特殊的均衡解。

地方政府以 G/F 的概率选择不执行或选择性执行政策，中央政府以（$V+M-D$）$/F$ 的概率选择监督地方政府的行为。当中央政府的监管的概率大于（$V+M-D$）$/F$ 时，地方政府的最优策略为严格执行中央政府的调控政策，当中央政府的监管概率小于（$V+M-D$）$/F$ 时，地方政府最优策略为不执行或选择性执行调控政策。当地方政府不执行或选择性执行政策的概率小于 G/F 时，中央政府最优选择是不监督，当地方政府不执行或选择性执行政策的概率大于 G/F 时，中央政府最优选择是监督。

中央与地方政府博弈的纳什均衡与中央政府对地方政府的罚金 F、中央政府监管成本 G 以及当中央政府不监管的情况下，地方政府不执行或选择性执行政策与执行政策之间的收益差 $V+M-D$ 相关。中央政府监管成本 G 越高，罚金 F 越低，地方政府不执行或选择性执行的概率就越大；地方政府不执行政策与执行政策之间的收益差 $V+M-D$（除去罚金）占罚金的比重越大，中央政府监督的概率越高，地方政府不执行政策的概率就越低。

非合作博弈结论：首先，中央政府的监管成本高时则地方政府偏向选择不执行政策。由于中央政府与地方政府信息不对称，中央政府的监管成本高，说明中央调控政策出台前后地方政府没有认真执行的原因。其次，中央对地方政府不执行政策的处罚严格则地方政府将严格执行有关政策。“国八条”调控政策并未达到预期效果，由于没有相应的高惩罚机制相配套，导致法不责众。中央政府对地方政府实施高惩罚机制将对地方政府执行政策力度给予正激励。最后，地方政府执行中央调控政策与否取决于其收益和处罚的差异。在信息充分条件下，地方政府如果预期中央政府会选择监管政策执行，则将避免惩罚而选择认真执行调控政策；如果中央为了保证经济增长，则地方政府将迎合经济增长。在严格引入惩罚机制条件下，中央政府可以权衡地方政府执行政策与否的收益与罚金差异以确定政策监管力度。

第三节 地方政府基于晋升的博弈分析

现行多层级的委托代理关系使得土地市场成为利益主体寻求利益的场所。有的地方政府、开发商等利益主体从自身利益最大化出发，收益由现阶段政府享受而成本由后来者承担。在已经形成的各种利益主体左右下，中国房地产调控政策需要切实加以推动和创新。

一、地方政府之间的晋升锦标赛

晋升锦标赛产生激励效应为地方政府土地财政行为提供必然，土地财政运作机制存在一定的内在稳定性，晋升锦标赛不仅导致土地财政的产生，而且在长期的卖地竞争中，地方政府间产生相对稳定的均衡博弈格局，在格局内地方政府缺乏打破均衡激励，导致土地财政问题长期难以根治。晋升锦标赛会产生强大的激励效应，作为地方政府官员尤其是行政首长，上一级政府通常根据经济发展状况进行晋升考核与绩效评估（周黎安，2007）。地方政府官员除了需要促进经济发展，还需要管理其他社会事务，而后者往往缺乏有效明确绩效评估标准可能导致误评，这种情况将对类似官员产生“负激励”效应，长此以往，地方官员将精力重心都放到经济增长领域而忽略社会建设。锦标赛下的晋升“锦标”具有激励效应，假定地方政府之间知道彼此竞逐晋升锦标时的收益，即博弈过程信息充分。本部分将就存在多任务的委托—代理前提下，分别从静态和动态角度分析地方政府间在土地财政行为上的博弈。

1. 完全信息静态博弈分析。在静态博弈中，假设所有的参与人同时行动，或者虽然有行动的先后差异，但是没有人在自己行动前观测到别人的行动。作为博弈参与方，假设各地的地方政府在晋升激励下同时采取行动，或是虽有前后之分，但是地方政府之间都无法预知彼此具体行动方式，由此引入双人“囚徒困境”博弈模型，分析地方政府官员没人愿意打破扭曲的以卖地为特色的晋升锦标赛模式，说明房地产调控中地方政府面临的调控困境。

（1）基本假设。第一，为简化分析，假定博弈过程只有两个参与人，即参与晋升锦标赛的政府 A 和政府 B；第二，假定信息充分，且 A 和 B 都是理性人并追求自身效益最大化；第三，假定 A 和 B 对于土地财政行为的策略面临的选择有两个：一个是依赖，另一个是不依赖，且行动是同时进行的；第四，假定地方政府行为收益的衡量标准主要表现为地方财政收入增加，推动地方经济发展。

（2）博弈过程与结果。在晋升锦标赛下，地方政府通过土地财政发展经济，一方面，利用土地升值获得高额土地出让金，迅速弥补财政收支缺口；另一方面，通过土地的低价出让进行招商引资，促进地方工业经济的快速发展和税收收入的增加，短时间内实现经济增长效果立竿见影。而如果希望依靠其他类似基础设施建设、教育、文化，以及科技创新的投入促进地方经济均衡发展，由于其具有长期性，鉴于其收益的长期性和不确定性，对锦标赛的参赛者的晋升没有意义。

如表 4 - 7 所示，在以经济增长速度为锦标的晋升机制下存在以下策略选择和收益：第一，如果 A 依靠土地财政，政府 B 不依靠土地财政，那么 A 将获得 5 个单位的收益，B 只能实现 1 单位收益。反之，则政府 A 获得 1 个单位收益，而政府 B 则获得 5 单位收益。第二，如果政府 A 和政府 B 都选择放弃实施土地财政，则 A、B 都只能获得 1 单位收益。第三，如果政府 A 和政府 B 都依靠土地财政，则 A、B 都将获得 5 单位收益。

表4-7　晋升锦标赛下地方政府土地财政行为静态博弈

政府B \ 政府A	依赖	不依赖
依赖	(5, 5)	(5, 1)
不依赖	(1, 5)	(1, 1)

在完全信息静态博弈下，晋升锦标赛制度中，理性假设下的地方政府的最优策略选择都是依靠土地财政。在中国官员的晋升体制下，依靠土地财政和不依靠土地财政发展地方经济就形成了博弈的纳什均衡。由于纳什均衡具有较强的内在稳定性，在纳什均衡条件下，博弈的参与者都没有被激励去打破这一均衡。这从静态博弈角度说明了为什么明知土地财政具有不可持续性，却没有一个地方政府放弃土地财政，这一定程度上导致了土地财政问题难以根治。

2. 完全信息动态博弈分析。纳什均衡分析的是在静态的博弈中，参与者中有一方的行为给定的假设前提下，另一方的最优策略的选择。其没有考虑到博弈参与者做出选择是有顺序的，先做出选择的一方可能会对后选择的一方的行为产生影响。为了弥补静态研究的不足，引入完全信息的动态博弈分析，相对应形成的均衡称为子博弈精炼纳什均衡。

不同于静态博弈，动态博弈中参与人行动存在先后顺序，且后行动者在自己行动之前能观测到前行动者的行动。假设地方政府之间的博弈在完全信息的条件下进行，且存在地方政府A和B。地方政府A可选择的行为集合为 X_A = {依赖，不依赖}，同理，地方政府B可选择的行为集合 X_B = {依赖，不依赖}。不同的是，在动态博弈分析中，地方政府对土地财政的行为博弈不是同时进行，而是分先后阶段进行的，且地方政府间都清楚自身在不同情形下的收益。博弈进行的顺序假定为A从可选的行动集合 X_A 中选择一个行动a，B观测到A的行动后从 X_B 中选择一个行动b。政府A和B的不同的行动组合决定了二者在晋升锦标赛中获得不同的收益。在动态博弈中，构筑的博弈树如图4-3所示。

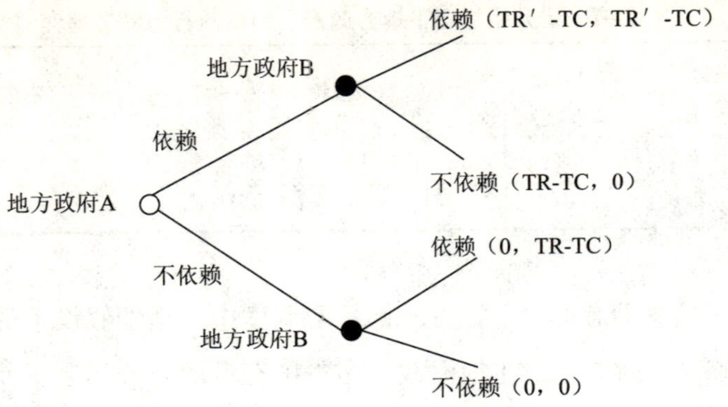

图4-3　完全信息动态均衡扩展式示意

在图4-3中，用空心圆圈表示博弈的开始，即开始结，用实心圆圈表示参与人的决策点，即决策点。假设地方政府A首先面临是否依赖土地财政的选择，根据A的选择，B在此基础上进行选择。TR表示依赖土地财政产生的收益，TC表示依赖土地财政产生的成本，假设在地方政府A土地财政收益的驱动下，其他地方政府纷纷效仿，导致土地财政对晋升产生的收益下降，其值记为TR′，一般而言TR > TR′。假定地方政府A为土地财政行为的先行者，它可以选择依赖或不依赖。而地方政府B则根据A的行为来做相应的选择。

表4-8　完全信息动态均衡标准式

政府A / 政府B	{依赖，依赖}	{依赖，不依赖}	{不依赖，依赖}	{不依赖，不依赖}
依赖	(TR′-TC，TR′-TC)	(TR′-TC，TR′-TC)	(TR-TC，0)	(TR-TC，0)
不依赖	(0，TR-TC)	(0，0)	(0，TR-TC)	(0，0)

地方政府B有两个决策结点，在对应的节点上，B都有四种不同的行为选择模式，具体如表4-8所示。本部分将借用逆向归纳法进行子博弈纳什均衡分析。首先，当B位于A选择依赖土地财政的决策点时，B选择依赖土地财政的收益为TR′-TC，选择不依赖时收益为0。由于在晋升锦标赛的体制下，官员任期有限，由土地财政行为产生的成本对地方政府官员

的自身利益而言几乎为零，即 TR′-TC>0 的，故 B 的最优选择为依赖土地财政；其次，当 B 位于 A 选择不依赖土地财政的决策点时，B 选择依赖土地财政的收益为 TR-TC，选择不依赖土地财政时的收益为 0，故此时最优策略也是选择依赖土地财政；最后，分析政府 A 的行为选择，当 A 选择依赖土地财政时，由于 B 的最优策略选择也是依赖，故 A 的收益为 TR′-TC。当 A 选择不依赖，收益为 0，A 的最优策略选择是依赖土地财政。由上可知该动态完全信息博弈的逆向归纳解为（依赖，依赖），该博弈的子博弈精炼纳什均衡为（依赖，{依赖，依赖}）和（依赖，{依赖，不依赖}）。

从博弈过程来看，基于理性经济人的假设前提下，面临晋升激励的地方政府，纳什均衡（依赖，{依赖，不依赖}）中，地方政府 B 在任何情况下都不依赖土地财政的策略在 A 采取不依赖土地财政的策略情况下是不理性的，因为这么做并未实现自我利益的最大化。纳什均衡（依赖，{依赖，依赖}）表示的行为在任何情况下都符合双方实现自身利益最大化的假设前提。因此，均衡（依赖，{依赖，依赖}）是子博弈完美状态。

在完全信息的动态博弈条件下，无论政府 A 是否依赖土地财政，受晋升激励的效用影响，采取依赖土地财政的策略选择都是局内人 B 的最优选择。基于静态和动态的纳什均衡博弈，在晋升激励的外部效应的影响下，地方政府对土地财政的依赖存在内在的稳定性，在没有外力的冲击的情况下，地方政府对土地财政的依赖很难自我破除。

为了从根源上破解地方政府对土地财政的过度依赖，必须修正当前晋升锦标赛下对地方官员产生的激励的外部负效应。可以通过完善财政分权制度，修订地方官员晋升“锦标”、建立科学的指标体系，实施问责制等制度保障，提升有限财力的使用效能，实现由土地财政走向民生财政的转变（吕炜、王伟同，2009）。财政问责制需要从支出预算编制、执行到决算全过程中的每一项支出确定需要民众监督；建立绩效跟踪机制，预算执行完毕后实施绩效评价，将绩效管理理念贯穿于预算编制、执行、监督等环节。预算绩效管理需要以结果为导向，以项目成本为衡量标准、以业绩评估为核心，对政府资源和资金效益实施全程管理。

二、地方政府和开发商之间的合谋

由于房地产行业费税种类多，从中获取大量税费收入成为地方政府重视房地产发展的重要原因，这些成为地方政府的实际收益，具有发展房地产的内在动力。

政府与开发商之间进行重复博弈。政府与开发商在每阶段的博弈中相互了解获益情况，在一个阶段的博弈是完全信息的动态博弈。设μ为开发商降价的概率，γ_0为地方政府严格执行政策的概率，开发商不同选择的期望收益为

$$u(H) = (KQ - MC \times Q - L)\gamma_0 + (KQ - MC \times Q)(1 - \gamma_0)$$
$$= KQ - MC \times Q - L$$
$$u(L) = [(K - K_j)Q_j - MC \times Q - L_j]\gamma_0$$
$$+ ((K - K_j)Q_j - MC \times Q_j)(1 - \gamma_0)$$
$$= (K - K_j)Q_j - MC \times Q_j - L_j\gamma_0$$

开发商的平均期望收益为

$$\bar{\mu}_1 = u(H)(1 - \mu) + u(L)\mu$$
$$= [KQ - MC \times Q - L]$$
$$+ \mu\{[(K - K_j)Q_j - MC \times Q_j - L_j\gamma_0] - [KQ - MC \times Q - L]\}$$

开发商的复制子动态方程为

$$\hat{\mu} = \mu[u(L) - \bar{\mu}_1]$$

地方政府不同选择的期望收益为

$$u(T) = (D_1 - M)(1 - \mu) + (D_2 - M)\mu = D_1 + (D_2 - D_1)\mu - M$$

$$u(S) = (V_1 - F)(1 - \mu) + (V_2 - F)\mu = V_1 + (V_2 - V_1)\mu - F$$

地方政府的平均期望收益为

$$\bar{\mu}_2 = u(T)\gamma_0 + u(S)(1 - \gamma_0)$$

地方政府的复制子动态方程为

$$\hat{\gamma}_0 = \gamma_0[u(T) - \bar{\mu}_2]$$

联立两个复制子动态方程可得

$$\bar{\mu} = \mu(1-\mu)[(MC-K)(Q-Q_j) - K_jQ_j + L - L_j\gamma_0] = f(\mu, \gamma_0)$$

$$\begin{aligned}\bar{\gamma}_0 &= \gamma_0(1-\gamma_0)[(D_1 - V_1 + F - M) + (D_2 - V_2 - D_1 + V_1)\mu] \\ &= g(\mu, \gamma_0)\end{aligned}$$

求解此博弈的演化博弈均衡，令 $f(\mu,\gamma_0)=0$，$g(\mu,\gamma_0)=0$ 求解即可，可以得到

$\begin{pmatrix}[(D_1-V_1)+(F-M)]/[(D_1-V_1)-(D_2-V_2)], \\ [(MC-K)(Q-Q_j)-K_jQ_j+L]/L_j\end{pmatrix}$ 为一个特殊的均衡解。

据上可知，开发商是否降价取决于降价销售所得收益与维持原价销售所得收益的差额，以及降价与不降价时所支付的损失之间的差额。降价后所得收益越高，维持原价销售所得收益越低，政策执行为开发商带来的降价损失与不降价损失之差越小，则开发商越倾向于降价。

（一）地方政府与开发商的合谋基础

城市出让土地方式包括招标、拍卖或挂牌出让等形式，对于经营性用地均采取竞争性最强的市场化方式进行。地方政府与开发商在房地产交易市场进行招标是不完全信息博弈。首先假设作为拍卖人地方政府给出价最高的开发商。每个开发商的战略选择是根据自己对土地建设的预期收益而独立出价，中标者支付是其对土地的预期减去出价，其他投标人并未支付成本。博弈双方均为理性人，即双方追求利益最大化。

令 b_i 是投标人 i 的出价（$i=1, 2, 3, \cdots$），b_j（$j \neq i$）为其他投标人 j 出价，v_i 是拍卖物品对投标人 i 价值，v_i 只有 i 知道。选择投标人中报价最高者，故第 i 投标人的支付函数为

$$u_i(b_i,b_j,v_i)=\begin{cases}0, if b_i < b_j \\ (v_i - b_i)/n, if b_i = b_j \\ v_i - b_i, if b_i > b_j\end{cases}$$

由于招标人与投标人之间除招标文件外不存在其他协议，参与者独立做出决策，此博弈为不完全信息非合作博弈问题。对给定投标人 i 基准报价 v 和投标报价 b，支付期望函数为

$$U_i=(v-b)\prod \text{prob}(b_i<b)=(v-b)\varphi_{(b)}-I_{(b)}$$

其中，prob（$b_i<b$）是 $b_i<b$ 的概率，Φ（b）$=b-1$（b）是 b 的逆函数即投标人选择 b 时其评估价值为 Φ（b）。开发商博弈过程中效用最大化，即

$$\max_{ui}=\max(v-b)\Phi_{(b)}-I_{(b)}$$

在均衡条件下，Φ（b）$=v$，最优化的一阶条件简化为：$-vdv+(v-b)(n-1)dv=0$，其最优解为：$b^*(v)=(n-1)/n^*v$。

b^*（v）随着 n 增加而增加。当 $n\rightarrow\infty$ 时，$b^*\rightarrow 0$，即投标人越多卖者得到的价格越高；当投标人趋于无穷时，卖者几乎得到买者全部。让更多的开发商参与竞标成为地方政府的利益所在。中标开发商支付（$v-b^*(v)$）趋于零，参加投标开发商陷入囚徒困境。

采用 n 个竞拍人独立估价时，政府先报底价，拍卖各方轮流报价，投标一方可以观察到另一方的报价而出价较高；当 $b_i>v_i$ 时，开发商停止叫价，退出拍卖；当 $b_i<v_i$ 时，继续叫价，最终使 $v_i>v_j$ 且 $v_i>bi$ 时，开发商赢得拍卖。地方政府获得收益而开发商的中标价格 v_i 若是被 i 开发商高估，则 i 面临亏损风险。

以上分析可见，通过竞争性土地出让，政府得到极大利益而开发商收益少。地方政府作为唯一土地垄断卖者，当开发商收益低时将退出市场从而导致地方政府收益减少。由于地方政府从土地拍卖上获得收益，需要与开发商形成某些共识，而不自觉地推高房价。

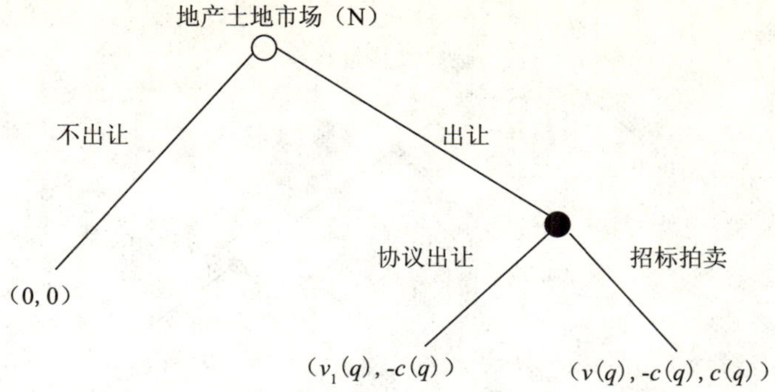

图 4－4　政府与开发商土地交易的博弈模型

设土地开发交易量为 q，土地开发成本为 c（q），从图 4－4 可见，如果采用协议出让方式，则开发商收益 $R_1=v$（q），而政府土地收益为 $-c$（q），经营性土地如采用此方式出让，不可能有交易的纳什均衡，而且导致土地资源的低效率使用和政府权力寻租。采用对 n 个开发商招标拍卖的方式出让土地使用权，开发商的收益 $R=v$（q）$-c$（q），政府的收益 $E=c$（q），根据土地交易双方效用最大化和土地市场供需平衡原则：

在均衡条件下，开发商收益最大化的一阶条件是 $R/q=0$，即 $v'(q)-c'(q)=0$。地方政府收益最大化一阶条件为 $R/q=0$，即 $c'(q)=0$，政府和开发商在土地交易博弈均衡为 $v'(q)=c'(q)=0$，即在土地拍卖时，政府和开发商可以同时达到收益最大化。

（二）开发商与地方政府合谋

接下来分析某个开发商与地方政府合谋。地方政府要求开发商参与拍卖，而且抬高拍卖价格，以使地方政府获取较高收益。此开发商面临两种选择即｛接受，不接受｝，若开发商接受政府要求，他不仅能从拍卖过程中获胜，而且还会得到期望收益即支付 a，而与政府合作后，此开发商不必担心政府对开发后的房产进行管制，这样开发商开发风险降低。

基本假设某个开发商与地方政府均是理性人，此博弈是完全信息动态博弈，如图 4－5 博弈树，该博弈为子博弈精炼纳什均衡。当地方政府选择惩罚时地方政府获得的支付为 c，地方政府承认开发商行为时，地方政府获得支付为 e，因为 $e<c$，地方政府选择惩罚。

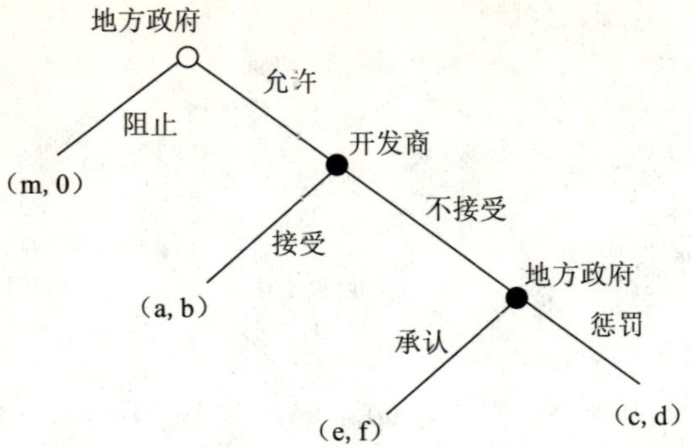

图4-5 地方政府与开发商的博弈树

开发商如果选择不接受地方政府要求则将受到惩罚，开发商获得支付为 d。由于信息完全且 $d<b$，故开发商选择接受，其支付为 b。如果地方政府选择阻止开发商，地方政府得到支付是 m，如果他选择允许，理性房地产商必然是接受，得到支付 a，因为 $a>m$，理性地方政府会选择允许。均衡结果是地方政府选择允许结束，此子博弈精练纳什均衡为（允许，接受），地方政府和开发商支付为（a，b）。

根据上述分析，地方政府有动力和渠道介入房地产市场。房地产市场发展对于地方政府来说，相关土地出让金、税收成为地方政府财政重要来源。中国土地为集体或国家所有特性，使地方政府常从土地征用到土地交易入手，全程参与以土地收益分配为核心的房地产市场利益分配。集体土地经过唯一的合法的征用程序之后土地进入交易环节，地方政府根据城市发展和建设需求，代表国家将国有存量土地或征用农村集体用地进行土地交易。土地是开发商进行房地产开发的首要资源，为获取土地的土地“招拍挂”市场是房地产市场的源头。土地资源配置直接由地方政府代表国家直接垄断交易。地方政府对土地市场渠道和机制如图4-6所示。

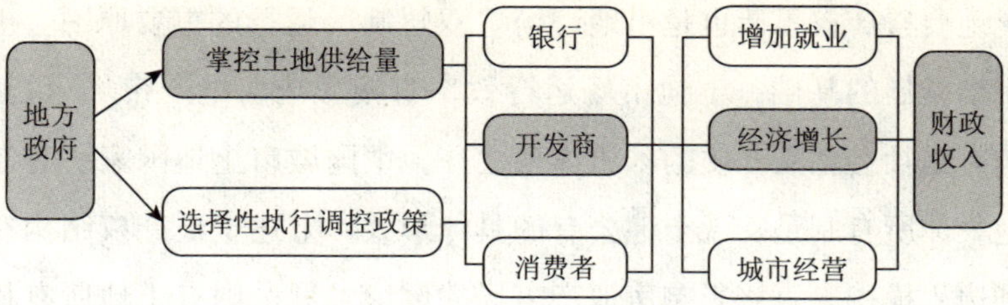

图 4－6　地方政府介入房地产市场的动力和渠道

上述地方政府介入土地交易是地方政府主导的博弈结果。土地市场交易中有地方政府与开发商之间双方利益博弈，参与者目标是在约束条件下以实现利益最大化。地方政府官员基于晋升而获取土地出让金，促进当地经济增长，并且选择性地执行上级政府调控政策。通过城市经营等办法，获取长期的土地出让收益。

三、地方政府主导博弈的有关条件

1. 土地公有产权表现在国有土地和集体土地在使用权上的不完整和不对称，由此导致的土地市场“双轨制”，成为地方政府获取高额土地出让收益的制度基础。在城市内部也存在二元产权结构。城市土地国家所有，由国务院授权各级地方政府管理和经营，地方政府依法出让土地使用权，有偿出让国有土地使用权是在一定时期可以交易、无偿划拨等形式进行产权转移。城郊土地属于农村集体土地，由集体内成员所拥有、占有、使用和收益以及处分。集体土地不能自由交易，只能政府征用土地变成城市用地，政府通过土地使用权出让进行建设。集体土地公有制不是纯粹的国家所有权，而是由国家控制但由集体承受控制结果的产权制度安排。村委会既不是经济法人也不是一级政府，让村民社区性自治组织充当集体土地财产所有者代表，成为有相对独立的利益群体，土地征用过程减少了因为农民个体模糊产权界定下外溢财产权利（周其仁，2004）。政府委托代理层级长，政策意图和信息传递受到阻碍，政府作为民众授权代理者由于任期升迁等表现出非理性经济人特征，其追求自身利益最大化行为动机促使代理方机会主义倾向加大（张维迎，2005）。

土地要素产权不清也是土地市场“双轨制”运行的重要原因。土地为地产市场发展的基础，土地市场运行效率直接影响房地产市场运行效率。土地公有是社会主义性质的本质体现之一，中国城市土地国家所有制和农村土地集体所有制是实现土地公有的具体形式，上述土地产权结构在现实中权利边界模糊，直接影响房地产市场的健康发展。国有土地所有权在中央和地方政府之间没有理顺，城市土地国家所有被定义为由国务院代理行使，实际上务院将城市土地产权交给地方政府行使，国有土地所有权层层代理，实际上是地方政府拥有国有土地的实际控制权，成为城市土地实际所有者，地方政府成为国土资源的管理者和行使者。由于存在严重的信息不对称，中央政府难以监控地方政府行为。城市出让土地使用权期限成为土地使用权人投资的限制条件，土地产权安排缺陷阻碍土地资源有效配置。

2. 分税制后的地方政府追求土地财政收益为代表的预算外收入成为推动地方政府行为特征的重要经济动因。中国房地产市场是生产要素非市场化而收益市场化的特殊市场。城市土地市场多级运行。土地市场运行集中了行政和市场手段，国土地市场存在三种层级，即土地征用、土地使用权出让和土地使用权转让三级。城市土地市场运行首先是土地征用市场，然后将土地以协议、招标或拍卖形式出让给土地使用者，最后土地使用者根据土地供求进行市场化交易，三级市场市场化程度逐步提高。政府垄断国有土地市场招标拍卖，通过市场公开交易的土地供给少，土地供给价格双轨制为土地供给腐败提供了机会。近年来，政府纷纷低价征用农村集体土地之后，通过高价出让获利，导致一系列社会问题。由于土地公有和供给主体垄断，土地市场是行政权和国有土地产权合一的垄断市场，推进土地供给市场化任重道远。

自改革开放以来，中国市场化程度已有较大提升，但生产要素非市场化特别是土地要素市场化滞后，从而导致土地、资金、劳动力等要素价格扭曲，也使收入分配体系出现向资本等要素倾向，部分社会财富转移到少数利益主体之手。利率被限制在均衡价格之下，银行利率越来越扭曲使资金使用低成本导致投资过热与信贷超速增长，房地产业出现非理性繁荣。地方政府房地产建设目的是解决居民住房问题，但一些地方政府追求 GDP 和财政收入，以致地方政府行为完全成为企业利润最大化行为。从来自房地产税收收入占地方税收收入比重逐年增长和总量巨大可知地方政府对开发商的依赖程度高，参见图 4－7。

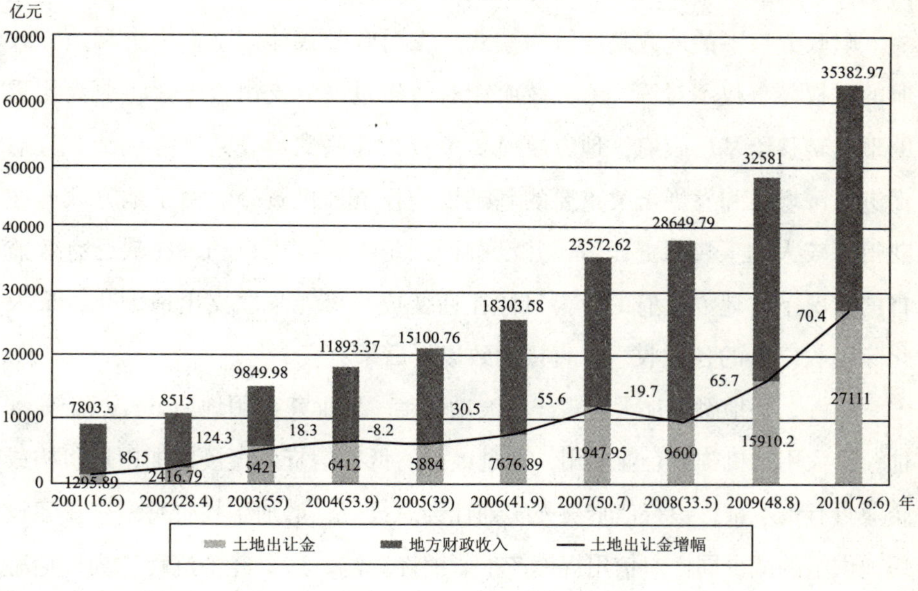

注：年份括号内的数据为土地出让金占地方财政收入的比例

图 4－7　土地出让金、地方财政收入等数据

随着房地产行业的繁荣，土地价格随之水涨船高，地方政府通过拍卖土地而获得大量资金，刺激地方政府热衷于土地拍卖并获取更多的土地财政收益。随着地方政府债务的不断增加，地方政府逐渐形成了对土地财政的依赖。政府尤其是地方政府与开发商具有共同持久利益。据建设部统计数据显示，2006 年全国城市土地出让金净收益为 2978 亿元，但是全国累计用于廉租房的资金仅为 70.8 亿元，占其中的 2.4%。

2009 年 3 月《关于中国房地产企业开发费用的调研报告》显示，房地产开发企业项目开发土地成本占直接成本的比例最高达到 58.2%；而在开发项目的总费用支出中，大约一半（49.42%）流向政府；开发项目的总销售收入中，政府份额占37.36%；房地产税费偏高并且呈逐渐增加趋势。对于企业剩余的真实情况，该调研还做了进一步说明。以单个城市分析，上海的开发项目总销售收入中流向政府的份额最高即61.84%，企业剩余所占份额只有4.15%；而北京市流向政府的份额为42.42%，除土地之外的成本补偿所占份额为45.71%，企业剩余部分只有11.87%。①

财政分权下的地方政府行为模式。在财政分权体制下，中央和地方政府的财权与事权不对等，地方政府相对承担过高的支出责任。将更大比重的事权转移给基层政府，地方政府要负责为那些支持公共服务供给，且对促进经济增长和发展至关重要的基础设施投资提供资金。由于地方政府在获得了较大的事权与责任后，并没有得到足够的收入权利，在缺乏有效监督的情况下，地方政府的行为目标往往变成尽可能争取支出最大化，最大化除税收之外的各种收入，直接导致以下后果：

第一，征地融资加大宏观经济波动幅度。增加建设用地后，经过土地评估，扩大用地机构或企业信用，通过银行的抵押信贷，直接增加用地机构或企业自有资本金，银行信贷被充实到社会总投资，增加了投资总资金。建设用地供给的减少同样对信用规模产生紧缩性影响。这个经济流程称为征地融资，逻辑过程即“农地—建设用地征用—政府向机构和私人转让土地使用权—土地评估—抵押和信贷—投资形成”。当供地数量大起大落的时候，它很有规则地影响企业资本金的变动、进而影响银行贷款量的变动。

第二，土地财政使地方政府推动房地产业发展。各城市来自房地产的收入占城市财政收入的比重不断增大。特别是近几年，许多城市的比重都超过40%。随着规模的扩大，土地出让金在使用中的问题日益暴露出来。对这部分资金使用又缺乏严格的监督管理。一些地方出让土地获得的收益越来越大，这些收入并未纳入本级财政预算，成为一些地方盲目扩大城市建设规模和搞政绩工程、形象工程的主要资金来源。在实际操作中，地方政府获得土

① 全国工商联房地产商会．关于我国地产企业开发费用的调研报告［N］．2009-02-06.

地出让金后，一般先行支付各种土地规费和征地补偿；由于农民权益受损，土地出让金分配亦成为引发农村诸多群体性事件的根源之一。

3. 地方政府选择性地执行相关调控政策成为房地产调控不到位的原因。在过去十余年房地产持续上涨过程中，总体上是由于需求过于旺盛而供给相对不足所造成房地产持续上涨。由于城市土地出让与政府利益密切相关，土地财政成为地方政府提高财政收入的主要手段。地方政府受土地财政利益驱使其在土地供应中有节奏有控制，形成土地市场供给不足。开发商最大的生产目标函数是追求利润最大化。房地产成为当前拉动投资和消费的重要手段之一，政府将房地产作为拉动经济增长的方式且不会强力打压房地产形成理性预期，开发商以捂盘等方式制造紧缺局面，诱导购房者跟风，不断抬高房价。调控目标多元化，政府职能错位及中国房地产现行政策和制度制定的忽视及设计不完善是影响宏观调控政策有效性的主要原因（陈少峰，2009）。

房地产政策和制度设计边界不清，成为地方政府选择性执行房地产调控的理由。房地产市场上政府解决住房问题的调控政策边际界定概念不清晰，政策有效性受到影响。政府社会职能决定了必须将全社会居民有房住作为基本目标，“有住房”与“有房住”二者存在差别，前者包含产权概念。当前房地产政策边际不清晰导致调控房价成为一个笼统的概念，市场和政府保证职能混为一谈，政府控制房价的承诺误导了老百姓的购房期望也带来自身解决民生愿望的压力。《国务院关于解决城市低收入家庭住房困难的若干意见》《廉租住房保障办法》等办法对住房保障制度建设做出了明确规定和规范，但在资金来源落实，资金使用政府责任等保障性住房的法律法规建设方面还需进一步完善落实。2013 年，全国计划新开工城镇保障性安居工程 630 万套，基本建成 470 万套。自 2011 年以来，中国已经开工建设各类保障性安居工程 2400 多万套，建成 1500 万套以上。虽然保障性住房对扩大住房供给和缓解住房压力起到了很大的作用，但保障房建设力度不足，保障房的建设与保障水平仍有较大差距。中国应借鉴国外保障性住房制度安排，建立以廉租房为主体的住房保障法律制度。对廉租房政策，建设资金来源、分配条件、政府执行责任、监督落实机制等做出明确规定。通过保障性住房政策的落实稳定低收入群体的刚性住宅需求预期，为整个房地产市场健康发展提供稳定的市场预期条件。

为促进中国经济快速发展、推动房地产行业的健康可持续发展、协调利益主体各方博弈行为，因此构建房地产利益主体之间的合作型博弈关系成为关键。根据利益主体合作需求创造合作型博弈，有效促进利益主体利益的最大化，构建双赢的战略决策。政府主导多方博弈，政府所释放的政策信号及调控措施对于未来房地产市场走势具有决定性影响。中央政府和地方政府存在目标上的差异，整体利益与局部利益、长远利益与眼前利益的博弈。地方政府在执行房地产市场调控政策时倾向于执行不损害自身利益的政策。由于地方政府是制度执行者，地方政府在多数情况下在信息和行动上占据主动地位。开发商需要根据地方政府所执行的政策来判断当前的房地产市场水平。由于政府无法获得足够的信息，不能精确地引导房地产市场的走向，政府需要等其他利益主体做出决策后才能根据其效用函数判断调控政策是否正确。开发商的终极目标是追求利润最大化。开发商掌握自身开发成本、质量等信息优势。由于住宅具有不可移动性，供给渠道单一，开发商拥有定价权和明显垄断优势，消费者讨价还价的余地有限。在此条件下，政府必须有一个长期一致的政策目标，短期目标可以稍有不同，但必须与长期目标保持一致，以使政策具有连续性和稳定系性。

第五章

土地出让行为与房地产周期波动关系检测

房地产周期波动受到客观经济周期和利益主体博弈的共同影响，其中提及的理性预期对房地产供给和需求都具有重要作用，房地产价格波动除了直接受到收入等重要的价格因素左右以外，还受到土地出让行为的影响，这些土地出让行为主要包括土地出让面积和土地出让收入两个方面的相关变量。土地供应总量的变化可能对房地产商品供应的总量及预期产生影响，而土地供应结构直接影响产品结构及区位分布，土地供应的方式影响房屋供应结构，土地出让监管政策对市场供求具有直接影响，这些都对房价的波动产生干扰，从而影响房地产周期波动。本章将说明土地出让行为与房地产周期波动之间存在显著的正相关关系。这是导致地方政府等博弈行为取向的经济动因。

第一节 房地产波动与土地资源配置

一、土地要素投入与房地产周期关系

国外学者对土地配置与房地产周期的联系具有成熟研究。代表性学者Buttler（1981）研究了土地利用对城市房租、土地租金、房屋设计参数、人口密度的影响，建立了土地利用理论模型，发现地区及房屋土地利用情况均会影响房租、土地租金及房屋设计参数的平衡。相对政府的宏观调控，通过合理的土地规划与开发及对房地产业的监督和管理能更好地调控房地产的投资、控制房价的上涨。Mayer 和 Somerville（2000）建立了描述土地利用和房地产供应关系的结构模型，提出直接向开发商或投资者收取资金成本，或延迟或延长开发程序；研究表明，在该模型中若去掉地价这个输入参数，房地产开端将明显表现为房价波动。Meen 和 Andrew（2004）运用两种不同的模型分析了土地政策、地区改造措施和个人住房的公共财政政策对房地产业的影响。Davis 和 Heathcote（2007）通过对美国房价、房屋成本结构和地价之间的关系研究，分析了土地对房地产市场的影响，结果显示地价波动是房价波动的原始驱动力，地价在房地产市场的风险分担、投资选择及资产价格变动方面均发挥重要作用。房价变化受房屋建造成本、人均 GDP、30～40 岁人口数量的影响，而土地价值在物业价值中比重的变化则受房屋建造成本和人均 GDP 的作用。

多数国外研究文献均表明土地政策和房地产的供给及价格有着一定关系，土地供应会通过限制房屋供给的地点、容积率等因素影响供给弹性，进而影响房地产市场，土地可以在调控房地产市场中发挥较大作用。政府可运用土地政策对房地产市场进行干预和调控，而国外土地政策大多采取规划、法规的方式。

土地出让、土地收益与房地产周期波动之间的关系。国内部分学者对此作过前期研究。宫玉泉（2005）分别就土地供应总量、供应结构、供应方式及管理政策四个方面对房地产市场的影响做了定性分析，结果证明土地供应总量会影响房地产商品供应总量及供求预期；供应结构将影响产品结构及区位分布；供应方式将影响房屋供应结构；监管政策将影响市场供求，进而影响房价。杨小雄等（2009）以地价变化率为分析对象，按计算的警情系数将地块分成五个级别，根据该模型计算了桂平市20个地块的地块变化率，对其进行了级别划分。吴焕军（2011）运用2002—2010年房地产市场的相关数据对土地供应与房地产市场相关指标的关系进行分析，结果表明土地政策将对房地产市场起到一定的调控作用，尤其是将对房地产投资产生较大影响，但其调控作用不及其他调控方式，且短期调控效果不如长期调控效果好，但文章提及的土地政策仅限土地供应量及供应价格，未对土地供应时机及供应结构对房地产市场的影响做出分析。王学龙和杨文（2012）对土地财政下房地产价格的波动状况进行了分析，运用回归分析模型分析中国31个省市房价的影响因素并与国外发达国家的研究结果进行比较，经比较分析认为，土地财政会促使房地产市场投机需求的增加，进而影响房价的变化，改革中国财税制度及地方政府考核制度对促进我国房地产市场健康运行至关重要。

从以上文献可见，中国学者对土地在房地产市场的作用近几年研究较多，大多数的研究结论表明土地对房地产市场的运行能起到一定的调控作用，本章将就如何通过土地资源配置要素的确定控制房地产波动幅度进行相关性研究。

二、土地出让与房地产波动的传导和作用过程

房地产价格波动的实质是房地产供给和需求不断波动的动态过程，而

供给和需求受参与市场的土地出让推动。根据以上对房地产市场土地因素的作用机制分析，梳理出以下关于土地出让和房价之间的逻辑关系：其一，房地产价格波动与土地供求具有正相关的关系。其二，房地产价格与土地供求在短期内存在相互影响的正反馈关系。

土地出让与房地产市场价格变化的传导机制。土地出让价格与房地产价格变化具有内在的传导机制。当房地产价格过快上涨时，土地出让价格上涨，土地出让收入增加，导致房地产市场的成本增加，供给成本增加进一步提高房地产价格，也更加促使地价上涨，最终房地产市场供给成本增加，供给量降低，面对较为刚性的房地产市场需求，供给的减少又使供不应求，地价进一步上涨。在房地产市场价格下降时，土地出让价格随之下降，房地产市场供给成本减少，从而增加供给，造成供大于求的局面，使房地产价格进一步下降。参见图 5－1。

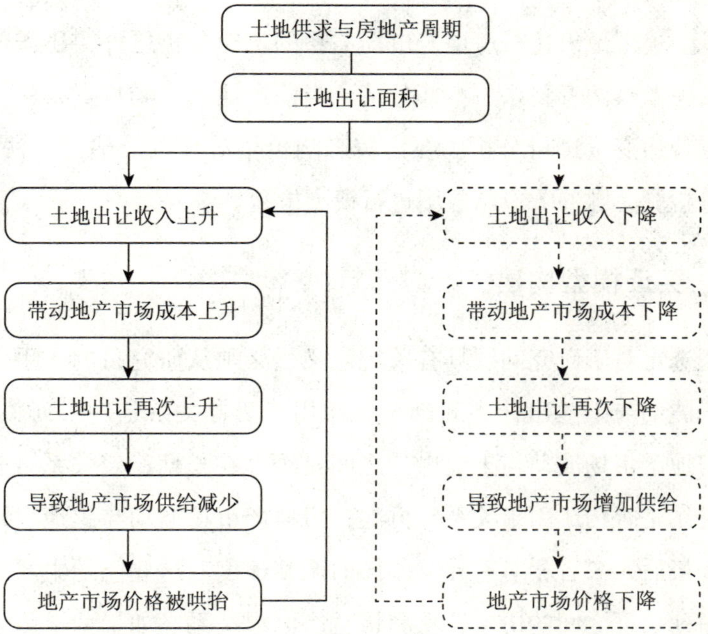

图 5－1　土地出让机制下房地产周期波动过程

在图 5－1 中，在供求关系作用下，土地出让影响未来房地产市场价格走势，影响房地产市场供给成本，对房地产市场供求产生影响，引起房地产价格波动。如果出台针对房地产的土地相关宏观调控政策将有利于房地产市场供求均衡。如果土地出让收入与房地产市场价格一致上升，将导致竞相上升的恶性循环，即图5-1左侧图示含义。相反，如果在既定条件下土地出让与房地产市场价格一致下降，与上述过程相反，房地产市场价格最终下降，即图5-1右侧所示。

第二节　土地出让面积、收入与房地产周期检验模型

除了上述土地出让与房地产市场关系的定性分析之外，还需要从定量分析出发，考察两者关系。本部分结合当前房地产市场特点，从土地要素角度选取合适变量进行分析。在比较影响价格机理以及估计方法基础上，选择协整检验、脉冲响应函数图进行模型检验。

一、实证模型构建

模型选定对于研究问题具有关键意义，必须从研究目的入手，关注房地产市场波动与土地出让之间影响与作用，两者关系是一系列关系集合：首先，房地产市场波动与土地出让之间是否存在长期稳定关系。其次，长期均衡关系是否构成因果关系。再次，房地产市场波动与土地出让之间短期关系。最后，二者相对差异及差异的调整速度。这些问题主要关注于研究时间序列数据之间的协整关系和格兰杰因果关系。如果两个因素之间密切相关，那么变量之间互相具有解释力和预测力。已有大量文献运用不同模型对不同因素之间关系进行研究，有代表性的是向量自回归模型（Vector Auto Regressive Model，VAR 模型）和误差修正模型（Error Correction

Model)，本研究采用前者用来对土地出让和房地产周期指标分别受到冲击后动态的调整过程及各种因素之间的相互影响关系进行分析。

对土地出让收入与房地产波动关系的实证分析分三步进行：首先，对房地产周期指数和土地出让收入增长率的时间序列数据进行单位根检验，以验证各时间序列是否稳定；其次，如果序列同阶单整，就可以进行协整检验，以确定房地产市场和土地出让之间的长期均衡关系；再次，如果序列之间是协整的，利用向量自回归模型或者误差修正模型分析房地产市场和土地出让之间的短期关系，并研究其中某个变量的短期扰动对长期均衡的影响；最后通过格兰杰因果关系检验、脉冲响应分析以及方差分析，验证房地产市场和土地出让之间的长期均衡关系是否构成格兰杰因果关系以及格兰杰因果关系的方向和力度大小。

（一）变量自回归模型

著名学者 Sims（1980）提出向量自回归模型（VAR 模型），将不以经济理论为基础的多方程联立，模型每个方程中的内生变量对模型全部内生变量滞后项进行回归分析，以此基础上估计全部内生变量动态关系，向量自回归对简单单变量自回归过程推广。① 一个单变量自回归过程把一个变量当前值表示成滞后值和当前白噪音革新成分函数，具体表示如下

$$Y_t = \varepsilon_t + \alpha_0 + \sum_{j=1}^{q} \alpha_j Y_t - j \qquad (5-1)$$

对于这个自回归表达式的一个自然推广即在方程右边添加另一个变量的滞后值，如下

$$Y_t = \varepsilon_t + \alpha_0 + \sum_{j=1}^{q} \alpha_j Y_t - j + \sum_{j=1}^{q} \beta_j X_t - j \qquad (5-2)$$

生成向量自回归过程的最后一步把 X 表示成类似式（5－2）的形式

$$X_t = \varepsilon_t + \alpha_0 + \sum_{j=1}^{q} \alpha_j X_t - j + \sum_{j=1}^{q} \beta_j Y_t - j \qquad (5-3)$$

---

① 鲁克波尔·克莱茨希．应用时间序列计量经济学［M］．易行健，等，译．北京：机械工业出版社，2008：109－122.

其中，Y 是式（5－2）中因变量，把式（5－2）和式（5－3）一起称为一个向量自回归过程。一个向量自回归过程（Vector Auto Regression，VAR）包含几个回归。在一个向量自回归过程每一个回归中，左边变量总是在一个变量的 t 时期取值，右边变量总是向量自回归方程左边出现变量滞后值。在向量自回归过程中，普通回归模型中的自变量和因变量之间的区别已不再适用。式（5－2）和式（5－3）这样向量自回归模型描述两个或者更多随机变量如何基于他们过去的联合历史而随着时间变化不断演进。VAR 模型使本模型适合用于预期因素和房地产价格关系之间进行定量研究；解释变量中不包括任何当期变量；对参数不进行零约束；VAR 模型预测简便，可以进行格兰杰检验、脉冲响应及方差分析。

（二）单位根检验

计量经济模型中变量相关系数应该服从正态分布。现实中很多经济变量是非平稳的，若使用非平稳变量进行回归，在大样本或者较高单整阶数情况下，回归结果将全部都是变量之间具有相关关系，这属于一种伪回归现象，为避免伪回归，对时间序列进行分析之前首先要检验序列的平稳性。时间序列是否同阶单整对与模型构建和数量分析十分重要。目前，多重检验方法中常用的是扩展的迪克－富勒检验（ADFTest）。如果单位根检验通过可以进行回归分析；如果不通过必须使用差分等方法对时间序列进行处理。

（三）协整检验

不平稳的时间序列可以通过差分后获得平稳序列并建立模型，但是需要解决变换序列可能限制经济问题范围和序列可能使建立的时间序列模型如何解释。非平稳时间序列线性组合如果平稳，这种组合反映变量长期稳定关系即为协整关系。在建立时间序列组成的 VAR 模型时需要对其是否具有协整关系进行检验。根据检验对象划分，可以分为两种协整检验，即基于回归系数的协整检验，如 Johansen 协整检验；以及基于回归残差的协整检验，如 CRDW 检验等。本部分使用的检验即基于回归残差的协整检验。

（四）脉冲响应函数和方差分解

脉冲响应函数表示随机误差项上加上一个标准差大小的冲击对内生变量的当前值和未来值带来的影响，它用于捕捉这种来自随机扰动项的标准差冲击对内生变量当前和未来取值影响变动轨迹，直观描述变量之间的动态效应。方差分解表示一个变量预测误差方差百分比形式反映变量交互作用。脉冲响应函数用于追踪系统对一个变量冲击效果，方差分解是将系统均方误差分解成各个变量冲击所做的贡献。

构造与传统宏观经济计量模型有很大差别的VAR模型来研究房地产市场和土地出让之间关系，其根据在于：第一，避免划分外生变量和内生变量，区分自变量和因变量等复杂问题。讨论房地产市场和土地出让均有可能即是因变量又是自变量，VAR模型完全利用统计数据来验证假设。第二，VAR模型中经济理论作用仅限于模型构建初期据此推测以选定变量和模型构建过程中滞后阶数确定。房地产市场和土地出让的影响因素均非常复杂，VAR模型对经济理论的超越将使得数据自身来说明问题。第三，VAR模型中解释变量都是变量滞后值，最大限度描述变量动态联系。VAR模型有助于从深层次刻画房地产市场和土地出让反馈链之间的传导机制。第四，VAR模型有两大重要应用，格兰杰因果关系检验和某变量震荡对系统产生冲击的脉冲响应分析和方差分析，对于寻求房地产市场和土地出让之间深层次关系具有参考意义。

二、土地出让与房地产周期关系回归

土地出让行为直接影响土地出让面积和土地出让收入的变化，因此本文在进行土地出让与房地产周期关系回归的过程中，以土地出让面积和土地出让收入为土地出让行为的代理变量，分别测算其自1998—2014年的环比增长率进行研究。在对房地产市场和土地出让关系的基本逻辑判断研究的基础上，以所测算出的房地产周期指数和土地出让收入增长率、土地出让面积增长率为研究对象，为以下分析提供基础数据来源。

在对房地产市场和土地出让关系的基本逻辑判断研究的基础上，以前面所测算出的房地产周期指数和土地出让收入增长率、土地出让面积增长率为研究对象，为以下分析提出基础数据来源。

表 5-1　土地出让增长率和房地产周期指数

年份	土地出让面积增长率	土地出让收入增长率	房地产周期指数	年份	土地出让面积增长率	土地出让收入增长率	房地产周期指数
1999	-0.26858	0.02956	-1.48112	2006	0.40723	0.37286	-0.16429
2000	0.07144	0.15798	-0.39239	2007	0.00834	0.51241	0.869961
2001	0.85869	1.17583	0.410223	2008	-0.2941	-0.16018	-1.37326
2002	0.37431	0.86497	0.174517	2009	0.33133	0.67445	0.326349
2003	0.55843	1.24318	1.34981	2010	0.33016	0.59868	0.870894
2004	-0.06247	0.18277	0.386772	2011	0.14084	0.16973	0.100182
2005	-0.08773	-0.0824	0.298489	2012	-0.03666	-0.11234	-1.37615

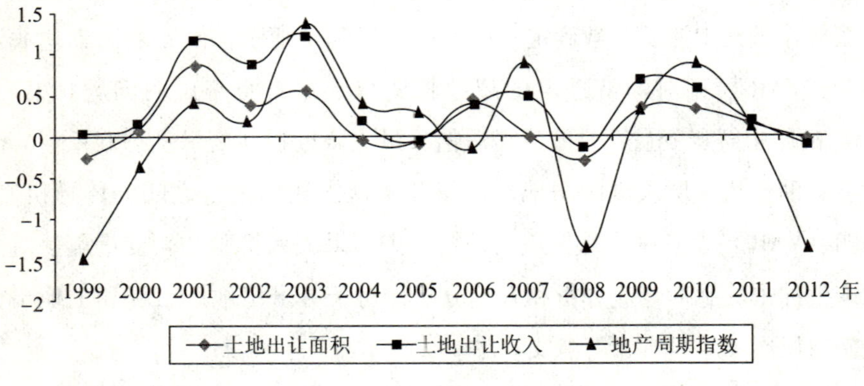

图 5-2　土地出让收入、土地出让面积和房地产周期指数的折线

根据调整后的数据绘制的土地出让收入和面积增长率、房地产周期的折线图，即图 5-2 描述了土地出让收入、土地出让面积、房地产周期指数的变化趋势，三者之间的变化趋势存在一定的一致性。三个变量数据都呈现出波浪变化趋势，基本稳定在 0 之上，其中，房地产周期指数表现出较大的波动性质，波动幅度较大，但是整体与土地出让的两指标走向一致。土地出让面积与土地出让收入在波动趋势上比较一致。可以看出自 2004 年后整体趋势下行，这也得益于 2004 年的土地宏观调控政策。

通过数据整理与分析，本研究试图找出土地出让与房地产周期的关系，下面分别就两个土地因素的变量与房地产周期变量之间的关系进行简单描述。表5－2给出了利用 Eviews 软件得出的房地产周期与土地因素之间的相关系数矩阵，从可以看到房地产周期指数与土地出让收入、土地出让面积之间的同期相关系数分别为0.716和0.616。

表5－2　房地产周期与土地出让的相关系数矩阵

	房地产周期指数	土地出让收入	土地出让面积
房地产周期指数	1.000	0.716	0.616
土地出让收入	0.716	1.000	0.892
土地出让面积	0.616	0.892	1.000

通过这些数据可以得出在选取的时间段之内房地产周期和土地要素都有波动，尤其是两者之间的变化趋势存在一定的一致，这在图5－3关于房地产周期—土地出让收入散点图中得到证明。

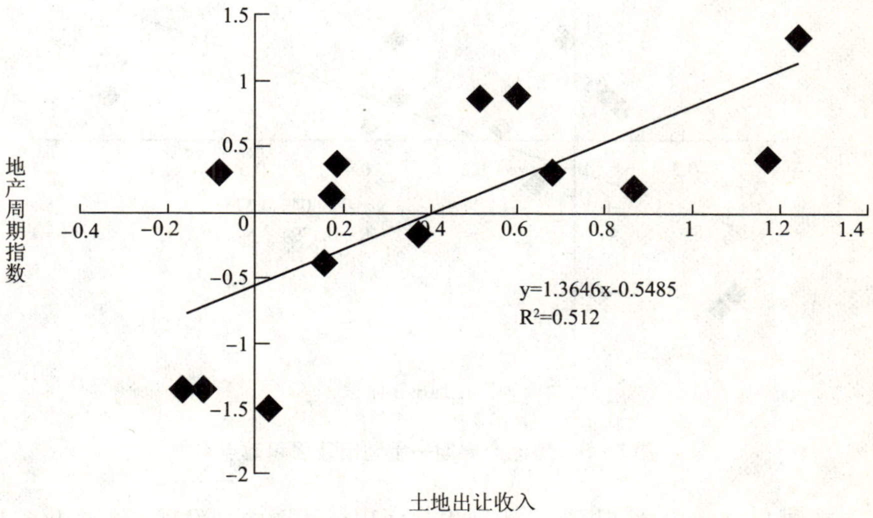

图5－3　房地产周期—土地出让收入散点

而图5－4中，房地产周期—土地出让收入折线图可以很好反应两个数据变化的一致性。

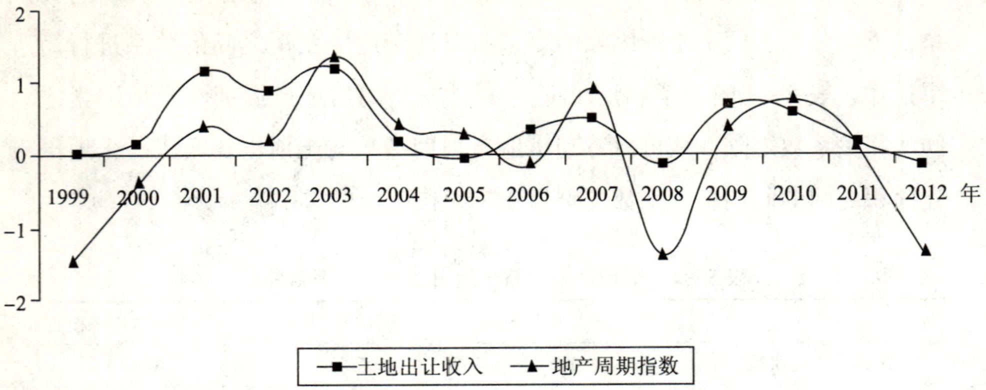

图 5-4 房地产周期—土地出让收入折线

有关房地产市场中土地出让面积，选取土地出让面积增长率来指代。通过图 5-5，房地产周期—土地出让面积散点图，可以看出两者之间变化趋势存在一致性。

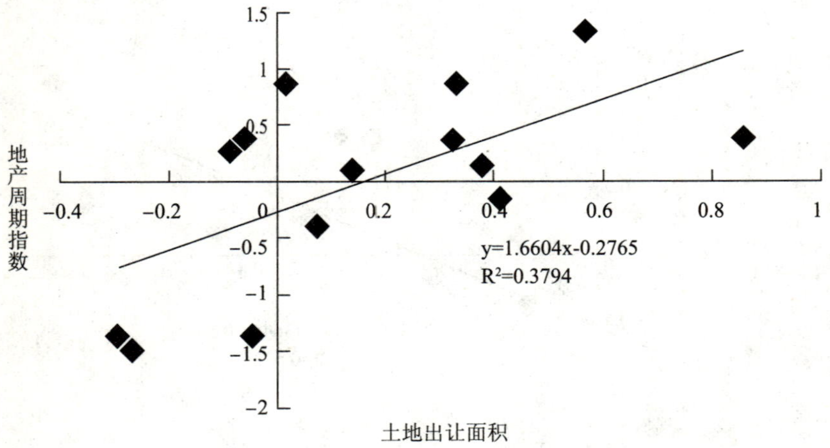

图 5-5 房地产周期—土地出让面积散点

在图 5-6，房地产周期—土地出让面积折线图中，发现基本变化趋势有一致性。

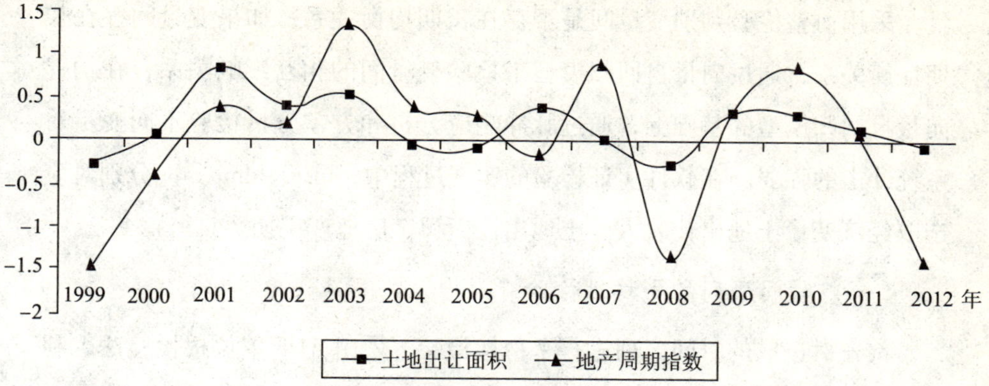

图 5-6 房地产周期—土地出让面积折线

以上只是从数据的整理以及统计分析的角度出发，对房地产周期和土地出让相互间的变化特征做了描述性分析。为更深入发掘中国房地产周期与土地出让之间的关系，利用本章处理之后的相关数据进行计量分析。本研究数据分析和模型检验利用软件 Eviews8.0 进行。

第三节 实证检测过程与结果

上述分析说明中国房地产市场中房地产周期与土地出让之间的一些相关性，但哪一方为主导、房地产周期与土地出让之间谁为因和果或互为因果、是否存在长期和短期的一致，本部分将选择构建向量自回归模型以分析，然后通过协整分析和脉冲响应分析以及方差分析进行计量检验来回答这些问题，最后对计量结果进行讨论并提出政策建议。

一、自回归模型与协整检验

实证分析过程如下，先检验变量的平稳性；如果变量均为同阶单整变量，采用协整检验判别变量间是否存在长期均衡关系；如果变量间存在长期均衡关系，通过向量自回归模型来检验变量间的相互影响关系；在构建向量自回归模型的基础上，通过脉冲响应分析和方差分析检验不同变量对系统冲击的强弱。在软件实证检验的实现过程中，tdsr、tdmj、dc 分别对应选取经济变量土地出让收入、土地出让面积、房地产周期。

（一）时间序列的平稳性检验

首先对选取的时间序列进行平稳性检验，采用 ADF 单位根检验法，利用 SIC 准则来判断滞后阶数。对各时间变量 ADF 平稳性检验发现不平稳，分别对其一阶差分进行检验，检验结果均平稳符合同阶单整的条件，结果整理如表 5－3 所示：

表 5－3　各变量的一阶差分变量 ADF 平稳性检验结果

变量	ADF 统计量	ADF 检验结果（1%）	ADF 检验结果（5%）	ADF 检验结果（10%）	检验形式（C，T，N）
dc***	－4.543	－4.122	－3.145	－2.714	（C，0，1）
tdsr**	－4.083	－4.122	－3.145	－2.714	（C，0，1）
tdmj**	－4.091	－4.122	－3.145	－2.714	（C，0，1）

注：检验形式括号里字母的含义为：C 表示常数项，T 表示趋势项，数字表示滞后阶数；**和***分别表示在5%和1%的水平上显著。

ADF 检验结果表明：房地产周期、土地出让收入、土地出让面积的一阶差分序列的 ADF 值在至少在 5% 的水平下小于 Mackinnon 临界值，故应拒绝单位根假设。选取时间序列是单整序列适用于建立 VAR 模型。

（二）向量自回归模型的建立与协整检验

单位根检验结果表明各变量趋于平稳，属于单整序列，可以进行协整检验。协整检验之前需要对模型进行滞后阶数确定。确定滞后阶数主要考虑其滞后阶数足够大，尽量完整反映变量动态关系；防止滞后阶数过大可能对估计结果的有效性产生较大影响。在进行选择时，需要结合两方面因素进行全面考虑，既保证足够数目滞后项，又有保证模型自由度。确定滞后阶数时，主要使用 AIC 信息准则、SC 准则。建立 VAR 模型时，选用系统默认2阶滞后，通过 Eviews 软件的 Lag Length criteria 进行滞后标准比较，选择2阶滞后，检验结果如表5－4所示：

表5－4　二阶滞后时滞后选择标准

Lag 滞后阶数	Log L 最大 似然估计值	5%水平下 LR 统计量的值	FPE 测量误差	AIC	SC	HQ
0	－10. 65128	NA *	1. 96E－03	2. 275214	2. 396441	2. 230331
1	－0. 476149	13. 56685	1. 74E－03	2. 079358	2. 564265	1. 899828
2	14. 47059	12. 45562	0. 000987 *	1. 088234 *	1. 936821 *	0. 774057 *

注：* 指代相关规则选择的滞后阶数。

从表5－4可见，AIC、SC、HQ 标准统计量均通过二阶滞后。SC 标准倾向于选择精简模型，AIC 标准选择复杂模型。因此选择二阶滞后。滞后阶数选定之后是对模型稳定性的判定，如果阶数选择之后建立模型不稳定，那么之后各种检验所得结果无效。VAR 模型稳定条件是其方程特征根模都小于1。选择二阶滞后重新对几个变量建立模型，使用 Eviews 软件的 AR Roots Graph 观察其根模情况，发现所有根模都在单位圆内，说明所建立的一阶滞后模型稳定，如图5－7所示。

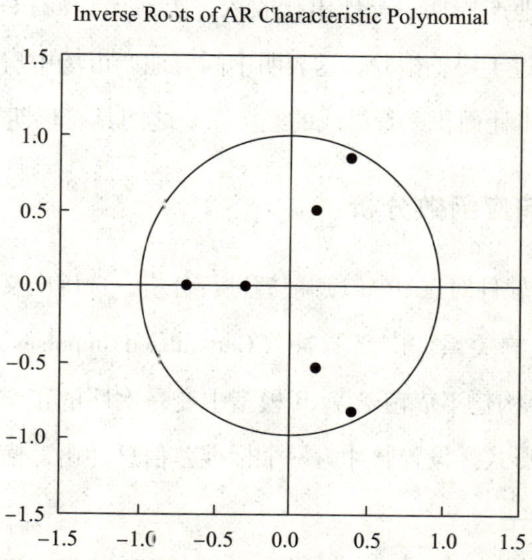

图5－7　二阶滞后模型根模

然后进行 Johansen 协整检验，选择的滞后阶数为 1，得到的协整检验结果如表 5－5：

表 5－5 协整检验结果（迹统计量检验和最大特征值检验）

原假设	迹统计量 Trace Statistic	5%水平下的值	P 值
没有任何关系***	50.11361	35.19275	0.0006
至多一个关系***	25.11829	20.26184	0.0099
至多两个关系	6.140292	9.164546	0.1802
原假设	最大特征值统计量 Max－Eigen Statistic	5%水平下的值	P 值
没有任何关系**	24.99531	22.29962	0.0205
至多一个关系**	18.978	15.8921	0.0158
至多两个关系	6.140292	9.164546	0.1802

注：***表示在 0.01 的水平下拒绝原假设，**表示在 0.05 的水平下拒绝原假设。

从表 5－4 中协整检验的迹统计量和最大特征值统计量的值和对应的概率 P 值结果来看，均拒绝了“没有任何关系”和“至多一个关系”的原假设，接受“至多两个关系”的原假设，认为房地产周期与土地出让收入、土地出让面积之间存在长期稳定的协整关系。

通过建立房地产周期、土地出让收入、土地出让面积三个变量的 VAR（2）模型，并通过了协整检验，这表明中国房地产市场中房地产周期、土地出让收入、土地出让面积三者组成的经济系统之间具有长期的均衡关系。

二、脉冲响应函数分析

运用 Eviews 软件对 VAR（2）模型进行分析，选用广义脉冲函数来刻画各变量之间的影响关系。广义脉冲（Generalized Impulses）函数主要描述 Hashem 和 Shin① 构建不依赖于 VAR 模型中变量次序的正交的残差矩阵，选择分析标准误差形式。设置脉冲为一个标准差信息冲击，横轴表示冲击作用

① H. Hashem Pesaran，Yongcheol Shin. “Generalized Impulse Response Analysis in Linear Multivariate Models”. Economics Letters，1998，Vol. 58，No. 1，pp. 17－29.

的跟踪期。为了更好地观察各变量之间的动态关系，对所有变量进行了40期跟踪，每期为一个季度。纵轴表示变量的变化，实线为脉冲响应函数值随时间变化的路径，两侧虚线为响应函数值加、减两倍标准差置信带，① 结果参见图5-8描述土地出让收入和土地出让面积冲击产生的房地产波动脉冲响应函数图，上图5-8为土地出让收入，下图5-9为土地出让面积。

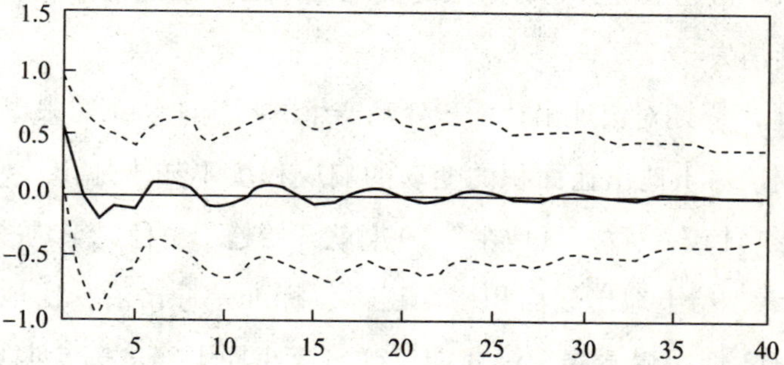

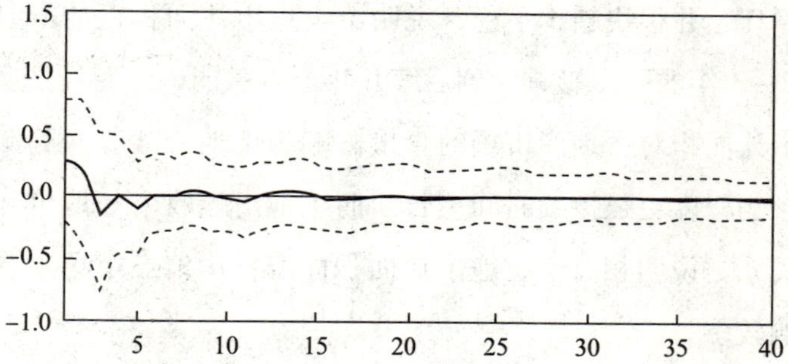

图5-8　土地出让收入和面积冲击房地产市场脉冲响应函数

1. 房地产周期对土地出让收入变动产生响应。从总体来看，上图5-8中房地产周期对土地出让收入响应程度较强烈，波动持续时间长。当给土地出让收入正单位标准差冲击后，房地产市场在第1期极速下降，表现为较高负向脉冲，第2期继续下降，第3期开始为正向反应，处于微弱的增长态势，第6、7期波动逐渐平稳，第8期开始呈现负响应，第10期逐渐反弹，后续波动较为稳定，随着跟踪时间的延长，波幅逐渐变大，波峰波

① 广义脉冲函数是不依赖于VAR模型中变量次序的正交的残差矩阵。

谷值相差越小，最终响应消失。这个脉冲图显示出给土地出让收入正的冲击，对房地产市场带来的冲击是首先极速下跌，然后开始上升，再下跌上升交替波动，这说明房地产市场在土地出让收入升高时出现供给成本加大，需求量明显不足的态势，从而影响市场的表现。然而随着时间的推移，土地出让收入增加使土地供给量增加，在需求不变的情况下，价格随之下降，从而市场状况又趋好。最终房地产市场受土地出让收入的影响变微弱并逐渐消失。

2. 房地产周期对土地出让面积变动产生的响应。从总体来看，图 5－8 中房地产周期对土地出让面积的变动的响应程度不如土地出让收入强烈，但是总体影响趋势一致，只是在第 10 期就开始趋于平稳，影响减弱接近于 0。具体来看，给土地出让面积一个正单位标准差冲击后，房地产市场在第 1 期和第 2 期缓慢下降，第 3 期反弹，第 4 期下降，第 5 期再次上升，波动不断循环，并很快趋于平稳，说明给土地出让面积正冲击会给房地产周期带来 2～3 年的强烈影响，到后续几年影响微弱。这与经济实际情况一致，土地出让面积对房地产市场的直接影响与土地出让收入趋同，但是不如后者的影响程度更强持续时间更长。而土地出让收入与地价和出让面积具有直接关系，说明相对于土地出让面积而言，房地产市场主要受到地价的直接影响较多。

综上所述，短期来看，土地出让收入与土地出让面积对房地产市场的影响在最初期均有较高的负向冲击效应，土地出让收入的冲击效应略高于土地出让面积，说明土地出让收入和土地出让面积在短期内对房地产市场有直接的刺激作用，土地出让收入更加明显；而土地出让收入与面积和价格有直接关系，说明地价对房地产市场在短期有有效的冲击效果。这与中国房地产市场情况相符，土地出让收入的提高直接反映出的市场现象就是房地产供给成本增加，抑制房地产市场供给量，导致房地产市场供给疲软。但是随着时间的推移，市场出现更多土地要素供应，在要素市场需求不变的情况下地价逐渐下降，从而房地产市场供给成本下降，市场供给量增加，市场又回归到繁荣状态。

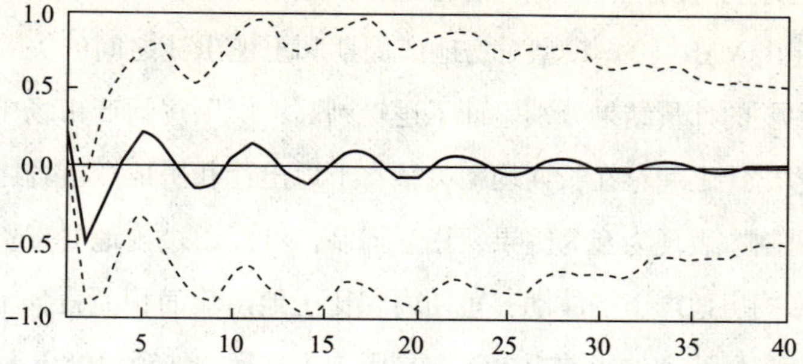

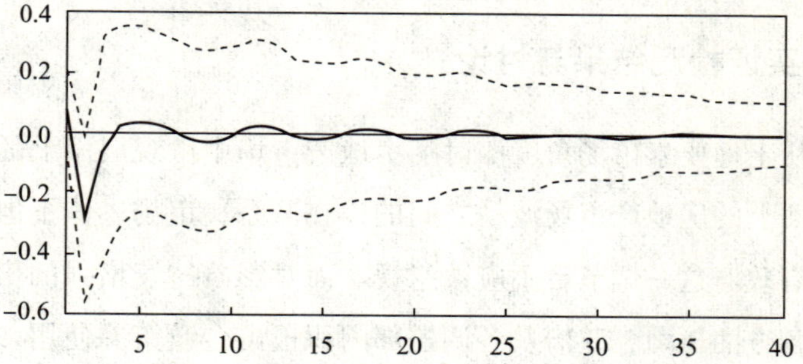

图 5-9　房地产市场冲击产生的土地出让收入和面积广义脉冲响应函数

图5-9描述的是房地产市场冲击产生的土地出让收入和土地出让面积脉冲响应函数图，上图为土地出让收入，下图为土地出让面积。给房地产市场一个正的单位标准差冲击后，土地出让收入和土地出让面积均受到负向影响，并在第2期立即反弹成正向反馈，第5期转成负向效应，最终趋于平稳。但是随着要素市场供给量的增加，价格下降，逐渐有土地供应方退出市场或降价，从而观察图可以看出虽然反应趋势一致，然而土地出让收入和面积在受到房地产市场影响的程度和时间方面有所不同。土地出让收入的反应更加强烈，波动幅度更大且持续时间更长，而土地出让面积虽在前几期反应强烈但是很快趋于平稳。

从总体上来看，不存在任何时滞，房地产市场的变化均都能够有效地作用于土地出让且作用时间为5年左右。但房地产市场变动对于土地出让收入的作用幅度较大，时间较长；而对于土地出让面积的作用幅度较小，时间较短，房地产市场更多倾向于影响土地要素市场的供给价格。

以上通过利用房地产周期综合指数、土地出让收入和土地出让面积增长率数据构建出 VAR（2）模型对房地产周期和土地出让之间的关系进行了实证分析。主要的计量结果分别验证了逻辑判断：中国房地产市场中，房地产周期和土地出让之间存在长期均衡关系；土地出让和房地产市场之间具有一种负反馈机制，表现为互为因果，相互抑制，可以通过土地要素资源配置的宏观调控影响房地产市场波动；短期内相比土地出让面积而言，土地出让收入对房地产市场波动的影响力更大，且影响更长远，波动幅度更大。

三、实证检测结果与讨论

以上从土地要素市场角度探讨了房地产市场中微观层面上的个体行为与宏观层面上的房地产市场波动之间的内在联系，市场主体不但包含土地要素，还有政府这一调节者不应被忽视。面对影响持续增强的房地产市场时，迫于各方面压力，政府及各调控部门积极出台政策并使用多种手段对房地产市场进行调控，希望把房地产市场上涨速度控制在一个合理的范围内。房地产业关联性极强，对国民经济非常重要，当房地产市场可能进入下行周期的时候，各调控部门又需出台政策抑制其下跌。

政府出台几乎每一项调控政策会造成双重后果，即一方面影响土地出让政策，另一方面土地出让政策的调整又进一步影响房地产市场波动。为控制房地产市场波动，实现房地产市场持续健康发展，政府应从土地要素角度考虑，制定相关有效的宏观调控政策以引导土地出让市场的供求，从而实现对房地产市场波动的有效影响。而土地出让市场中出让方为地方政府，其在制定出让政策时受到多重影响，参与多方利益相关者的博弈，尤其在我国晋升锦标赛体制下，展开地方政府之间的竞争更是对土地出让市场的决策行动具有重要影响，考察土地出让市场中地方政府的策略互动和竞争行为对于其后续对房地产市场的影响具有重要意义，是促进房地产周期健康平稳的重要着力点。

第六章

地方政府间土地收益竞争互动效应

前面章节探讨了地方政府在房地产市场中的博弈以及土地出让对房地产市场波动的影响和相互关系，为促进房地产市场有序健康发展，结合房地产市场与土地出让的关系，本章重点探讨晋升锦标赛机制下的地方政府之间如何为土地出让展开策略互动及其后续影响。地方政府之间其实存在基于GDP增长为晋升锦标的竞赛，土地出让金为代表的土地财政可以为地方政府带来较多的GDP增长，这种不同地区之间的地方政府为经济增长而展开的竞争，直接影响房地产的供给和房地产波动。

本章将考察“招拍挂”和协议出让等土地出让行为的策略互动及经济增长效应，结果表明：土地出让行为存在竞赛到底的空间策略竞争；土地财政侧重以协议出让为主的引资策略竞争，土地出让面积相比于收入竞争更显著；经济增长在地理和资本流动的相邻权重下存在空间互补效应，在人口流动的相邻权重下为空间替代效应；土地出让收入刺激土地资源和资本流动相邻省份经济，抑制劳动力流动相邻省份经济，这对于地方政府大肆进行土地出让并取得土地收益具有深层次的解释意义。为此，应该规范地方政府土地出让行为，完善土地财政制度，将地方政府间土地财政竞争纳入全口径财政预算框架条件下，充分发挥土地财政竞争机制对地方政府的激励和约束作用。

第一节 地方政府间土地收益互动策略

一、地方财政压力与征地竞争逻辑

1. 分税制改革提高“两个比重”之后，出现的财权上移和事权留置影响地方政府的发展行为。中国是单一制国家，但存在事实上的中国式财政分权。理论上讲，财政分权是财政资源在中央和地方各级政府之间分配规则和方式，即中央政府给予地方政府某些税收权和财政支出权利边界，允许地方政府根据既定规则自主决定其预算支出规模和结构。财政分权是国际社会的主流，在20世纪90年代早期，在75个有五百万以上人口的国家中，有63个国家实行了不同程度的财政分权。①

中国自1994年以来实施分税制，并对此后中央地方关系产生重要而深刻影响。中国实施分税制改革最初源于“两个比重”过低，即财政收入在国内生产总值比重过低，由1979年的46.8%下降到1993年的31.6%。原有财政包干制度难以保证中央财政随着经济增长而增长；第二个比重过低是中央财政收入在财政总收入中的比重过低，国家宏观调控能力难以确保，中央财政需要通过向地方财政上解以维持预算收支平衡，甚至通过设立基金向地方政府借债度日。分税制改革前后地方财政收入在总财政收入

① William, Dillinger, 1994, Decentralization and Its Implications for Urban Service Delivery. Urban Management Program Discussion Paper 16 (Washington, DC: World Bank), cited in Richard C. Crook and James Manor, Democracy and Decentralization in South – East Asia and West Africa: Participation, Accountability, and Performance (Cambridge: Cambridge University Press, 1998).

中的比重发生巨大变化，形成财权上移和事权留置的后果，基层政府支出责任大而出现地方财政收入和支出巨大缺口。

2. 地方财政缺口成为地方寻求土地收益的直接动力，由此横向形成地方政府之间的“占地竞赛”。地方因为财力和支出责任不对称而出现财政缺口，地方政府行为出现异化。第一，分税制导致相当部分财政收入来源发生变化。由于增值税、消费税划归为共享税，这些税源源于工业活动，特别是生产型增值税有赖于生产产值的增加，激励地方政府追求 GDP 并促进了工业化进程。发展工业需要土地等大量投入，趋利的资本与地方政府优惠的招商引资条件相结合，低价出让土地和过多占用土地成为普遍现象。第二，地方政府分享企业增值税促使地方政府大力发展工业，带动第三产业发展和就业增加，保证财政收入持续增加，为官员晋升打下经济增长基础。当然，发展第三产业同样需要以土地、资本等为支撑。

3. 分税制为中央和地方建立稳定的互动框架，促进地方工业化进程和促使地方政府寻找土地财政事实上成为重要的副产品。① 分税制作为集权化的财政改革，地方政府追求预算内财政收入仍然难以弥补收支缺口，使地方政府寻求预算外和非预算资金收入，其中非预算资金的主体与土地开发相关，成为地方政府重视的财政来源，以土地开发为载体的“城市经营”成为城市发展的阶段性特征，形成大量土地储备，其中占地竞争逻辑如下：分税制后地方政府将财政收入目标放在重要地位，预算内地方财政收入促使地方政府发展工业增加生产型增值税；由于政绩考核中经济增长占有重要的地位，加上干部任期制导致的政府行为短期化，追求 GDP 扩张和外延工业增长成为有其内在动力；地方政府竞相提供以优惠土地为条件进行招商引资，地方政府之间追求 GDP 增长转化为区际之间的竞争并有不断加剧趋势，这一加剧趋势体现在地方政府利用土地一级市场垄断与建设用地管制情况下，竞相提供低成本地价，预算外收入依赖于获取土地征用和出让价格带来的巨大利差（见图 6－1）。

---

① 孙秀林，周飞舟．土地财政与分税制：一个实证解释［J］．中国社会科学，2013（4）．

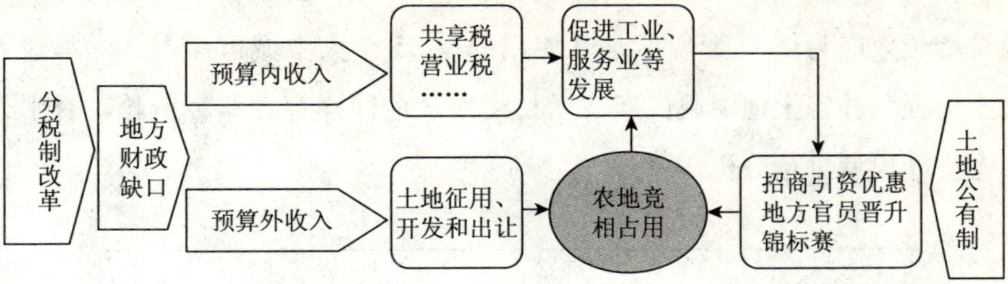

图6－1　分税制条件下地方政府占用土地和获取土地财政收益的形成机理

土地财政收入存在的空间异质性（见图6－2和图6－3）决定了在研究土地出让行为时应考虑引入空间因素进行空间计量模型分析。土地财政的策略互动行为研究主要集中在土地出让形式的跨区跨期竞争行为方面，吴群和李永乐（2010）在中国式分权和地方政府竞争背景下，研究地方财政竞争体制与财政分权对土地财政策略的影响。虽考虑横向竞争策略，但是其选择人均FDI作为地方政府竞争指标与其他项目进行交叉项实证分析，在空间分析中存在局限性。罗必良和李尚蒲（2014）通过反应函数研究土地廉价出让政策的空间策略模仿行为和跨期影响，主要就协议出让和划拨出让行为进行研究，结果表明存在显著的竞争效应。唐鹏等（2014）基于土地出让和土地引资策略，利用空间计量模型分析协议划拨、"招拍挂"面积和总数所表现的出来的空间竞争策略以及激励因素，研究得出财政收支约束引起土地出让策略行为的产生，地方政府之间的资本竞争引起土地引资策略的主要激励。

对土地财政的经济增长效应检测主要来自国内学者杜雪君等（2009）的研究，其认为土地财政促进地方政府增加财政收入和支出的积极性，以及促进固定资产的增加，从而对经济增长的影响为正向促进作用。邹秀清（2013）在提出土地财政库兹涅茨假说的基础上研究土地财政与经济增长的关系，结果表明土地财政对经济增长具有单向促进作用，城镇化、工业化对土地财政具有显著影响，但是其忽略了变量的空间自相关因素可能干扰其经济增长效应。李勇刚和高波（2013）引入空间计量模型，从政治激励的角度分析土地财政对经济增长的影响，研究发现地方政府土地财政存在溢出效应，官员晋升行为和土地财政显著促进经济增长，且土地财政的经济增长效应为倒U形。但是其使用的是35个大中城市样本，样本代表性不够强。并且土地财政的经济增长溢出效应同样存在路径依赖，宜引入动态空间模型进行分析。

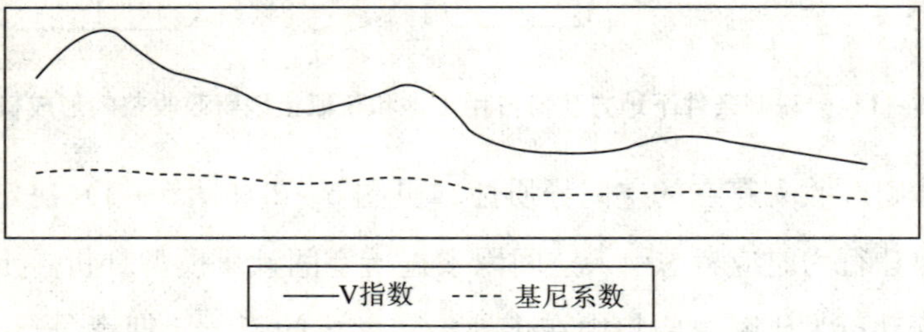

图6-2 人均土地出让收入的变异系数和基尼系数①

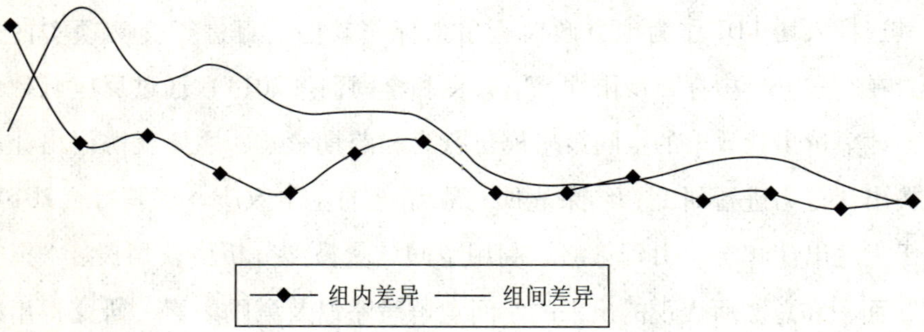

图6-3 地区内部差异与地区外部差异的锡尔指数②

综合目前土地财政策略互动行为和经济增长效应的研究成果，在运用空间计量模型时对空间权重的设定局限于地理相邻权重，影响信息的充分挖掘。事实上，李尚蒲和罗必亮（2010）通过不同口径的土地收入核算，

① 变异系数以1998—2011年土地出让收入观测值的标准差/平均值进行测算。基尼系数传统上用于表示一国或地区居民收入分配差异情况，借用此概念用以表示地区之间土地出让收入差异程度。基尼系数取值范围为［0，1］，当基尼系数越接近零时表示越平等，地区间土地出让收入差异性最小。

② 锡尔指数将总体差异分解为组内差异和组间差异，将全国31个省份根据中部、西部、东部进行分类，得到三组样本，测算组间和组内差异情况。

发现高收入地区的土地财政存在标尺竞争现象。以及“不平等厌恶理论”认为资源的不平衡通过影响决策制定者的损失效用进而影响地方政府间财政政策的策略互动方式，从而产生竞争（赵文哲等，2010）。

地方政府之间的策略互动行为并不仅仅来自地理邻接省份，可能来自经济发展水平相似的省份①、土地资源（人均可利用土地面积）相似的省份、人口（劳动力资源）流动的省份之间、资本流动的省份之间。基于此，本章引入动态空间动态杜宾模型，并且根据资源属性的地区差异选择地理相邻空间权重、经济发展水平相邻空间权重、土地资源相邻空间权重、人口流动相邻空间权重、资本流动相邻空间权重五种空间权重，考察在不同权重下地方政府土地财政行为的跨期跨区空间效应。

二、模型构建与权重设置

1. 空间计量模型。相比于传统的计量模型的区别在于加入了空间效应变量，考察地区与相邻地区观测值的相关性，即某地区的属性与相邻地区显著相关或者不具有相关性。空间计量模型又分为空间自回归模型（Spatial Auto Regressive Model，SARM）和空间误差模型（Spatial Error Model，SEM），其中空间自回归模型中的空间效应主要体现在因变量的滞后项中，而空间误差模型中的空间效应主要体现在误差项中，即主要来自于测量形成的误差。

由于本部分采用的是面板数据，使用空间面板自回归模型和空间面板误差模型。其中空间面板自回归模型（SAR）主要探讨某一地区的属性是否具有溢出效应，表达式为

$$y_{it} = \alpha_{it} + \rho w y_{it} + x_{it}\beta_{it} + \varepsilon_{it} \tag{6-1}$$

w 表示空间权重，wy_{it} 指的是空间滞后变量，主要度量空间邻近地区的

① 虽然有研究考虑到经济发展水平将地区分为东部、中部、西部地区进行研究，但是刻板的划分与各省份经济发展具体情况相去较远，无法真实反映地方政府土地财政行为的策略互动情况，本部分设立经济相邻空间权重考察经济发展水平相近省份之间的策略互动行为有助于解决这一问题。

收入偏离度的溢出效应，β_{it} 代表的是解释变量对被解释变量的主要影响系数，空间面板误差模型（SEM）的基本形式如下：

$$y_{it} = \alpha_{it} + x_{it}\beta_{it} + \mu_{it} \tag{6-2}$$

其中，$\mu_{it} = \lambda w \mu_{it} + \varepsilon_{it}$，为随机误差向量，$\lambda$ 为空间误差系数，表示相邻地区的被解释变量观测值的误差冲击对本地区观测值的影响。ε_{it} 为服从正态分布的随机误差向量，β_{it} 代表的是解释变量对被解释变量的主要影响系数。

由于空间自变量的内生性，采用最小二乘法估计将导致估计系数有偏，本部分在构建空间面板模型后，使用极大似然估计法进行估计回归。

2. 空间权重设置。本部分采取先验设定的方法选择两类五种空间权重矩阵，分别包括代表省份特征的地理相邻权重、经济相邻权重、土地资源相邻权重，和代表资源流动特征的人口流动相邻权重、资本流动相邻权重。具体的权重构造方法如表 6 - 1 所示：

表 6 - 1　空间权重的设置

	权重	设定原则	构造方法	目的
省份特征	地理相邻权重	以两个省份是否拥有共同边界来设定	i 和 j 省份若拥有共同边界，则空间权重 w_{ij} 设为 1，否则为 0	考察地理因素对于空间相关的重要性
	经济相邻权重	依据省份人均产出水平的相近程度来设定	空间权重矩阵 $w_{ij} = 1/\mid pgdp_i - pgdp_j \mid$，其中 $pgdp_i$ 和 $pgdp_j$ 分别表示样本期内 i 省份和 j 省份人均产出均值	考察经济发展水平对于空间相关的重要性
	土地资源相邻权重	依据省份人均可利用土地面积①的相近程度来设定	空间权重矩阵 $w_{ij} = 1/\mid ptd_i - ptd_j \mid$，其中 ptd_i 和 ptd_j 分别表示样本期内 i 省份和 j 省份人均可利用土地面积	考察土地资源水平对于空间相关的重要性

① 人均可利用土地面积被分为农用地和建设用地，而农用地主要是指园地和牧草地，建设用地主要是指居民点及工矿用地、交通运输用地、水利设施用地等。

续表

	权重	设定原则	构造方法	目的
资源流动	人口流动相邻权重	依据省际间人口流动规模的相近程度	空间权重 $w_{ij} = Pm_{ij}$，Pm_{ij} 指的是样本期内 i 省份和 j 省份之间的人口流动规模，包括流入规模 + 流出规模	考察劳动力资源流动对于空间相关的重要性
	资本流动相邻权重	依据省份外商直接投资（FDI）占产出（GDP）比重的相近程度设定	空间权重矩阵 $w_{ij} = 1/\mid Fdir_i - Fdir_j \mid$，其中 $Fdir_i$ 和 $Fdir_j$ 分别表示样本期内 i 省份和 j 省份 Fdi 占产出比重的均值	考察资本流动对于空间相关的重要性

注：根据《中华人民共和国统计法实施细则》和国务院的决定，人口普查自1990年开始改为定期进行，即每10年1次，人口流动权重的测算近似采用《中国2010年人口普查资料》中的省际间人口迁移数据；资本流动本应以省际资本流动规模来设定，但是我国缺乏相关数据，且考虑到中国地方政府发展地区经济的重要手段是吸引外资，只有引资能力接近的省份才会处于同一竞争层面，因此选择FDI/产出比值GDP的相近程度构造资本流动权重。

本部分以经济发展水平相邻进行空间权重设置，从而自然将经济水平类似的区域划为同类，比直接以东中西划分更接近实际情况。因此在经济相邻的空间权重下，后续不再针对东、中、西进行分别分析。鉴于本部分的研究数据为面板数据，表6－1中构造的四种空间权重同时包含时间和横截面维度，也即权重 $W = M \times I$。其中×表示的是矩阵的克罗内克积，矩阵M表示对角为0的31×31横截面维度的矩阵，元素为wij，矩阵I表示的是14×14的时间维度单位矩阵。空间权重均进行行和标准化。

不同权重下对“邻居”的界定：地理相邻权重下地理上具有共同边的省份为“邻居”，经济相邻权重下经济发展水平相似的省份为“邻居”，土地相邻权重下人均可利用土地面积相似的省份为“邻居”，人口流动相邻权重下省际间人口流动相近的两个省份称为“邻居”，对于资本流动相邻权重下引进外资能力相近的省份为“邻居”。根据区域经济理论和政府间的策略互动机制，外溢效应主要发生在地理相邻的地区，而财政竞争则导致资源的跨区流动，设置不同的空间权重矩阵，有助于考察政府间策略互动行为主要是由外溢效应引起的还是地方政府间的财政竞争引起的。

三、样本及变量选择

1. 研究样本。选取全国除香港、澳门、台湾外的31个省级单位2003—2011年共9年的面板数据进行分析，为改善土地出让信息不透明、地价随意性大等问题，从2003年开始根据《招标拍卖挂牌出让国有土地使用权规定》指出，将商业、旅游、娱乐和商品住宅等各类经营性项目用地，必须以招标、拍卖、挂牌方式出让。为方便数据搜集，土地财政的策略互动行为研究区间为2003—2011年，数据主要来源是《中国统计年鉴》《中国国土资源年鉴》《中国土地年鉴》《中国城市统计年鉴》。

2. 研究变量。① 被解释变量：土地出让总收入（Total Land Sales，TLS）、土地出让总面积（Total Land Area，TLA）、“招拍挂”出让收入（Land Auctionsales，LAs）、“招拍挂”出让面积（Land Auctionarea，LAa）、协议出让收入（Land Agreement Transfer Income，LATI）、协议出让面积（Land Agreement Transfer Area，LATA）。中国地方财政收入施行先上交后返还和转移支付政策，导致发达地区的财政收入大于支出，欠发达地区的财政支出大于收入，土地出让金已经成为地方政府土地相关收入的主要来源。土地出让获得收益的方式分为“招拍挂”出让和协议出让两种，协议出让土地是通过低价出让土地招商引资，主要是工业用地，代表土地引资策略，“招拍挂”主要是商业用地，高价获取收益，代表土地财政策略。以“招拍挂”、协议出让、总出让三个方面研究土地财政策略和土地引资策略的互动行为。

解释变量和控制变量。解释变量：总土地出让收入、总土地出让面积、“招拍挂”出让收入、“招拍挂”出让面积、协议出让收入、协议出让面积的空间滞后项。控制变量：经济发展水平（Economic development level，Edl）：滞后四期地区GDP的移动平均值，捕捉经济发展水平对土地财政行为的影响；城镇化水平（Urbanization rate，Ur），主要考察的是地方政

① 为消除量纲影响，均对各个变量取对数。

府的城镇化进度对于土地出让行为的影响，以年末城镇常住人口占地区总人口的比重来衡量；经济开放度（Economic openness，Eo），考察的是地区经济开放程度对于土地财政的影响，以各省进出口总额与产出的比值加以度量；产业结构：第二产业增加值（Added value of the second industry，Avsi）占 GDP 比重，第三产业增加值（Added value of the third industry，Avti）占 GDP 比重。配第—克拉克定理，随着经济发展水平的提高，第一产业占比下降，第二产业比重上升，随着经济进一步发展，第三产业逐渐取代第二产业的经济主导产业地位，这个过程中土地财政指标随着变化；产业就业水平：第二产业就业（Second industry employment，Sie）人数占总就业人数比重，第三产业就业（Third industry employment，Tie）人数占总就业人数比重。

四、模型回归结果

分别以土地总出让收入、土地总出让面积、“招拍挂”收入、“招拍挂”面积、协议出让收入、协议出让面积为被解释变量，建立空间面板模型进行极大似然估计，得出模型估计结果，限于篇幅，完整的空间面板模型回归结果仅列示地理权重下的结果，并根据 Hausman 检验结果从固定效应模型和随机效应模型中选择最合适的模型，将估计结果列示如表 6－2 和表 6－3所示。

表 6－2　地理权重下的空间面板模型回归结果（1）

	土地出让总收入		土地出让总面积		“招拍挂”出让收入	
	SAR 模型	SEM 模型	SAR 模型	SEM 模型	SAR 模型	SEM 模型
β_1 －lnEdl	1.144*** 5.903	1.662*** 10.700	0.007 0.058	0.141 0.985	1.974*** 8.066	2.401*** 14.271
β_2 －lnUr	0.153 0.198	0.267 0.393	0.751 1.352	1.202** 1.981	0.119 0.131	－0.389 －0.489
β_3 －lnEo	－0.234** －2.049	－0.131 －1.160	－0.083 －0.916	－0.085 －0.88	0.048 0.356	0.037 0.288
β_4 －lnAvsi	1.418** 2.356	1.046* 1.744	3.334*** 6.55	3.123*** 6.319	－0.627 －0.887	－0.398 －0.57

续表

	土地出让总收入		土地出让总面积		“招拍挂”出让收入	
	SAR 模型	SEM 模型	SAR 模型	SEM 模型	SAR 模型	SEM 模型
β_5 -lnAvti	1.247** 2.023	1.052 1.621	2.364*** 4.497	2.997*** 5.495	-0.039 -0.054	-0.105 -0.143
β_6 -lnSie	-0.458* -1.810	-0.223 -0.826	-0.220 -1.024	-0.001 -0.004	-0.611** -2.059	-0.390 -1.264
β_7 -lnTie	-0.159 -0.582	-0.131 -0.458	-0.071 -0.298	0.081 0.371	-0.099 -0.308	-0.211 -0.626
ρ	0.323*** 4.883	—	0.431*** 6.95	—	0.180** 2.501	—
λ	—	0.301*** 3.893	—	0.503*** 8.271	—	0.091 1.052
R^2	0.950	0.942	0.922	0.912	0.942	0.933
Log-L	-109.788	-199.816	-145.989	-62.588	-151.664	-239.193
LM	38.144***	29.938***	53.743***	43.076***	52.829***	35.394***
LR	570.8***	390.8***	355.2***	522***	518.6***	343.54***
Hausman	113.62***	12.810	12.736	40.02***	-29.34***	8.122

表 6-3　地理权重下的空间面板模型回归结果（2）

	“招拍挂”出让面积		协议出让收入		协议出让面积	
	SAR 模型	SEM 模型	SAR 模型	SEM 模型	SAR 模型	SEM 模型
β_1 -lnEdl	1.295*** 6.932	1.853*** 13.112	-0.431** -2.012	-0.431 -1.457	-1.071*** -4.165	-1.683*** -5.503
β_2 -lnUr	-0.244 -0.334	-0.836 -1.284	0.730 0.750	0.198 0.157	1.068 0.862	1.110 0.937
β_3 -lnEo	-0.004 -0.037	-0.038 -0.352	-0.026 -0.154	-0.548*** -2.72	-0.090 -0.491	-0.287 -1.497
β_4 -lnAvsi	-0.059 -0.103	-0.178 -0.311	2.692*** 2.691	2.368** 2.307	3.748*** 3.865	3.563*** 3.662
β_5 -lnAvti	-0.330 -0.567	-0.692 -1.137	2.179** 2.091	2.509** 2.216	3.760*** 3.778	4.384*** 4.039

续表

	"招拍挂"出让面积		协议出让收入		协议出让面积	
	SAR 模型	SEM 模型	SAR 模型	SEM 模型	SAR 模型	SEM 模型
β_6 - lnSie	-0.303 -1.267	-0.183 -0.717	-0.021 -0.05	-0.110 -0.239	0.104 0.256	0.450 1.021
β_7 - lnTie	-0.106 -0.411	-0.238 -0.864	-0.039 -0.08	0.123 0.270	0.024 0.054	-0.109 -0.255
ρ	0.292 * * * 4.229	—	0.460 * * * 7.275	—	0.596 * * * 11.382	—
λ	—	0.178 * * 2.145	—	0.500 * * * 8.192	—	0.599 * * * 11.200
R^2	0.935	0.923	0.815	0.789	0.826	0.717
Log - L	-93.481	-184.192	-337.834	-266.319	-252.067	-258.089
LM	39.103 * * *	25.313 * * *	60.213 * * *	51.192 * * *	118.074 * * *	95.651 * * *
LR	519.7 * * *	338.3 * * *	228.5 * * *	371.6 * * *	339 * * *	327 * * *
Hausman	-15.275 *	7.919	-2.185	-73.5 * * *	27.533 * * *	-26.2 * * *

从拉格朗日乘数（LM）检验和似然比（LR）检验结果来看，选用的空间模型合理。从模型拟合程度 R 平方来看，模型的拟合程度较好。

从控制变量的回归系数来看，地区经济发展水平对土地财政的影响，除土地总出让面积和协议出让收入的 SEM 模型外，其他均有显著影响，其中，经济发展水平对土地出让收入、"招拍挂"出让收入和面积具有刺激作用，而对协议出让收入和面积则具有抑制作用，且系数较小。说明经济发展水平较高的地区拉动"招拍挂"出让土地规模的扩大，而对协议出让土地规模则具有抑制作用，这可能是由于经济发展水平较高的地区第三产业发展更快，对商业用地的需求量更大，从而促进了"招拍挂"土地出让规模的增加。城镇化水平除在空间误差模型下对土地出让总面积具有促进作用外，其他均不显著，这可能是由于一方面城镇化进程的加速，使政府对建设用地形成大量需求，抑制了土地出让市场的供给量；另一方面城镇化使农村人口部分转移到城市，土地供给量增加，土地出让规模扩大，综合这些因素，城镇化对土地出让规模的影响不显著。

经济开放水平对土地财政的影响主要体现在土地出让总收入和协议出让收入方面，均具有抑制作用，可能是由于具有高经济开放度的地区具有较高的引资需求，因而不惜以降低土地出让价格为优惠政策吸引资本，从而导致该部分土地出让收入的减少，而协议出让正是该种土地引资策略的主要出让方式，协议出让收入受到影响。地区 GDP 中第二产业增加值比重和第三产业增加值比重对“招拍挂”收入和面积为抑制作用但影响不显著，对土地出让总收入、面积，及协议出让收入、面积具有显著促进的作用，对协议出让面积的影响尤为显著，影响系数非常高，这可能是由于随着二、三产业的发展，对外资的需求更为迫切，因此扩大了协议出让规模。在劳动力就业对土地出让的影响方面，除第二产业的就业对总土地出让收入和“招拍挂”收入具有抑制作用外，其他情况均不显著。

表 6-4 不同空间权重下的空间策略互动效应（1）

	地理权重		经济权重		土地权重	
	SAR 模型	SEM 模型	SAR 模型	SEM 模型	SAR 模型	SEM 模型
土地总出让收入	0.323*** 4.883	0.301*** 3.893	0.333*** 4.194	0.442*** 5.49	0.331*** 3.958	0.425*** 4.832
土地总出让面积	0.431*** 6.95	0.503*** 8.271	0.461*** 7.653	0.308*** 3.214	0.461*** 7.653	0.495*** 5.755
“招拍挂”出让收入	0.180** 2.501	0.091 1.052	0.180** 2.501	0.215** 2.243	0.180** 2.501	0.063 0.570
“招拍挂”出让面积	0.292*** 4.229	0.178** 2.145	0.309*** 3.854	0.133 1.332	0.311*** 3.663	0.275*** 2.765
协议出让收入	0.460*** 7.275	0.500*** 8.192	0.490*** 8.051	0.386*** 4.544	0.490*** 8.051	0.662*** 10.696
协议出让面积	0.596*** 11.382	0.599*** 11.200	0.596*** 11.382	0.440*** 5.454	0.596*** 11.382	0.645*** 10.055

表 6-5　不同空间权重下的空间策略互动效应（2）

	人口权重		资本权重	
	SAR 模型	SEM 模型	SAR 模型	SEM 模型
土地总出让收入	0.328*** 3.711	0.450*** 4.636	0.323*** 4.883	0.234*** 3.036
土地总出让面积	0.461*** 7.653	0.645*** 9.236	0.461*** 7.653	0.377*** 5.453
“招拍挂”出让收入	0.180** 2.501	0.231** 2.055	0.180** 2.501	0.031 0.370
“招拍挂”出让面积	0.306*** 3.423	0.328*** 3.148	0.292*** 4.229	0.155* 1.929
协议出让收入	0.490*** 8.051	0.676*** 11.056	0.462*** 7.359	0.417*** 5.935
协议出让面积	0.596*** 11.382	0.852*** 28.350	0.559*** 10.402	0.469*** 7.485

总体来看，在不同的空间权重下土地出让总收入、面积，“招拍挂”出让收入、面积，协议出让收入、面积，除“招拍挂”收入在地理权重和资本权重下的 SEM 模型未通过检验外，其他模型的空间滞后项系数均显著。说明在不同权重下土地财政行为存在显著的空间策略互动效应。从空间滞后项的系数值来看，均为正值，体现出土地出让在地方政府间的空间策略互补行为，即具有显著的竞赛到底特征。类比中发现，土地出让面积在空间效应上相比于收入更加显著，说明在地方政府间的策略互动行为主要以出让面积为竞争指标。且协议出让的空间效应最强，其次是土地总出让，最后是“招拍挂”出让。可见地方政府在土地财政竞争方面更加侧重与以低价出让土地为优惠政策的引资策略竞争。

具体来看，协议出让收入和面积在土地资源相邻权重和人口流动相邻权重下的空间策略互动行为尤为显著，系数最高，在 0.6 左右，说明在人均可利用土地面积相近，及人口流动较大的地区之间协议出让行为的空间互补性较强，表现出极为相似的出让行为。一方面，这可能是由于土地资源邻近的省份协议出让土地规模可能更为相近；另一方面，劳动力资源流动规模较大的省份之间产生直接人才竞争，为提供更多就业岗位，形成对外资引进的迫切需求，因而表现出竞赛到底的协议出让行为。

“招拍挂”出让主要是经济权重下的空间策略互动行为更加显著，说明经济发展水平邻近的省份表现出的“招拍挂”出让行为更加一致，这也验证有关学者关于高收入地区的土地财政存在标尺竞争现象结论，经济发展水平相近的地区“招拍挂”出让的竞争也更加激烈。首先，这可能是由于“招拍挂”出让主要是商业、旅游、娱乐和商品住宅等各类经营性用地，经济发展水平相近的地区对相应用地的需求比较相近，因此体现出策略互补行为。其次，在人口流动权重和土地权重下，策略互动行为比较显著，说明“招拍挂”出让行为在劳动力资源流动相近或者土地资源相近的省份之间存在竞赛到底现象。

观察土地总出让的空间策略互动，首先可以看出在人口流动相邻权重和地理相邻权重下的空间策略互动更显著，竞争程度更高，系数最高达到0.645。其次土地资源权重和经济权重。最后资本权重。可见劳动力资源的流动情况、地理相邻、土地可利用资源情况，以及经济发展水平是否相近对土地出让的策略互动行为具有显著影响。

第二节 土地财政策略互动经济增长效应检测

本部分基于1999—2012年的中国除港澳台外31个省级政府数据进行研究。被解释变量为经济发展水平，以地区人均GDP为代理变量，解释变量主要是土地财政收入，以土地总出让金为代理变量，研究变量均取自然对数。

一、土地财政收入与经济发展水平的空间自相关检验

利用 Geoda 对土地财政收入和经济发展水平进行空间自相关检验，测算代表空间相关性的 Moran 值及其显著性水平。

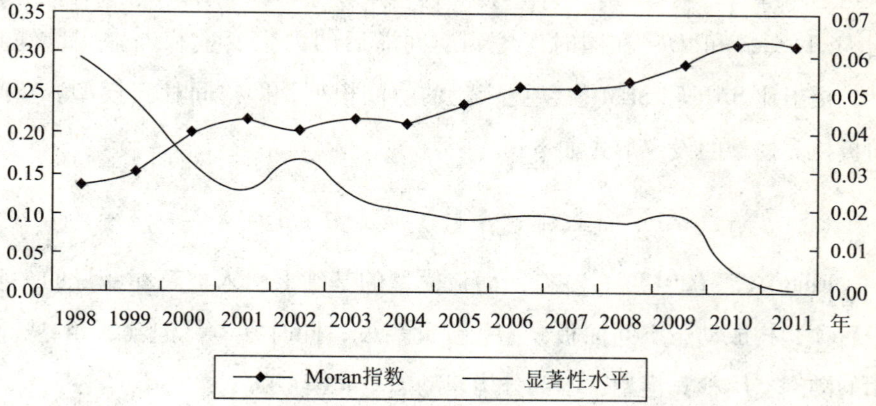

图 6－4　经济发展水平的空间相关性显著性检验结果

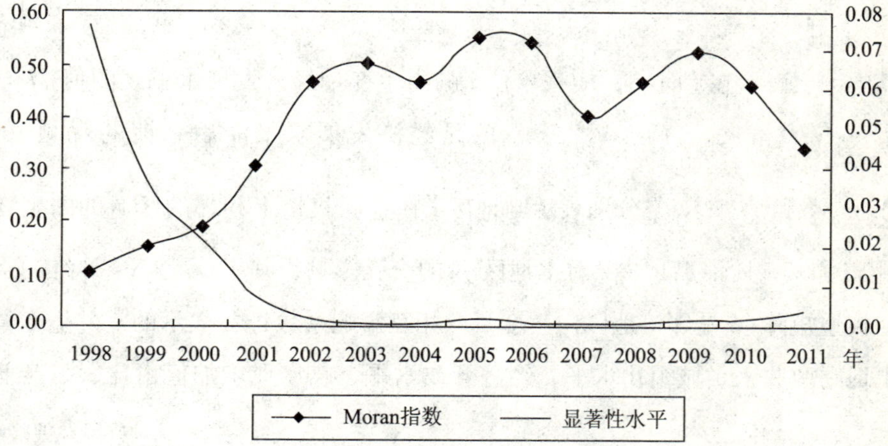

图 6－5　土地出让收入的空间自相关显著性检验结果

从变量的空间自相关检验结果可以看出，土地出让收入和经济发展水平的 Moran 指数呈现逐年上升态势，且显著性水平均在 0.1 内，认为两者均存在显著的空间自相关性，可以使用空间面板模型进行参数估计。

二、动态空间面板杜宾模型及适用性检验

1. 动态空间面板杜宾模型。Anselin 提出当检测个体之间存在空间依存关系时，实证研究中应考虑引入空间滞后变量，或者考虑误差项服从空间自回归过程。其进一步将空间面板模型分为空间滞后模型和空间误差模型。① LeSage 和 Pace 在同时考虑到空间滞后的内生变量和外生变量基础上，提出比 SAR 和 SEM 模型更广泛的空间模型，即空间杜宾模型。空间面板杜宾模型的设定形式如下：

$$y_{it} = \delta\sum_{j=1}^{N} w_{ij}y_{jt} + x'_{it}\beta + \sum_{j=1}^{N} w_{ij}x'_{jt}\theta + \mu_i + \lambda_t + \varepsilon_{it} \qquad (6-3)$$

Elhorst 等（2013）② 在空间面板模型的基础上引入被解释变量的一阶滞后项，构成动态空间面板模型，受此启发，同时参考吕健（2014）③ 使用的动态空间杜宾模型，本部分构建动态空间模型如下：

$$y_{it} = \tau y_{t-1} + \delta\sum_{j=1}^{N} w_{ij}y_{jt} + \eta\sum_{j=1}^{N} w_{ij}y_{jt-1} + x'_{it}\beta + \sum_{j=1}^{N} w_{ij}x'_{jt}\theta + \mu_i + \lambda_t + \varepsilon_{it} \qquad (6-4)$$

其中，y_{it} 表示在 t 时期，横截单位 i 的内生变量经济发展水平观测值（$i = 1,\cdots,N; t = 1,\cdots,T$）；$y_{t-1}$ 表示的是经济发展水平滞后一期的观测值；$\sum_{j=1}^{N} w_{ij}y_{jt}$ 和 $\sum_{j=1}^{N} w_{ij}y_{jt-1}$ 分别表示与地区 i 在空间权重上相邻的区域的内生变量 y_{jt} 和其一阶滞后项 y_{t-1} 对本地区 y_{it} 的交互影响，其中 w_{ij} 是 N * N 维的空间权重矩阵；δ 是邻接地区内生变量的相互影响系数；x'_{it} 表示的是外生变量土地财政收入、城镇化水平、经济开放水平、二产业增加值占比、三产业

---

① L Anselin, J Le Gallo, HJayet, et al.. Spatial Panel Econometrics, In the Econometrics of Panel Data, Fundamentals and Recent Developments in Theory and Practice [M], 3rd ed. the Netherlands: Kluwer, 2008: 627 -662.

② The Impact of Interaction Effects among Neighbouring Countries on Financial Liberalization and Reform: Elhorst J. P., Zandberg E., Haan J. de. (2013) A Dynamic Spatial Panel Data Approach. Spatial Economic Analysis 8: 293 -313.

③ 吕健. 影子银行推动地方政府债务增长了吗 [J]. 财贸经济, 2014 (8).

增加值占比、人口密度、FDI、二产业就业、三产业就业等,① x'_{jt} 为 i 地区的空间滞后外生变量向量；θ 与 β 类似，是不随时间变化的待估参数向量；μ_i 表示 i 地区在空间上的固定效应；λ_t 表示的是在时间 t 上的固定效应；ε_{it} 表示服从独立同分布的误差项。

2. 动态空间杜宾模型的适用性检验。（1）拉格朗日乘数（Lagrange Multiplier，LM）检验和 Moran 检验。LM 检验是就非空间模型估计得到的残差进行 $\chi^2(1)$ 分布检验，Moran 检验是对变量的空间相关性进行检验，若均拒绝原假设，则认为空间模型更合理。（2）Wald 检验。Wald 统计检验分为 Wald－SAR 检验和 Wald－SEM 检验，检验 SDM 模型是否可以简化为 SAR 模型或 SEM 模型。原假设分别为：$H_0^1:\theta = 0$ 和 $H_0^2:\theta + \delta\beta = 0$，统计量服从自由度为 k 的 χ^2 分布。若均拒绝原假设，则认为 SDM 模型比 SAR 模型和 SEM 模型更合理。

3. 动态空间面板杜宾模型的固定效应与随机效应检验。（1）似然比（Likelihood Ratio，LR）检验。似然比统计量被定义为有约束条件下与无约束条件下似然函数最大值之比，是服从 χ^2 分布的统计量。原假设分别为空间固定效应或时间固定效应不显著的存在，若均拒绝原假设，则认为空间时间双固定效应模型更加合理。（2）Hausman 检验。Hausman 检验固定效应模型和随机效应模型的适用性，原假设：$H_0:h = |\gamma_{Fe} - \gamma_{Re}|' |var|\gamma_{Fe} - \gamma_{Re}||^{-1}|\gamma_{Fe} - \gamma_{Re}| = 0$，其中 γ_{Fe} 和 γ_{Re} 分别表示固定效应和随机效应模型中的参数估计量，统计量服从 χ^2 分布。若拒绝原假设，则认为应该采用固定效应模型。

4. 直接影响与溢出效应检验。考虑点估计检验空间溢出效应可能存在偏误，Lesage 和 Pace 利用求解偏微分的方法分析不同模型下变量的变化产生的冲击［13］，将动态 SDM 模型改成矩阵形式，将（6－4）作差分变换：

① 其中人口密度（Population density，Pd），主要考察的是地区人口密度对于地方经济可能产生的影响，是以辖区人口除以辖区面积；FDI（Fdi）主要考察地区引进外资的水平，用 FDI 占 GDP 的比重衡量。

$$\Delta y = (1-\delta W)^{-1}[(\tau-1)I + (\delta+\eta)W]y_{t-1}$$
$$+ (1-\delta W)^{-1}\beta X + (1-\delta W)^{-1}\theta WX$$
$$+ (1-\delta W)^{-1}(\mu+\lambda+\varepsilon) \quad (6-5)$$

得到关于第 1 到 N 区域的 X' 中第 k 个变量的偏微分矩阵如下：

$$\left|\frac{\partial\ \Delta y}{\partial\ x_{ik}}\cdots\frac{\partial\ \Delta y}{\partial\ x_{Nk}}\right| = \begin{vmatrix} \frac{\partial\ \Delta y_1}{\partial\ x_{1k}} & \cdots & \frac{\partial\ \Delta y_1}{\partial\ x_{Nk}} \\ \vdots & \vdots & \vdots \\ \frac{\partial\ \Delta y_N}{\partial\ x_{1k}} & \cdots & \frac{\partial\ \Delta y_N}{\partial\ x_{Nk}} \end{vmatrix}$$

$$= |1-\delta w|^{-1}\begin{vmatrix} \beta_k & w_{12}\theta_k & \cdots & w_{1N}\theta_k \\ w_{21}\theta_k & \beta_k & \cdots & w_{2N}\theta_k \\ \vdots & \vdots & \vdots & \vdots \\ w_{N1}\theta_k & w_{N2}\theta_k & \cdots & \beta_k \end{vmatrix} \quad (6-6)$$

其中，β_k 表示的是动态空间杜宾模型中第 k 个变量对内生变量产生的直接冲击，而对“邻居”地区产生的溢出效应则由 $\sum_{i=1}^{N}\sum_{j=1}^{N} w_{ij}\theta_k/N(i \neq j)$ 计算得到。对直接影响和溢出效应的计算主要使用如下分解公式：$|1-\delta w|^{-1} = 1+\delta w+\delta^2 w^2+\delta^3 w^3+\cdots$，预先设定等式右侧 δ 和 w 的次数，可以避免矩阵 $|1-\delta w|$ 的复杂求逆过程，便于获得每次参数联合抽样的直接与溢出效应。

5. 内生性问题。Elhorst 和 Freret（2009）① 提到工具变量估计有可能使空间效应的系数估计值落在参数空间外，而使用动态空间杜宾模型，引入解释变量的空间滞后项，有助于较好地解决模型中空间自相关的遗失变量产生的内生性问题。动态空间杜宾模型的估计方法是极大似然估计法，在做出一致无偏估计时，空间项系数受到对数似然函数中雅克比项的约束，从而有效地解决内生性问题。

① Elhorst J. P.，Fréret S.. Evidence of political yardstick competition in France using a two – regime spatial Durbin model with fixed effects. Journal of Regional Science，2009，49：931 –951.

三、动态空间杜宾模型回归结果

1. 空间面板模型的适用性检验。首先基于省级面板数据，设置不含空间效应的面板模型进行估计。① 在非空间面板模型回归的基础上进行 LM 检验和 Moran 检验，若均拒绝原假设，则认为应该采用空间面板模型。空间权重的设置影响检验结果，分别就地理相邻权重、经济相邻权重、土地资源相邻权重、人口流动相邻权重和资本流动相邻权重下的模型回归结果进行 Moran 检验、LM 及其稳健性检验，结果如表 6－6 所示。

表 6－6　Moran 指数与 LM 检验结果

	地理权重	经济权重	土地权重	人口权重	资本权重
Moran I	0.494***	0.467***	0.432***	0.461***	0.396***
LM－SAR	69.988***	124.412***	85.381***	40.107***	54.056***
R－LMSAR	45.858***	80.391***	59.446***	22.402***	40.061***
LM－SEM	209.184***	289.113***	286.137***	409.930***	135.406***
R－LMSEM	185.054***	245.092***	260.202***	392.226***	121.411***

注：括弧内数值为系数的 t 统计量；***、** 和 * 分别表示通过 1%、5% 和 10% 的显著性检验；LM－SAR：（LM 检验）内生变量空间滞后影响统计量；LM－SEM：（LM 检验）空间误差自相关影响统计量（下同）。

表 6－7 中五种权重下，Moran 检验均通过了 1% 的显著性水平。从 LM 检验结果来看，五种权重下的 LM－SAR 检验和 LM－SEM 检验均拒绝原假设，支持至少一种空间面板模型。检验结果认为空间面板模型相对于非空间面板模型具有合理性，应使用空间面板模型进行参数估计。

2. 回归结果分析。以经济发展水平为被解释变量进行估计，估计结果见表 6－7：

① 本部分在非空间面板模型下分别估计了混合面板模型、空间固定效应、时间固定效应，及空间与时间双固定效应模型的系数，目的是对这些估计结果进行空间模型的适用性检验，限于篇幅，非空间面板模型的估计结果不予列示，仅显示检验结果。

表 6－7　动态空间杜宾模型回归结果

	无空间效应双固定模型	含有空间效应模型				
		地理相邻	经济相邻	土地相邻	人口流动相邻	资本流动相邻
τ	1.037 * * * 158.583	1.022 * * * 68.556	1.014 * * * 70.342	1.014 * * * 73.199	1.010 * * * 77.226	0.987 * * * 67.397
δ	—	0.113 * * * 2.752	－0.098 －1.342	0.109 1.460	－0.262 * * * －3.073	0.138 * * 2.428
η	—	－0.029 －0.570	0.156 * 1.792	－0.172 * －1.952	0.264 * * 2.498	－0.134 * －1.944
β_1 －lnTls	0.015 * * * 10.682	0.002 1.334	0.003 1.630	0.003 * 1.756	0.002 1.319	0.003 * 1.719
β_2 －lnUr	0.011 1.047	0.002 0.267	0.004 0.536	0.007 0.961	0.010 1.341	0.008 1.040
β_3 －lnEo	－0.022 * * * －6.754	－0.007 －1.443	－0.011 * * －2.178	－0.011 * * －2.399	－0.010 * * －2.204	－0.013 * * －2.500
β_4 －lnAvsi	0.045 * * 2.176	0.105 * * * 5.468	0.073 * * * 3.638	0.073 * * * 3.710	0.098 * * * 5.487	0.095 * * * 4.803
β_5 －lnAvti	0.010 0.434	0.027 1.247	0.006 0.280	－0.010 －0.482	0.035 * 1.751	－0.003 －0.148
β_6 －lnPd	－0.002 * * －2.126	0.001 0.535	0.000 0.575	0.000 0.307	0.001 0.747	0.000 0.504
β_7 －lnFdi	－0.006 * * －2.126	0.001 0.602	0.001 0.361	0.002 0.941	0.000 －0.083	0.000 0.132
β_8 －lnSie	－0.044 * * * －4.058	0.009 0.943	－0.008 －0.923	－0.005 0.524	－0.008 －0.903	－0.008 －0.868
β_9 －lnTie	0.026 * 1.670	－0.027 * * －2.341	－0.032 * * * －2.737	－0.027 * * －2.280	－0.017 －1.465	－0.031 * * －2.485
θ_1 －lnTls	—	0.000 0.036	－0.001 －0.107	0.000 －0.070	－0.012 * －1.818	0.009 * * 2.084
θ_2 －lnUr	—	0.016 1.291	－0.013 －0.597	0.044 * * 1.962	0.045 * * 2.164	－0.002 －0.163
θ_3 －lnEo	—	0.008 0.789	0.018 1.421	0.008 0.448	0.008 0.384	0.018 1.608

续表

	无空间效应双固定模型	含有空间效应模型				
		地理相邻	经济相邻	土地相邻	人口流动相邻	资本流动相邻
θ_4 - lnAvsi	—	0.098 * * 2.486	0.229 * * * 3.191	0.129 * 1.808	0.320 * * * 3.152	0.036 0.579
θ_5 - lnAvti	—	0.027 0.570	0.044 0.579	-0.039 -0.486	0.443 * * * 3.675	0.015 0.305
θ_6 - lnPd	—	0.000 0.215	0.003 0.975	0.001 0.236	0.001 0.269	-0.001 -0.454
θ_7 - lnFdi	—	-0.018 * * * -3.951	-0.015 * * -2.349	-0.014 * -1.897	-0.014 -1.582	0.009 * 1.757
θ_8 - lnSie	—	0.009 0.491	0.023 0.930	-0.017 -0.511	-0.149 * * * -3.729	-0.008 -0.373
θ_9 - lnTie	—	-0.043 * * -1.930	0.071 * 1.692	0.036 0.786	-0.231 * * * -4.526	0.007 0.307
σ^2	0.002	0.000	0.000	0.000	0.000	0.000
Log - L	784.280	1164.245	1156.583	1152.730	1179.931	1149.237
$Corr^2$	0.997	0.952	0.951	0.950	0.956	0.949
J - Sig. 个体	223.889 * * *	—	—	—	—	—
J - Sig. 时点	385.099 * * *	—	—	—	—	—
Wald - SAR	—	38.6629 * * *	37.827 * * *	30.891 * * *	88.007 * * *	19.813 * *
LR - SAR	—	39.8069 * * *	37.627 * * *	30.767 * * *	79.484 * * *	18.899 * *
Wald - SEM	—	48.6558 * * *	37.393 * * *	28.061 * * *	74.424 * * *	19.569 * *
LR - SEM	—	47.2406 * * *	38.141 * * *	30.093 * * *	64.516 * * *	21.738 * *
Hausman	—	113.7068 * * *	43.001 * * *	37.7847 * *	75.128 * * *	53.306 * * *

注：$Corr^2$：指的是相关系数平方，是测度模型拟合的指标，真实值与拟合值之间相关系数的平方；Wald - SAR：Wald 内生变量空间滞后统计量；Wald - SEM：Wald 内生变量空间自回归统计量。

首先，Wald - SAR 和 Wald - SEM 统计量在五种空间权重下均通过 1%的显著性检验，因此实证研究模型应该采用比空间滞后模型和空间误差模型更加广义的动态空间杜宾模型；其次，从 Hausman 检验结果来看，均通过了 0.05 的显著性水平，说明在不同的空间权重下，固定效应模型均比随机效应模型更合理；最后，对个体固定效应和时间固定效应是否同时显著性存在进行检验，本部分采用的是似然比检验，原假设分别为空间固定效应或时间固定效应不显著存在，结果如表中的 J – Sig. 个体和 J – Sig. 时点值所示，由检验结果可知，P 值均小于 0.01，似然比检验均拒绝原假设，认为空间与时间的固定效应均显著存在，回归模型的空间固定效应模型中同时包含个体和时间的双固定效应。综上所述，应该选择双固定效应的动态空间杜宾模型进行估计。

从经济增长水平的空间效应来看，被解释变量经济发展水平的空间滞后项系数分别在地理相邻、人口流动相邻和资本流动相邻权重下显著，其中在地理相邻和资本流动相邻权重下系数为正值，体现出策略互补行为，而在人口流动相邻权重下为负值，体现出策略替代行为，且空间效应较强。而在经济相邻和土地相邻权重下空间效应不显著。可见在劳动力流动相近的省份之间，邻接省份的经济发展水平对本省份经济的抑制作用较强，可见为争夺劳动力资源，两省份之间展开了激烈竞争，出现零和博弈的状况。而在地理邻接省份和资本流动邻近省份之间经济增长具有明显的空间外溢效应，地区经济增长使地理邻居省份经济发展收益，也有助于促进资本流动密切的省份经济增长。

从经济增长跨期效应来看，经济增长水平的一阶滞后项在五种空间权重下对经济增长均具有显著的正向刺激作用，而其滞后项的空间效应在除地理相邻权重外的其他权重下表现显著，其中在经济相邻权重和人力流动相邻权重下体现为显著空间互补效应，而在土地资源相邻和资本流动相邻权重下体现为显著的空间替代效应，即本省份经济增长滞后项对经济发展水平相近和劳动力流动相近省份经济发展具有刺激作用，且在劳动力流动方面该效应尤为显著。

土地出让收入在土地资源相邻和资本流动相邻权重下，对经济增长具有显著的正向刺激作用，而其滞后项则在人口流动和资本流动权重下具有显著的空间效应，且方向相反，在劳动力资源流动相近的省份之间土地出让收入的空间滞后项具有抑制经济增长的作用，而在资本流动相邻权重下则为促进经济增长，可见土地出让收入对劳动力流动的邻居省份经济增长具有显著的抑制作用，而在资本流动相近的省份为刺激经济增长。

城镇化水平对经济增长影响不显著，但是其空间滞后项在土地资源权重和人口流动权重下具有显著的刺激经济增长作用；经济开放水平对经济增长具有显著的抑制作用，而其空间滞后项则在空间权重下不具有显著的空间效应；第二产业增加值对经济增长具有显著的促进作用，其空间滞后项在除资本流动权重外，其他权重下同样具有刺激经济增长的作用，尤其对经济权重和人口权重的经济增长刺激作用最强；第三产业增加值及其空间滞后项仅在人口流动权重下具有显著的经济增长效应，空间效应系数达0.443；人口密度及其空间滞后项不具有显著的经济增长效应；FDI的空间滞后项在除人口流动权重外具有显著的空间效应，在资本权重下具有微弱刺激经济增长的效应，在其他权重下为抑制经济增长；第二产业就业对经济增长影响不显著，其空间滞后项在劳动力流动权重下具有显著的抑制经济增长效应；第三产业就业除人口权重外，均具有显著抑制经济增长的作用，其空间滞后项在地理、经济、人口权重下具有显著的空间效应，经济权重下为刺激经济增长，其他权重下为抑制经济增长。

四、解释变量的直接影响和溢出效应检验

Lesage 和 Pace 考虑到点估计方法检验变量的空间溢出效应可能存在偏误，利用求解偏微分的方法解释了不同模型下的变量冲击水平。依据空间杜宾模型的估计结果，本部分计算得到解释变量在不同空间权重下的模型中发生的变动情况，以分析变量对经济增长表现出的直接影响和空间溢出效应，估计结果见表6-8。

表 6-8 直接效应与溢出效应

		lnlpgdp	lnTls	lnUr	lnEo	lnAvsi
地理权重	直接效应	1.025***	0.002	0.002	-0.007	0.108***
	溢出效应	0.094***	0.000	0.019	0.008	0.120***
	总效应	1.119***	0.003	0.021	0.001	0.228***
经济权重	直接效应	1.013***	0.003	0.004	-0.011**	0.069***
	溢出效应	0.052	-0.001	-0.012	0.018	0.210***
	总效应	1.066***	0.002	-0.007	0.007	0.279***
土地权重	直接效应	1.013***	0.003*	0.008	-0.011**	0.074***
	溢出效应	-0.064	0.000	0.050*	0.008	0.153*
	总效应	0.950***	0.003	0.058*	-0.003	0.227***
人口权重	直接效应	1.010***	0.002	0.009	-0.010**	0.093***
	溢出效应	-0.001	-0.010*	0.035**	0.008	0.242***
	总效应	1.009***	-0.008	0.044**	-0.002	0.334***
资本权重	直接效应	0.987***	0.003*	0.008	-0.012**	0.097***
	溢出效应	0.005	0.010**	-0.003	0.018	0.053
	总效应	0.992***	0.014**	0.005	0.006	0.150**
		lnAvti	lnPd	lnFdi	lnSie	lnTie
地理权重	直接效应	0.028	0.001	0.001	0.009	-0.028**
	溢出效应	0.033	0.000	-0.020***	0.01	-0.052**
	总效应	0.06	0.001	-0.019***	0.02	-0.080***
经济权重	直接效应	0.006	0.000	0.001	-0.009	-0.034***
	溢出效应	0.042	0.003	-0.014**	0.019	0.070*
	总效应	0.048	0.003	-0.013*	0.011	0.036
土地权重	直接效应	-0.011	0.000	0.002	-0.005	-0.027**
	溢出效应	-0.044	0.001	-0.016*	-0.018	0.037
	总效应	-0.055	0.001	-0.014	-0.023	0.009
人口权重	直接效应	0.027	0.001	0.000	-0.005	-0.012
	溢出效应	0.354***	0.000	-0.012	-0.121***	-0.184***
	总效应	0.380***	0.001	-0.012	-0.125***	-0.196***
资本权重	直接效应	-0.003	0.000	0.000	-0.009	-0.031**
	溢出效应	0.013	-0.001	0.010*	-0.011	0.003
	总效应	0.011	0.000	0.011	-0.02	-0.028

从直接效应与溢出效应结果来看，经济增长的一阶滞后项除地理权重外，在其他权重下对经济增长的影响主要体现在直接效应，地理权重下存在溢出效应；土地出让收入的经济增长效应在土地权重方面为直接效应，人口权重为溢出效应，资本权重下两者均有；城镇化主要在土地和人口权重下为溢出效应；经济开放水平的经济增长效应主要体现在直接效应；第二产业增加值的经济增长效应同时存在直接效应和溢出效应，其中溢出效应水平更高；第三产业增加值仅在人口权重下体现为溢出效应；FDI 主要体现在溢出效应；第二产业就业在人口权重下为溢出效应，第三产业就业在地理权重下同时存在直接效应和溢出效应，溢出效应更强，人口权重仅为溢出效应，其他权重下主要体现在直接效应。

第三节 实证检测结论

中间扩散型制度变迁理论认为地方政府竞争将成为推进渐进式改革的主要力量，土地财政作为地方政府财政的重要部分，对其策略互动行为及对经济增长效应进行探索具有现实意义。土地财政已经逐渐成为地方政府财政的重要组成部分，尤其是自 1994 年财政分权以来，地方政府财权更加自由，为发展地方经济而展开竞争，而土地财政在地方政府间的策略互动及其经济增长效应方面有待深入探索。

本章以中国除港澳台外的 31 个省级政府为研究样本，结合实际情况分别设置地理相邻空间权重、经济相邻空间权重、土地资源相邻空间权重、人口流动相邻空间权重、资本流动相邻空间权重等，首先以 2003—2012 年的土地出让总收入和面积、“招拍挂”出让收入和面积、协议出让收入和面积为被解释变量分别建立空间面板模型估计土地出让的策略互动行为，其次以1999—2012年的土地出让总收入和经济增长水平为主要研究变量，构建动态空间杜宾模型估计土地财政策略互动的经济增长效应。研究结果表明：土地出让行为存在显著的空间策略互动效应，并且表现出竞赛到底的特征；地方政府在土地财政竞争方面更加侧重以协议出让为主的引资策略竞争，策略互动行为在土地出让面积方面相比于收入竞争更为显著；经济增长在地理和资本流动相邻权重下为空间互补效应，在人口流动相邻权重下为空间替代效应，而从其跨期效应来看，经济增长具有惯性特征，刺激经济相邻和人口流动相邻省份的经济增长，抑制土地资源和资本流动相邻省份经济；土地出让收入在土地资源相邻和资本流动相邻权重下，对经济增长具有显著的正向刺激作用，对劳动力流动的邻居省份经济具有显著抑制作用，而刺激资本流动相近省份的经济增长。

1. 土地出让的空间策略互动行为。在五种空间权重下土地出让存在显著的空间策略互动行为，并且表现出竞赛到底的特征，土地出让在地方政府间为策略互补效应，协议出让的空间效应最强，地方政府在土地财政竞争方面更加侧重与以低价出让土地为优惠政策的引资策略竞争。土地出让面积在空间效应上相比于收入更加显著，说明在地方政府间的策略互动行为主要以出让面积为竞争指标。

具体来看，协议出让收入和面积在土地资源相邻权重和人口流动相邻权重下的空间策略互动行为尤为显著，说明在人均可利用土地面积相近及人口流动较大的地区之间协议出让行为的空间互补性较强，表现出极为相似的出让行为。“招拍挂”出让主要是经济权重下的空间策略互动行为更加显著，说明经济发展水平邻近的省份表现出的“招拍挂”出让行为更加一致，这也验证了关于高收入地区的土地财政存在标尺竞争现象的观点，经济发展水平相近的地区“招拍挂”出让的竞争也更加激烈。

2. 土地财政策略互动的经济增长效应。经济增长分别在地理相邻和资本流动相邻权重下为空间外溢，在人口流动相邻权重下为空间替代效应。而从其跨期效应来看，经济增长具有惯性特征，在经济相邻权重和人力流动相邻权重下体现为显著的空间互补效应，而在土地资源相邻和资本流动相邻权重下体现为显著的空间替代效应；土地出让收入在土地资源相邻和资本流动相邻权重下，对经济增长具有显著的正向刺激作用，土地出让收入对劳动力流动的邻居省份经济增长具有显著的抑制作用，而在资本流动相近的省份为刺激经济增长。

城镇化水平对经济增长影响不显著，但是能够刺激土地资源和人口流动相近省份的经济增长；经济开放水平对经济增长具有显著的抑制作用，而其空间滞后项则在空间权重下不具有显著的空间效应；第二产业增加值对经济增长具有显著的促进作用，其空间滞后项在除资本流动权重外，其他权重下同样具有刺激经济增长的作用；第三产业增加值及其空间滞后项仅在人口流动权重下具有显著的经济增长效应；FDI 的空间滞后项在除人口流动权重外具有显著空间效应，在资本权重下具有微弱的刺激经济增长效应，在其他权重下为抑制经济增长；第二产业就业对经济增长影响不显著，但显著抑制劳动力流动邻接省份的经济发展；第三产业就业除人口权重外，均具有显著的抑制经济增长的作用，其空间滞后项在地理、经济、人口权重下具有显著的空间效应，经济权重下为刺激经济增长，其他权重下为抑制经济增长。

上述研究结论对于规范地方政府土地出让行为、完善土地财政制度、实现职能优化以及更好地促进经济增长具有现实意义。为更加规范土地财政体制，应理顺政府间关系，将地方政府间土地财政竞争纳入制度框架，另外，规范化的土地财政竞争有利于地区经济增长及房地产市场持续健康发展，应充分发挥土地财政竞争机制对地方政府的激励和约束作用。

第七章

加强供求管理与引导预期和博弈行为

为顺利推进经济社会平稳转型，需要从国情出发，加强对房地产供求的管理，积极引导利益主体的博弈和合理预期，围绕土地公有权属，抓住土地供求对房地产影响的这一主线，围绕着保障民众居住权益，兼顾各方利益，特别是要兼顾房地产发展与经济增长、稳定地方财政收入、保障房建设与商品房发展等关系。加强房地产供求管理，从经济利益上调节相关利益主体行为，引导合理预期，形成房地产良性发展的局面。

第一节　加强房地产需求管理

一、加大土地配套推进阶梯式住房保障

根据需求提供阶梯式住房保障。自住房市场化改革后，政府不再为所有城镇居民提供福利住房保障，使得住房需求大量涌入市场，但目前低收入群体的支付能力与高房价之间存在矛盾，需要加大保障性安居工程的建设力度，认真解决中低收入者的住房问题。中国住房市场将实现中低收入者靠政府主导保障房、中高收入人群靠市场化满足住房需要的双轨运行。政府规制房地产面向社会大众，实现大多数社会成员的住房权。政府可以引入有效的方法控制购房数量，在房产使用权方面进行有效限制，可以将“累进法”引入房地产市场，提高多余商品房持有者的成本，① 切实让房地产政策回归社会政策范畴，以发挥其社会保障功能。

建立统一和公开的保障房制度。完善保障房顶层设计和相关立法，推动保障房法治化建设的进程。健全保障房制度的资金投入机制，加大保障房财政资金投入比重，扩大保障房供给，制定公平合理的保障房分配、租售政策和监管法则，确保保障房建设用地的充足供应。解决公务员等“夹心层”的住房管理保障，将其纳入法制化规划中，将公务员住房与普通居

① 有关政策出发点良好，但未能严肃执行。例如，对贷款购买第二套住房的家庭，首付款比例不低于60%，贷款利率不低于基准利率的1.1倍。人民银行各分支机构可根据当地人民政府新建住房价格控制目标和政策要求，在国家统一信贷政策的基础上，提高第二套住房贷款的首付款比例和利率。加强对商业银行执行差别化住房信贷政策情况的监督检查，对违规行为严肃处理。

民保障房制度相结合（中国行政管理学会课题组，2014）。

实施商品房和保障房分类建设和管理。按照属于市场调节部分回归市场，政府保障部分回归政府的发展思路，严格区分房地产的经济功能和市场功能，分别依靠市场和政府进行解决。把发展房地产市场与深化住房制度改革、解决中低收入者居住问题相结合，以此扩大保障房比重。通过信贷、税收、住房规划等政策努力实现"居有所住"的民生目标（易宪容，2010；聂梅生，2011）。在确保土地供应的条件下，房地产的健康发展需要以市场需求刺激供给，以增加供给来满足多层次房地产需求，住房基本需求被满足后，房地产供求矛盾才能逐步得到解决，房地产商品才能成为普通商品（周其仁，2011）。由于中国城市土地资源的有限性，不可能无限增加供应以满足日益增长的住宅需求，而需要走集约型发展道路，优先开发中小户型普通住宅。

建立一个由政府规制的保障房市场和一个由市场调节的商品房市场。考虑到中国城镇化加速和老龄化来临等社会因素，住房是一种特殊的社会商品，由政府规制的保障房市场应该占据重要地位。过去政府实施廉租房或者廉价房等政策效果不尽如人意，特别是这个政策被滥用，出现过有的购买廉价房者来自富裕阶层，所以需从源头上堵住廉租房存在的监管漏洞。① 推进保障房建设应该全面通盘考虑，政府要对保障性住房的建设及使用进行持续监督，确保保障性住房的建筑质量。在保障性住房的规划建设时，要充分考虑低收入群体的收入水平，重点建设面积较小、条件适宜的住房。还需建立有效的退出监管机制，实行严格的定期审核，确保制度有效运作，切实维护社会公平（宋玮楠、王西，2014）。整合各种城镇保障性住房制度，健全保障性住房制度，努力解决保障性住房建设、分配、管理等问题，保证城镇保障性住房建设顺利推进。

加大土地和资金配套制度来推进保障房建设。地方政府需要认真落实

① 类似观点在官方媒体上多有报道，廉租房住户其实并不真正需要政府帮助的低收入群体，参见2014年4月8日，人民网 http：//opinion. people. com. cn/n/2014/0408/c1003 –24848583. html。

房地产调控的责任，公布中央政府调控房地产的政策和房价控制的目标，加快保障性住房的建设和供给，从供给上解决房地产市场存在的问题。中央提出2011年建设保障住房1000万套，2012年建设1000万套，自“十二五”以来，住房保障体系建设明显加快，确定了5年内建设保障性安居工程3600万套目标。2013年全国新开工保障性安居工程660万套，基本建成540万套。2014年新开工700万套以上，在年内基本建成保障房480万套。如果“十二五”期间能顺利完成预定的3600万套新开工任务，全国累计将以实物方式解决5000余万户城镇家庭的住房困难问题，保障房覆盖面将超过20%，住房市场结构将发生变化，以保障性安居工程解决城镇中低收入家庭的住房困难将发挥积极作用。

二、引导并实施差别化住房购置政策

实施需求管理和差别化购置政策。目前中国收入差距较大，住房需求动机不尽相同，[①] 由于收入增加而导致住房改善的改善性需求；由于收入差距过大、投资渠道有限导致旺盛的住房投资性需求。[②] 这三种需求如果同时大量涌入商品房市场，将会对商品房市场产生严重冲击。为了防止住房价格大幅波动、促进社会公平，应该差别化对待不同需求。引导自住型需求，鼓励改善性需求，适当抑制投资性需求，严格执行对已有两套住房贷款者的贷款利率。抑制投资性需求，需要国家实施限购甚至禁购政策，以及银行进行限贷或禁贷。

引导并支持自住型需求。自住型需求在自住型需求、改善性需求、投资性需求三个需求层次中是最低层次的需求，是公民对住房的基本需求，在住房市场的交易过程中，应当对自住型需求进行保护、合理引导。针对不同的住房需求，要实施差别信贷政策，对于自主性需求住房，国家应当给予其政策优惠，帮助解决其购房困难问题；对于改善性需求住房，政府

① 著名学者高善文博士指出，2015年将成为地产发展的分水岭，原因之一是人口结构的变化，即独生子女购房高峰即将过去。加上货币政策等变化，未来地产发展结构将发生巨大变化。

② 钟庭军．坚持需求管理完善地产市场调控［J］．城乡建设，2013（3）．

和银行应该为其提供次于自住型需求的优惠政策，鼓励其改善住房水平；利用税收杠杆和银行信贷政策对投资性住房需求进行调节，针对投资性住房需求，可以对住房保有环节进行征税。

合理引导和综合治理消费性住房需求和投资性住房需求。在住房供给量有限的条件下，大力遏制投资性住房需求，这符合社会总体效用极大化的目标，特别是在大中城市，其土地资源有限，且城市化过程中的人口呈现净流入态势，需要采取包括行政措施在内的积极办法，弱化住宅的投资属性，引导合理的住宅投资需求，包括鼓励出租等，强化其消费属性。在上述经济政策难以达到预期效果的情况下，可以继续加大住宅限购和限贷等行政手段。其他非大中城市也可以适度遏制住宅投资功能，防止资产泡沫向其他区域扩张（冯俊、张锋，2014）。

实施差别化需求管理需要全面摸清居民住房情况。将其住房拥有情况进行全国联网，对其住房买卖信息及时进行登记，以便政府及银行对居民住房情况进行了解，便于针对不同住房需求实施有效的政策干预。为了促进社会公平，保护低收入群体的住房权利，在住房高需求与低购买能力存在矛盾的情况下必须遏制投资性和投机性需求，控制住房市场化改革以来以各种新形势进行住房福利分配的行为，防止住房福利效应的逆向配置。①

积极开拓多种渠道以分散房地产投资的压力。中国金融投资市场的历史较短，公民可获得的投资信息、投资渠道较少，在其投资渠道有限时，将投资金额大量投入到收益较高、风险较低的商品房市场是这类公民的首要选择，因此大量投资性购房需求涌入商品房市场会极大地推高房价。在对第三套购房者进行限购的同时，要积极拓展其他融资渠道，有堵有疏，合理引导投资行为。房地产信托、债券等证券化的直接融资工具可以将大量的民间资金从消费端转移到生产端，有利于减少对商品房消费市场的冲击，以增加商品房供给。②

---

① 何小钢，陈行龙，聂爱云．住房市场需求结构演进与需求调控管理——基于改革开放以来住房制度改革视角的分析［J］．江西社会科学，2009（2）．

② 钟庭军．坚持需求管理，完善地产市场调控［J］．城乡建设，2013（3）．

三、提高持有环节成本引导消费性需求

开征房产税是经济转型的大势所趋和建立现代财政制度的内在要求，需适时稳步地进行征税。房产税开征涉及税收制度的改革和调整，需要从人大立法角度予以确认和提供法律依据。开征房产税可以将城市房地产税、土地增值税、印花税、契税等合并为房产税范畴并分摊到房屋保有阶段。《物权法》的正式通过为房产税征收提供了理论基础，房产税征收需要扩展土地使用权利，赋予业主永久性地使用权。还要实行基本住房免税与超额住房累进征收的房地产税制。为了促进房地产市场健康稳定的发展，征收房地产税时需要考虑不能影响城镇大多数居民最基本的家庭住房需求，对过多占有房地产资源的居民进行限制。房地产税的设计核心是实行居民基本住房免税和超额住房累进征税。房地产价值评估要与房地产税征收相匹配，建立全国统一、规范的价值评估制度，并以此为据依法征收房地产税。

提升交易环节所得税。对地产行业征税包括对商品房交易流通环节征税和住房保有环节征税。为支持自住型住房需求，可以减轻住房交易流通环节的税收。针对投资性需求，可以加重住房保有环节的税收负担，增加投机性住房的投资成本。通过税收手段，理顺房地产市场，能有效抑制投资和投机需求，税收手段主要有开征房产税和提升交易环节的所得税。房产税的本质是财产税，在经济和社会发展到一定阶段时，从社会公平角度来看，对非自住房屋实施累进房产税的方式，可以直接抑制对房地产的投机行为，有利于社会公平。① 需要尽快通过房产税等各种手段，迫使空置住房进入市场，减少投机，抑制房屋空置现象的发生（王鹏、李菁，2010）。

开征住房保有环节的税收，保证住房市场健康发展，才能避免让住宅

① 有观点认为推进房产税将面临挑战，包括由于养老保险体制没有完全有效建立起来，居民投资渠道缺乏，多数民居只能通过购房来实现居民财产性收入的增长；由地方政府操作对相当多的房屋都将征收的税收，地方政府进行税费绑定，加大了居民税费负担，与政策出台的初衷相背离；各级财政将对房地产税形成收入依赖，一旦地产市场低迷，则难有调节余地；由于地产发展的大周期仍然没有结束，房产税的开征就很容易转嫁到购房者，可能变相推高房价，与开征初衷相背离。

等成为投机投资标的物。只有当投机性住房需求得以有效控制之后，住宅供给才会相对增加，有利于房价稳定，才能防止房地产业大幅波动。完善总结上海与重庆房产税试点经验并逐步推广。① 征收房产税将改善房地产市场税费混杂的现象，减轻开发商成本和自住型住房需求者的负担，提高住房保有环节的成本。

税收管理权限下放。中央政府税收调节有一定的滞后性，不能针对某一地区的房价波动进行及时调整，使税收政策落后于当地经济发展形势。适当将税收的征收、管理等权限下放到地方政府，调动地方政府的积极性，因地制宜调整税收水平，地方和中央政府共享管理权限，使房产税的征收更加符合当地的经济发展水平，减轻中央政府的管理成本。房地产具有明显的地方性色彩，如果任由中央政府集中调控将加大波动风险。

健全中国房产税税收要素。一是税基合并，可以将土地和房屋合并征税，按经营性和非经营性房屋分类，经营性房产课税重于非经营性房产课税。税基评估由地方政府执行，中国可以以物业价值为税基进行计量。二是课税对象，即包括房地产。三是纳税人，根据属地原则，对中国居民境内财产和对外国居民在中国境内的财产征税。四是税率，房产税税率根据当地政府的支出规模确定在一定范围内浮动。世界各国税率从零税率到3%以上不等，发达国家房产税占可支配收入比例约为2%。五是税收优惠，对一定面积以下的第一套房产免于征收。如果物业达到一定面积和一定市场价值将进行征税。发达国家征收房产税的惯例是20%豪宅贡献80%的房产税，占普通物业80%的一般物业缴纳20%的房产税。六是差别税收政策，对于第一套房和第二套及以上的税率应有所差别，住宅和商业房的税率有所差别。建立以市场价值为参照的计税依据，定期评估以体现公平税负、合理负担。

---

① 2011年1月28日，上海、重庆宣布开始试点房产税，上海只针对增量，征收对象为上海市居民新购房且属于第二套及以上住房和非本市居民新购房，税率暂定0.6%；重庆涉及存量与增量，征收对象是独栋别墅高档公寓以及无工作户口无投资人员所购二套房，税率为0.5%~1.2%。试点效果不明显。

全面推行房地产税制度，实行基本住房免税与超额住房累进征税。从房地产市场长期健康稳定发展角度来看，对民居住宅征收房地产税不能影响城镇大多数居民的家庭住房需求，对过多占有地产资源的居民进行限制。界定居民基本住房需求以面积为主，对民居基本住房免征房地产税，对超过基本住房面积的部分，按超额程度累进征收房地产税；对高档公寓和别墅征收累进税。房地产价值评估要与征收房地产税相配套，逐步建立统一、规范的房地产评估制度。通过评估对房地产价值进行客观科学的核定，以此依法征收房地产税。适时研究出台遗产税，使收入分配合理化，以解决代与代之间出现的收入不平等和居民财产基尼系数过大等问题（李实，2014）。

第二节 扩大房地产有效供给

一、以市场为导向深化征地制度改革

深入推进供地体制改革。中国土地制度的改革进程落后于房改进程，保障性住房建设需要土地供应作为配套条件，需要突破已有的土地政策，让农村集体建设用地直接入市，以供地体制和机制改革平抑房价，使以住宅价格为主的房地产价格回归正常。[①] 通过农村土地确权，保障农民财产权利，增加农民财产性收入，推动土地资源的市场化配置，提高农民因分享城市化而带来的收益，逐步实施集体建设用地直接入市，在推进城市化与保护农民利益之间找到各方的接受的双赢平衡点，深入探索用征地推动

① 中国地产协会会长聂梅生提出农村小产权房不必去争议，释放出农村集体建设用地在提供居住需求方面的功能，需要充分发挥其应该的政策制度等突破功能，特别是商品房体系内已经形成利益集团时，更加需要从外在寻求突破，降低日益飙升的房价（聂梅生，2012）。

市场化机制并实现土地资源优化配置的政策方法。① 农村集体建设用地向城市建设用地合理有序流转是一种制度创新，可以克服集体土地所有权主体的虚位，避免流转收益分配不合理等问题。② 实现集体建设用地向城市建设用地流转，可以逐步实现同地、同权、同价的城乡建设用地市场。集体建设用地直接入市是落实了物权法的平等原则，赋予了集体土地和国有土地同等权利的体现，不仅可以缓解城市土地一级市场的供地压力，而且有利于加快中国工业化、城镇化进程。③

围绕土地直接入市深化征地改革。目前政府垄断了建设用地一级市场，征地是农地转为建设用地的唯一途径。由于征地会引发矛盾和冲突，因此有的地方的集体土地所有权通过各种形式直接进入了一级市场，让集体和农民合理分享工业化带来的土地增值，提高了农民在土地增值中的分配份额。从经济效率角度来看，政府征地后批租给市场的这种政府集中供地模式，使得政府不能对市场土地需求的变动作出及时反应。分权供地模式比集中供地模式能够更灵敏地吸收市场信息，地价也能更准确地反映土地稀缺性。

深入改革现行征地制度和建设用地管制制度，消除中国土地“半货币、半商品”特性，回归其可由市场交易的商品本性。土地逐步回归其商品属性不但利于宏观经济的调控，而且可以在城市化进程中提高资源效率、改善收入分配。土地改革政策主要按照市场价格原则进行补偿征地，开放城乡建设用地一级市场，允许集体土地所有权、农户承包权，以及宅基地永久使用权入市交易；进入市场流转的集体土地所有权和农户承包经

---

① 周其仁．城市化、土地制度与宏观调控［N］．经济观察报，2011－04－19.

② 调查显示，土地增值部分收益分配中20%～30%留在乡镇，其中农民补偿费用占5%～10%；城市政府占有土地增值的20%～30%；城市地产公司、开发区、外商投资公司等达45%～50%。参见许恒周，郭忠兴．农地入市与土地一级市场均衡：一个理论模型［J］．农业经济问题，2008（12）．

③ 最近全国土地利用变更调查显示，全国有建设用地4.73亿亩，其中村庄用地2.48亿亩，占建设用地总量的52.43%，是城镇用地0.51亿亩的将近5倍。参见陈翠芳，刘武．集体建设用地流转研究［J］．国土资源科技管理，2007（1）．

营权可以依法抵押。土地供应不应该把短期调控作为目标。① 土地制度的根本性改革集中在改革征地制度、确立农地转用的市场转让权，城市土地出让制改革为农村土地转让权转让奠定了可操作的基础，以此来理顺房价和地价之间的关系，避免地价和房价轮番上涨的现象出现（陈海华、曹尉军，2012）。

推行按市场价购买、租赁与有偿使用土地。取消国有企业事业单位无偿或低价使用国有土地，占有实际具有经营性的需要的土地应按照评估价格补交土地出让金。规范土地转让交易行为。增加住宅用地的有效供给。政府在制定政策时要明确政策调节的目标，保证供地政策与其他规划政策的连续性和稳定性，作为土地供给的调控者，政府应适当增加土地供给，使之与城市规划相一致，切实完成土地计划供给量，以保障住宅用地的建设。现存量土地可以盘活的主要是工业用地，并且现在中国土地供给结构中工业用地比例太高，导致住房用地不够。国土部统计，2003—2010 年国有建设用地供应量中工业用地大约占 44%，住宅用地供应大约为 24%，接近一半的土地供给分配为工业用地，土地分配需要以市场方式解决。调整和减少开发区用地结构和总量，提高工业用地使用效率和合理定价水平，降低工业开发区用地在城市建设用地总量中的比重。以新区为代表的土地规划和供给结构超出了实际需求，土地过量供应，不仅建设用地效益低下，而且将影响居民住宅用地和农用地水平。②

① 土地不能作为宏观调控政策手段，第一，土地作为实物资产，质量分布不均匀，控制货币供应数量要以均匀的质量为前提。第二，全世界没有调控供地数量反经济周期的经验，没有理论逻辑可以参考。第三，供地审批需要消化巨量的决策信息。审批权越集中，信息负担就越沉重。第四，监管供地审批的成本，远比监管发钞活动来得高昂。由于信息不充分和决策滞后等，行政控制供地可能给宏观经济带来负面影响。

② 根据国家发改委城市和小城镇改革发展中心课题组 2013 年调查 12 个省、区，156 个地级市和 161 个县级市结果发现，90% 以上的地级市正在规划建设新城新区。12 个省会城市共规划建设 55 个新城新区，每个省会城市新建 13 个城区。相应数据显示，全国新城新区规划人口达到 34 亿，2013 年 7.3 亿城镇人口，新区规划 34 亿人口，加起来就是 40 亿人，即中国城市可以把全世界的城镇人口全部装进去。144 地级市规划建 200 余新城新区［N］. 新京报，2013 - 08 - 26.

二、完善财税政策降低土地财政影响

完善财税政策、降低土地财政的影响需要从土地政策、金融政策和税收政策等方面进行综合配套改革，房地产调控必须与土地政策、收入分配政策等相互配合，以及使用计划、财税等手段多部门的联合，切实将宏观经济发展和个人住房问题相结合，提高调控政策的针对性和有效性。降低地方政府对土地财政的依赖程度，重要的是将各级政府特别是县级为代表的与基层大众民生最为直接相关的地方政府的财政事权与支出责任划分清楚，在事权与支出责任相匹配的基础上，做好财力的有效划分。

完善财政税收等政策协调配合。房地产问题直接与税收分配制度相关，重点需要完善土地、财政、税收、信贷等一系列政策制度的综合措施配套、衔接和协调，特别是改革与土地财政相关的财税问题。分税制改革导致地方财力和支出责任不匹配，土地财政为地方政府带来了未曾预料到的实现财政增收机会。分税制改革直接导致中央财政的收入上升和地方初次分配的财力下降，形成了地方政府的财政缺口。地方财政收入占全国财政总收入的比重以1993年为分水岭，之前地方财政收入占全部财政收入的比重平均为70.1%，在分税制改革之后的1994年这一比重骤降为44.3%，以后一直持续在四成左右。地方财政支出的比重保持稳定上升，到2011年，地方财政支出占总财政支出的比重高达84.9%，同期地方财政收入占比50.6%，① 地方财政特别是县级财政出现了较大缺口。

深化财税体制改革，使地方政府的财力与支出责任相匹配。现行的土地制度和土地收益分配机制的不健全为地方推行土地财政提供了可能。分税制改革和土地公有权属以及土地收益分配不合理为土地财政的产出提供了可能，促使土地财政变成现实的是中国现行地方官员的晋升锦标赛制度产生的激励外部负效应（周黎安，2007）。中央政府需加强对地方政府政

① 分税制后出现财力和事权不对称的数据参见相应年份的《中国统计年鉴》和地方统计年鉴。

策取向的监控，将商品住房市场的调控效果作为地方政府政绩考核的重要指标，促使其价值取向与中央政府趋于一致，履行中央政府的政策调控导向；对现行分税制体系进行改革，切实解决好地方政府替代性财政收入的来源问题，降低地方政府通过土地出让牟取利益的激励，避免地方政府与开发商合谋（梁思奇，2006）。

突出财政事权和支出责任划分，合理调整中央和地方财税关系，缓解地方财力紧张问题。中央和地方在财政事权和支出责任的划分上，需要依照事权与支出责任合理匹配的制度安排，通过在转变政府职能、合理划分和界定政府与市场关系的基础上，考虑公共产品和服务的受益范围，提供公共产品和服务所需要的信息以及降低信息的不对称性，中央和地方在财政行为上的激励相容性等原则下，有效合理划分中央和地方财政事权和相应的支出责任。在此前提下，结合“营改增”等相关税制改革推进时序，明确中央和地方政府的收入划分。

创新住房投融资机制，解决保障性住房建设资金来源。为了满足城镇保障性住房建设规模不断扩大所产生的资金需求，政府要在继续加大投入、主导保障性住房融资的同时，积极发挥市场机制的作用，拓宽城镇保障性住房的融资渠道，建立健全保障性住房融资体制。保障性住房建设既应发挥政府的主导作用，又应发挥社会资金的积极作用，使之成为保障性住房建设资金的重要来源。完善保障性住房建设的金融政策体系，包括鼓励和引导金融机构积极参与保障性住房建设项目的融资。通过住房政策性金融机构为居民解决住房问题是实现政府住房公共政策的主要载体。需要采取多样性的市场化运作方式，建立具有中国特色的住房政策性金融机制，采取多种市场化方式筹集保障房建设资金，为住房保障稳定和低成本资金支持减少融资难度和降低融资成本。①

① 从国际经验上来看，美国房利美和房地美就是主要为普通居民和低收入者提供住房贷款担保或发放贷款，同时将其贷款衍生品化，分散风险的政策性金融机构，在美国的住房市场发展中曾发挥了重要作用。日本的住宅金融公库也曾在战后日本住宅市场的发展和帮助中低收入家庭解决住房困难方面发挥了较大作用。

三、公开市场信息促进房地产供求平衡

公开短中长期房地产市场信息的目的在于让市场形成理性预期，使房地产朝着健康稳定的方向发展。短期信息的及时公开有助于缓解房地产市场信息不对称所出现的剧烈波动现象。房地产市场上存在着明显的信息不对称现象，特别是由于利益主体动态的博弈互动过程加剧了房地产市场的信息滞后和失真，这成为房地产市场出现波幅过大的原因之一，不仅造成房地产市场的资源浪费、扰乱市场秩序和扭曲供求关系，而且在很大程度上抵销了中央房地产调控政策的效果。房地产调控政策能否取得预期效果，与相关利益主体的预期紧密相关。相关部门应及时发布权威、全面、真实的房地产重要统计数据，除了全国70个大中城市房价等数据之外，还应该对房地产市场中住宅库存、空置等情况进行统计并及时公布，这些信息对于实现信息公开透明、稳定市场预期都有重要影响。应该以目前推进城镇个人住房信息系统建设为契机，建设权威、全面、及时的信息发布体系和渠道，以此稳定市场预期。

建立统一的房地产登记和评估信息库。加快制定《不动产登记条例》，加快住房财产登记与全国联网的步伐，尽快为房地产登记提供制度保障，建立全国联网和统一的房地产登记数据库，以推进城市住房信息查寻制度的建设。建立并完善房地产评估体制和操作流程、设置专业评估机构，应从法律和制度上对评估体制和评估人员的行为进行规范，保证评估的全面、准确和公平性。将该信息库与银行信贷信息进行关联，及时掌握购房者的需求类型和资料，发挥房产税对房地产市场的调节作用，来抑制房地产价格大幅波动（谭峻，2014）。将房地产登记与公民个人征信系统相结合，促进房地产登记信息准确可靠。建立房地产登记信息依法查询的制度，保证房地产交易安全，保护群众的合法权益。加快住房财产登记与全国联网的步伐，推进一线、二线城市住房信息查寻制度的建设，规范查寻程序，公开查寻办法，为房地产登记提供制度保障。

开发商成本等重要信息的公开使市场更加透明。推行房地产项目开发

的销售成本与售价监控。住建等政府部门建立的房地产开发销售成本与销售成交价格信息的全程监督制度，其中有的信息要进行社会公示，如公示土地购置成本、工程建筑成本、主要税费成本，各类型房屋价格信息等。根据房地产行业平均利润率和主要行业平均利润率确定当地房地产项目的最高合理利润率，对超额利润按累进制征收所得税。公开房地产项目的开发销售成本，加强对销售价格的监督和控制，考虑对超额利润征收累进的所得税，以促进房地产供求平衡。第一，政府主管部门需要及时对房地产开发销售成本、销售成交价格等信息进行全程监督，采取公示土地购置成本、建筑安排成本、税费成本等，让房产项目的各类价格信息公开透明，减少信息不对称现象的出现。第二，根据行业的平均利润，包括房地产行业的平均利润率确定当地房地产项目的合理利润率，对显著高于市场平均利润率的房地产项目，就其中超额利润的部门进行累进的征收。

全面放开、规范房屋租赁市场。以法制化轨道全面放开规范与引导城乡居民住房租赁市场，加强住房租赁的监管，规范中介市场和其行为，建立城乡住房租赁信息系统。加强对房屋租金税收的征管，通过进行租金纳税公示等手段，增强社会监督功能。学习借鉴发达国家的成熟经验，制定城镇房屋空置管理办法，在城镇中普遍征收房屋空置费，以避免房屋土地资源闲置与浪费（中国行政管理学会课题组，2014）。

除了将直接与房地产市场发展的有关信息进行公开以外，与房地产中长期发展相关的人口结构变化、工业和城镇化水平等都对房地产发展具有重要影响，公开并提示其中可能出现的风险对于房地产市场的健康发展都有促进作用。提供公开透明的信息，缓解房地产市场信息的不对称现象。由于住房市场存在严重的信息不对称，购买者处于信息的相对弱势地位，只能根据市场宏观经济形势以及媒体、权威人士发布的消息进行分析，甚至受房地产开发企业的误导，使购买者跟风购置，无法对住房市场形成准确判断。作为权威机构，政府应及时向社会公布关于房地产市场经济形势的数据信息，发布真实的价格信息，甚至公开商品成本，以确保信息准确、公开、透明。将未来城市规划、土地规划等信息及时向社会公布，包括具体的商品房建设规划、保障住房的建设规划等信息，使购房者对未来城市规划有一个全面的了解。引导购房者对房地产市场的未来走向形成合理的预期，使其购房行为更加理性，以此确保房地产市场的稳定。

第三节 合理引导预期与博弈行为

一、引导利益主体形成稳定预期

消费者和生产者对于未来市场发展形势的预期是决定该市场走向的重要因素。从以往数次调控政策中相关利益主体的博弈过程来看，政府政策不连续造成，市场利益主体行为选择多变和市场非正常波动。自 2004 年以来，中央政府不断强调房地产调控，采取减少土地供给致使房价不断攀升的措施，使消费者和开发商形成房价持续上涨的预期。房地产调控要避免调控过程中地方政府回避中央政策或选择性地执行有关政策，以确保政策执行效果。

引导市场预期需要兼顾和尊重各方利益，以维持市场长期稳定发展。作为政府，需要统筹住宅市场发展的经济效益、社会效益，以及资源环境效益，确保宏观经济的长期稳定发展。作为开发商，要依靠专业知识技能和资金等要素优势，实现自身利润最大化和长期稳定的市场拓展并承担相应的社会责任；作为消费者，在进行购买选择时需以自身的居住需求为购买决策的根本出发点。对于自住型消费者，他们拥有资金量较少，尽管政府采取金融优惠性政策，其能够购买的住宅数量和面积仍然有限，其政策受益程度较低；投资性消费者由于大都拥有多套住宅和富余资金，善于运用杠杆而可能成为受益群体。政府需充当好社会总体利益的协调人和价值分配的监管者，统筹兼顾各方利益。房地产调控政策必须进行细化调整，针对利益主体内部不同结构的价值取向特征和利益博弈行为选择规律，制定有针对性的调控政策，有保有压，真正使调控惠及自住型消费者的需求。

保持调控政策稳定性和连续性。作为宏观调控政策的制定者和实施者，政府应当保持调控政策的稳定性、连续性和一贯性，避免调控政策对购房者的市场预期产生较大冲击。根据地产市场的发展形势，协调好市场预期，防止购房者的心理产生较大的波动（王华春等，2009）。房地产调控需要分类指导和区别对待，调控重点是投机需求；自住型需求者特别是中低收入家庭的保障性住房需求应该保护；以投资出租等为目的的需求要正确引导，积极扩展投资渠道，分散流动性，以减少流动性过剩对房价的影响。

市场预期通过影响市场主体交易行为对价格产生影响。房地产市场主体行为受货币幻觉、过度信心、供给垄断等影响，如果出现推高房地产升值预期、并在预期实现时得到强化，从而出现的正反馈过程会导致升值预期持续累积升高，会使中国房地产市场持续高速增长。① 鉴于市场预期对商品房供求关系、价格等的重要影响，要合理引导市场预期，保障房地产市场平稳运行。

约束媒体舆论行为，形成正确舆论导向。除了政府等权威公共部门发布信息，报刊、电视广播等媒体舆论对市场预期的影响也非常大。普通购房者对专业知识匮乏，因此舆论对市场预期的影响较大，普通购房者存在盲从众现象，对住房市场供需关系、价格产生较大影响。加大对报刊、电视广播、互联网等舆论传播媒介的引导力度，培养其职业道德；加强专家学者自律性，打击利益集团对媒体舆论的“绑架”，确保媒体舆论的中立；制定相关信息发布法规并对其进行约束规范，确保信息的发布完整准确。

① 贺京同，徐璐．主体行为、预期形成与地产市场稳定［J］．浙江大学学报（社会科学版），2011（5）．

加大住房市场供给以稳定市场预期。房地产市场上形成了不稳定的预期，因此政府调控的重点在于稳定预期，而增加土地供给进而增加住房供给是稳定预期最重要的信号和手段。采取提高首付比例等限制房地产购买需求，限制用地规模和控制贷款规模，提高土地获取成本和融资成本等均为短期行为。通过土地市场自由化和资本市场改革发展，尤其是以完善征地制度改革为主要内容，增加住宅供给作为矛盾的主要方面，为房地产市场提供合理的土地来源和便捷的融资渠道，让购房者形成对房价基本稳定的预期（孔煜，2009）。

房地产开发事项透明化是形成合理预期的必要程序。商品房成本是商品房市场价格形成的重要基础，是对房地产市场进行宏观调控的依据和消费者把握市场走势的基础。住房开发成本透明化有助于稳定消费者的心理预期，消除某些社会矛盾。披露包括土地成、房地产价格成本等更多信息，使房地产市场供求双方信息更加透明，让市场主体形成明确的政策预期，减少由于信息不充分导致的消费和投资非理性行为。

二、有效规范利益主体价值取向

中央政府在维护经济宏观稳定等方面应该始终保持政策的稳定性和持续性，在房地产市场上承诺并切实实践“住有所居”的民生目标，除了推进保障房宏观政策实施以外，还可以从房产税政策、信贷政策、土地供应及道义劝说等方面推进中央调控的政策意图，在不影响地方政府因地制宜地实施相应的细化政策以及不影响其他利益主体的积极性的同时，切实维护中央在校正和规范其他相关利益主体方面的权威。作为对地方政府具有事实上重要影响的导向是官员的晋升标准，需要重新审视“为增长而发展”的晋升锦标赛增长机制，避免将发展地产成为实现地方官员晋升目标的手段。地方政府需要切实执行税制改革特别是“全口径”预算管理执行以及中期预算改革等方面，逐步淡化其作为“行政人”和“经济人”双重角色，将追求民生全面发展目标作为其考核和政绩评价参考，从制度上杜绝地方政府官员与开发商结盟的可能性，真正承担其地方经济社会事务的管理责任。

开发商不仅仅局限于实现自身利润的最大化，而且还需要将促进房地产行业更加长远发展和房地产行业不断转型发展定为目标。此前通过从地方政府手中获取土地并以银行贷款融资进行房地产开发的盈利时代已经成为历史，经济发展阶段和人口结构发生了转折性的变化，特别是在经济发展进入新常态的条件下，开发商的持续发展应该具有更高的高度，将其拥有的市场信息资源优势与行业持续发展相结合，在市场长期发展中胜出。有必要强调的是，在中国转型发展阶段，开发商其实不能忽视其承担的重要社会责任。开发商作为该行业发展中的强势群体，不仅仅为实现利润而发展，还要通过营造行业的可持续发展、通过不同手段回报社会等形式，来处理好不同利益相关者之间的关系，赢得行业可持续发展。

银行等间接参与者对于房地产发展具有重要的润滑作用。银行在为开发商、消费者或投资者等利益主体提供开发或购置资金时，首先需要确保资金的流动性、安全性和盈利性。银行执行中央银行利率和信贷等指导，在对开发商、消费者贷款时，需要防止呆账坏账的出现。作为具有行业发展预见性和资金管理的企业，银行需要在促进房地产行业持续健康发展的同时，管理好自身的资金盈利和防止潜在风险的出现。

房地产行业本身为基础性和配套性行为，其提供的住宅等产品是为消费而生产，这是消费者价值取向的基点。自住型消费应该鼓励和满足，切实实现其居住功能的回归，将住宅价格等控制在可以接受的通行房价收入比范围内。房地产发展是为解决住宅和与之相关的行业发展的配套和基础性问题。房地产行业中提供的住宅产品是基本消费品，避免因为了增加居民财产性收入而过分强调其投资品属性。房地产业应该重新定位，避免房地产业与地方生产总值、财政收入捆绑现象，在此过程中努力培育新的经济增长点，优化经济结构。

投资或投机型消费需要面对更加严格的规范措施，房产税的立法正在推进，资本利得税等对于促进社会公平特别是代与代之间的公平具有重要的推动作用。中国从立法上已经明确即将出台的相关房地产长远调控政策，房产税、资本利得税等长远发展政策正在推进，遗产税等社会公平发展税种已在学界引发了热烈讨论，房地产登记信息系统正在建立，这些对于个人房地产消费都具有重要的导向作用。

三、加大问责力度推进政策落实

建立责任追究制度，建立对部门与地方政策执行不力者和不作为者的责任追究机制。发挥稳定房价的考核问责制作用。中央年初提出稳定房价考核问责制能否真正兑现。2013 年 3 月 1 日，国务院发布《关于继续做好地产市场调控工作的通知》要求“各直辖市、计划单列市和省会城市（除拉萨外），要按照保持房价基本稳定的原则，制定本地区年度新建商品住房（不含保障性住房）的价格控制目标。”要求建立健全稳定的房价工作考核问责制度，加强对所辖城市的督查、考核和问责；对执行住房限购和差别化住房信贷、税收等政策措施不到位、房价上涨过快者，需要约谈和问责。各地政府相应出台执行国务院调控房价政策的细则来调控房价。北京市明确要求“新项目价格不高于周边，老项目价格不高于前期”。2013 年底，北京市要求每平方米单价超过 4 万元的新盘不予发放预售证。上海、广州等地大量推出郊区楼盘以平抑房价。许多城市都将“房价涨幅不高于当地人均可支配收入实际涨幅”作为调控目标。

改变地方官员的考核机制。土地货币化进程有市场内生动力，地方政府和开发商是最大的利益相关者，特别是地方政府。地方政府之所以成为利益相关者的关键在于当前官员的考核机制。只要地方政府官员升迁需要 GDP，土地货币化进程就不可避免；只要土地货币化过程不能实现市场化，地方政府就有积极性来提高土地价格，必须改革地方政府考核机制。

参考文献

[1] 柏晶伟．变革土地双轨制，推行"国有民用"[N]．中国经济时报，2014-04-03.

[2] 包宗华．由房价收入比的计算问题所引出的问题 [J]．中国地产，1999（12）．

[3] 保建云．经济转型、制度变迁与转型经济学研究范式及内容拓展 [J]．教学与研究，2007（8）．

[4] 毕继业，朱道林，邹晓云．政府内部土地收益分配的博弈分析 [J]．中国土地科学，2003（2）．

[5] 蔡真，汪利娜．房价与信贷关系研究——兼论当前房价调控政策的有效性 [J]．金融评论，2011（1）．

[6] 曹荣庆．论房地产市场宏观调控的"财政拐点"[J]．经济理论与经济管理，2011（3）．

[7] 陈海华，曹尉军．关于增加住房有效供给的思考 [J]．中国房地产，2012（9）．

[8] 陈龙．影响房地产调控效果的主要因素及对策 [J]．地方财政研究，2013（1）．

[9] 陈少峰．谈谈房地产市场预期问题 [J]．求是，2009（3）．

[10] 陈锡文．资源配置与中国农村发展 [J]．中国农村经济，2004（1）．

[11] 程伟．经济全球化与经济转轨互动研究 [M]．北京：商务印书

馆，2005.

[12] 楚红军．人口与市场需求分析［J］．北京大学学报（哲学社会科学版），1997（3）．

[13] 戴旭．房地产支撑不起大国崛起，什么是中国的支柱产业[N]．环球时报，2007－08－21.

[14] 房地产周期波动研究课题组．中国房地产周期波动：解释转移与相机政策［J］．财贸经济，2002（7）．

[15] 丁烈云．房地产周期波动成因分析［J］．华中科技大学学报（社会科学版），2003（2）．

[16] 杜雪君，黄忠华，吴次芳．中国土地财政与经济增长——基于省际面板数据的分析［J］．财贸经济，2009（1）．

[17] 杜宇．建设部：2005 年城镇人均住房建筑面积将超过 26 平方米［N］．人民日报，2005－12－27.

[18] 丰雷，朱勇，谢经荣．中国房地产泡沫实证研究［J］．管理世界，2002（10）．

[19] 冯俊，张锋．当前城镇住房矛盾与对策［J］．管理世界，2014（5）．

[20] 高炳华，俞小江．房产价格持续攀升的原因和价格监督机制的构建［J］．经济管理，2006（6）．

[21] 高波．开发商策略性定价行为的经济学分析［J］．产业经济研究，2008（2）．

[22] 高东胜．我国房地产价格调控中的两难困境及化解路径［J］．经济问题探索，2011（9）．

[23] 高苛，刘长滨．基于预期理论的住宅市场价格调控模型及其仿真分析［J］．土木工程学报，2008（4）．

[24] 高凌江．地方财政支出对房地产价值的影响——基于我国 35 个大中城市的实证研究［J］．财经理论与实践，2008（1）．

[25] 高燕，王海滋．房价上涨与制度缺陷［J］．价格月刊，2007

(1).

［26］葛扬，贾春梅．廉租房供给不足的事实、根源与突破路径——基于转型期中国地方政府行为视角的分析［J］．经济学家，2011（8）.

［27］宫玉泉．土地供应政策与房地产市场［J］．中国物价，2005（7）.

［28］谷书堂．政治经济学的困境与出路——我们需要一部“中国转型经济学”［J］．南开学报，2004（2）.

［29］顾建发．上海房地产周期波动的模型分析［J］．上海经济研究，2007（8）.

［30］郭凌峰．有关房地产供求关系的浅显分析［J］．科技与经济，2006（1）.

［31］韩蓓，蒋东生．房地产调控政策的有效性分析——基于动态一致性［J］．经济与管理研究，2011（4）.

［32］韩芳，陈彤．我国地产市场宏观调控的变迁特征与演化机理分析——基于2004～2010年的政策实践［J］．城市发展研究，2011（10）.

［33］何国钊，曹振良，李晟．中国房地产周期研究［J］．经济研究，1996（12）.

［34］何元斌．开发商与地方政府，消费者在房地产市场中的博弈分析［J］．上海工商大学学报，2006（5）.

［35］贺书平．中国房地产周期波动实证分析［J］．城市开发，2006（4）.

［36］洪远朋，卢志强，陈波．中国当前经济利益关系的特点及其成因［J］．复旦学报（社会科学版），2004（4）.

［37］胡键．俄罗斯经济转轨的战略：从新自由主义到“第三条道路”［J］．当代世界社会主义问题，2000（3）.

［38］华伟，艾华．财政分权与中国房地产业困境［J］．探索与争鸣，2007（11）.

［39］黄范章．创建中国式转轨经济学［J］．经济学家，1999（2）.

［40］黄武军，杨继君，吴启迪．基于指派博弈的房地产市场运行机制研究［J］．管理学报，2011（7）．

［41］黄颐琳．中国经济周期特征与财政政策效应［J］．经济研究，2005（6）．

［42］贾生华，张娟锋．土地资源配置体制中的灰色土地市场分析［J］．中国软科学，2006（3）．

［43］姜春海．中国房地产市场投机泡沫实证分析［J］．管理世界，2005（12）．

［44］金海燕，任宏．1998—2009年我国房地产宏观调控政策效果综合评价［J］．建筑经济，2011（8）．

［45］靳涛，陈栋．政府行为与产业结构失衡——基于转型期区域差异视角的揭示［J］．南京大学学报（哲学·人文科学·社会科学），2014（6）．

［46］孔煜．市场预期与房地产价格波动［J］．中央财经大学学报，2009（2）．

［47］况伟大．房价与地价关系研究：模型及中国数据检验［J］．财贸经济，2005（11）．

［48］李林．浅析房地产市场的信息不对称［J］．煤炭经济研究，2006（7）．

［49］李尚蒲，罗必良．中国土地财政规模估算［J］．中央财经大学学报，2010（5）．

［50］李实．遗产税制度及其对我国收入分配改革的启示［J］．内部打印资料，2014.

［51］李炜，杨云美，张彬彬．房地产交易中的委托——代理行为研究［J］．重庆建筑大学学报，2001（4）．

［52］李晓西．中国市场化进程报告［M］．北京：北京师范大学出版社，2010.

［53］李勇刚，高波．政治激励机制下的土地财政与经济增长——基

于市级面板数据的空间计量分析［J］．南京社会科学，2013（12）．

［54］梁桂．中国不动产波动与周期的实证分析［J］．经济研究，1996（7）．

［55］梁思奇．地方政府不能与开发商合谋双［N］．人民日报，2006－06－14.

［56］梁以德，徐佳娜，崔芯．异质预期条件下房价波动非线性延滞差分方程［J］．应用数学和力学，2007（6）．

［57］梁云芳，高铁梅．我国商品住宅销售价格波动成因的实证分析［J］．管理世界，2006（8）．

［58］林默彪．社会转型与转型社会的基本特征［J］．社会主义研究，2004（6）．

［59］刘爱明，刘冬荣．我国住宅地产市场税收调控政策研究［J］．统计与决策，2008（8）．

［60］刘旦．房产新政对房地产市场的影响——基于利益相关者博弈行为分析［J］．现代经济探讨，2010（8）．

［61］刘海影．如何定义中国房地产泡沫？［N］．金融时报，2014－04－25.

［62］刘洪玉，沈悦．房地产价格变化规律的经济学分析［J］．建筑经济，2004（9）．

［63］刘洪玉．房地产市场周期运动规律分析［J］．中国房地产，1999（8）．

［64］刘会洪．国外物业税对房地产价格及泡沫的影响与借鉴［J］．现代经济探讨，2011（10）．

［65］刘雷．开发商与政府之间的博弈分析［J］．财经问题研究，2008（8）．

［66］刘学成．国内房地产周期研究综述［J］．中国房地产，2001（5）．

［67］卢新海，王玥．地价与房价的关系及稳定地价的对策［J］．统

计与决策，2006（1）.

［68］陆学艺．当代中国社会十大阶层分析［J］．学习与实践，2002（3）.

［69］陆学艺．中国社会阶级阶层结构变迁60年［J］．中国人口、资源和环境，2010（7）.

［70］吕健．影子银行推动地方政府债务增长了吗［J］．财贸经济，2014（8）.

［71］吕炜，王伟同．民生财政：财政改革的新坐标［N］．光明日报，2009－06－17.

［72］罗必良，李尚蒲．地方政府间竞争：土地出让及其策略选择——来自中国省级面板数据（1993—2009年）的经验证据［J］．学术研究，2014（1）.

［73］罗乐，张欣莉．房地产周期聚类分析［J］．特区经济，2006（2）.

［74］马小刚．房地产开发用地“招拍挂”制度的市场绩效研究［J］．城市发展研究，2008（6）.

［75］孟晓苏．七年过后论房地产周期［J］．中国投资，2005（3）.

［76］聂梅生．房地产市场与调控政策分析［J］．金融发展评论，2011（4）.

［77］聂梅生．房地产形势与改革建议［N］．中国经济年会（2011—2012）会刊，2012－01－14.

［78］诺斯．制度、制度变迁和经济绩效［M］．上海：上海三联书店，1995.

［79］平新乔，陈敏彦．融资、地价与楼盘价格趋势［J］．世界经济，2004（7）.

［80］乔新生．房地产宏观调控的几个关键问题［J］．理论月刊，2011（4）.

［81］乔新生．住宅空置率——中国房地产的一个神话［J］．西部论

丛，2010（9）.

［82］曲波，谢经荣，王玮．中国房地产周期波动的评介与探析[J]．中国房地产金融，2003（2）.

［83］曲波．中国房地产周期波动研究［M］．北京：经济管理出版社，2003.

［84］萨克斯，胡永泰，杨小凯．经济改革与宪政转轨［J］．经济学（季刊），2003（2）.

［85］邵晓光．中国转型发展时期经济体制的特征［J］．中国软科学，1998（4）.

［86］沈悦，刘洪玉．住宅价格与经济基本面：1995—2002 年中国 14 城市的实证研究［J］．经济研究，2004（6）.

［87］世界银行．中国城镇住房改革的问题与方案［M］．北京：中国财政经济出版社，1992.

［88］宋玮楠、王西．建立健全城镇保障性住房制度［N］．人民日报，2014-03-04.

［89］谭刚．房地产周期波动——理论、实证与政策分析［M］．北京：经济管理出版社，2001.

［90］谭峻．不动产统一登记制度思考［J］．中国房地产，2014（7）.

［91］唐鹏，石晓平，曲福田．地方政府竞争与土地财政策略选择［J］．资源科学，2014（4）.

［92］唐任伍．公共经济学［M］．北京：北京师范大学出版社，2009.

［93］田国强．政府与市场的边界［N］．学习时报，2012-09-17.

［94］汪玉凯．中国已形成三大利益集团［J］．商周刊，2012（2）.

［95］王诚庆，倪鹏飞，杨元杰．中国房地产周期波动：解释转移与相机政策［J］．财贸经济，2002（7）.

［96］王飞，黄满盈．房地产业对经济发展促进作用的实证分析[J]．经济学动态，2005（7）.

[97] 王宏新，厉召龙．我国房地产业的调整与复苏周期：1987—2009 [J]．改革，2010（6）．

[98] 王华春，玛尔哈巴·肖开提．关于房地产业与支柱产业关系的思考 [J]．生产力研究，2012（12）．

[99] 王华春，唐任伍，段艳红．地价“剪刀差”的形成及其解决思路 [J]．山西师大学报，2005（1）．

[100] 王华春，唐任伍，杨丙见．土地市场二元结构行为分析 [J]．山东社会科学，2006（6）．

[101] 王华春，赵蕊，陶斐斐，段艳红．理性预期、房地产波动与宏观调控政策取向 [J]．北京邮电大学学报，2009（5）．

[102] 王金明，高铁梅．对我国地产市场需求和供给函数的动态分析 [J]．中国软科学，2004（4）．

[103] 王俊．地方政府与住宅开发商的博弈分析 [J]．世界经济情况，2006（1）．

[104] 王满银，肖瑛，张蕾，姚治国．中国房地产宏观调控政策研究 [J]．城市问题，2012（10）．

[105] 王勉，唐啸峰．中国房地产投资波动与经济周期的相关性 [J]．四川大学学报，2000（3）．

[106] 王鹏，李菁．开征物业税对我国房地产市场的影响分析 [J]．税务与经济，2010（1）．

[107] 王文革．博弈及其法律管制 [J]．国土资源，2005（2）．

[108] 王小鲁．灰色收入与居民收入差异拉大 [J]．中国改革，2007（7）．

[109] 王学龙，杨文．中国的土地财政与房地产价格波动——基于国际比较的实证分析 [J]．经济评论，2012（4）．

[110] 王艳萍．中国转型经济学二十年发展回顾与展望 [J]．经济纵横，2011（2）．

[111] 王岳龙，武鹏．房价与地价关系的再检验——来自中国 28 个

省的面板数据［J］．南开经济研究，2009（4）．

［112］魏雅华．中国迅速攀升的房价与迅速增加的空置房［J］．中国房地产金融，2004（4）．

［113］吴焕军．土地政策在房地产调控中的政策效果评价［J］．中南财经政法大学学报，2011（6）．

［114］吴敬琏．当代中国经济改革［M］．上海：上海远东出版社，2006.

［115］吴群，李永乐．财政分权、地方政府竞争与土地财政［J］．财贸经济，2010（7）．

［116］吴旬．土地价格、地方政府竞争与政府失灵［J］．中国土地科学，2004（2）．

［117］伍德业，刘红．地方政府对房地产市场价格的影响研究［J］．经济纵横，2008（10）．

［118］武康平，胡谍．房地产市场与货币政策传导机制［J］．中国软科学，2010（11）．

［119］项勇．房地产调控政策中各利益主体联盟博弈分析［J］．求索，2012（6）．

［120］肖继文，张巍．论住宅开发中开发商与顾客之间的信息不对称［J］．基建优化，2006（2）．

［121］谢经荣，朱勇，曲波，周健，朱海洪，丰雷．房地产泡沫与金融危机［M］．北京：经济管理出版社，2002.

［122］谢太峰．房地产作为支柱产业不符合基本国情［N］．人民日报，2009－12－01.

［123］许经勇，马原．当前房地产价格走势与宏观调控策略选择［J］．经济学家，2005（5）．

［124］许宪春，贾海，李皎等．房地产经济对中国国民经济增长的作用研究［J］．中国社会科学，2015（1）．

［125］严金海．中国的房价与地价：理论、实证和政策分析［J］．数

量经济技术经济研究，2006（1）.

[126] 杨波. 房地产业的政府管理 [D]. 东北财政大学研究生院博士论文，2006.

[127] 杨峰. 从“囚徒困境”看房地产企业土地囤积行为 [J]. 现代经济探讨，2009（12）

[128] 杨建荣，孙斌艺. 政策因素与中国房地产市场发展路径——政府、开发商、消费者三方博弈分析 [J]. 财经研究，2004（4）.

[129] 杨文武. 房价收入比指标研究 [J]. 统计研究，2003（1）.

[130] 杨小雄，冯小丽，苏夏. 基于城市地块变化的地价预警研究 [J]. 广西师范大学学报（哲学社会科学版），2009（4）.

[131] 易宪容. 房地产“新政”的理论基础及政策效应分析 [J]. 江苏社会科学，2009（2）.

[132] 易宪容. 住房空置率之高说明啥？ [N]. 人民日报海外版，2010-07-09.

[133] 郁亮. 房地产并非支柱而是配套 [N]. 南方都市报，2012-09-10.

[134] 袁志刚，樊潇彦. 房地产市场理性泡沫分析 [J]. 经济研究，2003（3）.

[135] 岳希明，李实，史泰丽. 垄断行业高收入问题探讨 [J]. 中国社会科学，2010（3）.

[136] 曾继平，黄剑青. 城市土地出让中的寻租分析 [J]. 甘肃行政学院学报，2005（1）.

[137] 张红，马进军，孔沛. 基于动态计量经济学模型的房地产周期研究 [J]. 清华大学学报（自科版），2007（12）.

[138] 张红，谢娜. 基于主成分分析与谱分析的房地产市场周期研究 [J]. 清华大学学报（自科版），2008（9）.

[139] 张红. 房地产经济学讲义 [M]. 北京：清华大学出版社，2004.

[140] 张欢华．国家社会主义市场转型：问题与争议［J］．社会，2007（6）．

[141] 张建君．经济转型与中国的转型经济学［J］．甘肃理论学刊，2008（5）．

[142] 张金明．论我国房地产市场的预期性质［J］．现代财经（天津财经大学学报），2000（3）．

[143] 张军．李克强为何按兵不动？［N］．金融时报，2013－06－19.

[144] 张良桥．进化博弈理论方法与房地产市场诚信问题研究［J］．顺德职业技术学院学报，2005（2）．

[145] 张林．高房价高空置率并存的根源探寻［N］．经济观察报，2014－06－27.

[146] 张清勇，年猛．中国房地产业关联度高、带动力强吗——兼论房地产业的定位［J］．财贸经济，2012（10）．

[147] 张双长，李稻葵．“二次房改”的财政基础分析［J］．财政研究，2010（7）．

[148] 张维迎．博弈论与信息经济学［M］．上海：人民出版社，2005.

[149] 张卫国，任燕燕，花小安．地方政府投资行为、地区性行政垄断与经济增长——基于转型期中国省级面板数据的分析［J］．经济研究，2011（8）．

[150] 张永岳，李然．我国房地产业宏观调控的理论基础与边界［J］．中国房地产，2012（16）．

[151] 赵君丽．人口变化与房地产需求——人口结构变化与房地产周期相关性研究［J］．城市开发，2002（8）．

[152] 赵文哲，杨其静，周业安．不平等厌恶性、财政竞争和地方政府财政赤字膨胀关系研究［J］．管理世界，2010（1）．

[153] 郑红玉．70个大中城市房价调控效果比较［J］．中国房地产市场，2013（3）．

[154] 郑睿祺，刘洪玉. 房价收入比的性质与合理取值范围 [J]. 中国房地产，2002 (8).

[155] 郑思齐，王寅啸. 房价上涨预期对住房需求的放大效应研究 [J]. 中国物价，2007 (6).

[156] 郑永年. 要预防房地产泡沫转化为社会泡沫 [J]. 中国发展观察，2010 (4).

[157] 中国人民银行房地产金融分析小组. 2004 中国房地产金融报告 [M]. 北京：中国金融出版社，2006.

[158] 中国人民银行武汉分行金融研究处课题组. 湖北省房地产景气循环与宏观调控研究：基于合成指数与自相关滞后分布模型的分析 [J]. 金融研究，2006 (4).

[159] 中国社会科学院金融研究所课题组. 关于中国房地产金融体系的构想 [C]. 中国金融论坛 (2005).

[160] 中国行政管理学会课题组. 房地产市场短期政策与长效机制政策研究 [J]. 中国行政管理，2014 (5).

[161] 周冰. 中国转型期经济改革理论的发展 [J]. 南开学报 (哲社版)，2004 (2).

[162] 周黎安. 中国地方官员的晋升锦标赛模式研究 [J]. 经济研究，2007 (7).

[163] 周其仁. 城市化、土地制度与宏观调控 [N]. 经济观察报，2011-04-19.

[164] 周其仁. 农房地产权与征地制度——中国城市化面临的重大选择 [J]. 经济学 (季刊)，2004 (4).

[165] 周瑞金. 切割与“特殊利益集团”的联系 [J]. 财经，2009 (21).

[166] 朱骏，张红. 基于时间序列分析和人工神经网络的房地产周期识别 [J]. 清华大学学报 (自科版)，2006 (6).

[167] 邹秀清. 中国土地财政与经济增长的关系研究——土地财政库

兹涅茨假说的提出与面板数据检验［J］．中国土地科学，2013（5）．

［168］邹至庄．中国经济转型［M］．北京：中国人民大学出版社，2005.

［169］左峰．中央政府与地方政府在宏观调控领域的博弈分析［J］．中央财经大学学报，2007（7）．

［170］Beechey M.，Gruen D.，and Vickery J.． The Efficient MarketHypothesis：A Survey，Economic Research Department，Reserve Bank ofAustralia，Research Discussion Paper 2000－01.

［171］Bjorklund K. and Soderberg B.．Property Cycles，Speculative Bublesand the Gross Income Multiplier，Journal of Real Estate Research，1999，Vol. 18，No. 1，pp. 151－174.

［172］Black F.．Noise. Journal of Finance［J］．1986（41）：529－543.

［173］Buttler Hans Jurg. Equilibrium of a residential city，attributes of housing，and land－use zoning［J］．Urban Studies，1981，18（2）：23－39.

［174］Capozza D. R.，Hendershott P. H.，Mack C.，and Mayer C. J.．Determinants of Real House Price Dynamics，NBER Working Paper 2002，No. W9262.

［175］Clayton J.． Market Fundamentals，Risk and the Canadian Property-Cycle：Implications for Property Valuation and Investment Decision，Journal of Real Estate Research，1996，12（13）：347－367.

［176］Corcoran P. J.．Explaining the Eommercial Real Estate Market，Jouenal of Portfolio Management，1987（Spring）：15－21.

［177］Dewey D. I.．The Public Role of Private Developers：Analysis of Strategy and Communication in Suburban Real Estate Development Processes，University of Pennsylvania，1997：39－51.

［178］Elhorst J. P.．Fréret S. Evidence of political yardstick competition in France using a two－regime spatial Durbin model with fixed effects. Journal of Regional Science，2009（49）：931－951.

[179] Elhorst J. P. , Zandberg E. , Haan J. de. The Impact of Interaction Effects among Neighboring Countries on Financial Liberalization and Reform: A Dynamic Spatial Panel Data Approach. Spatial Economic Analysis, 2013.

[180] Grebler L. , Burns L. S. . Construction Cycles in the United States since World War Ⅱ, Real Estate Economics, 1982, 10 (2): 123 –151.

[181] Green R. K. . Follow the Leader: How Changes in Residential and Non –residential Investment Predict Changes in GDP, Real Estate Economics, 1997, 25 (2): 253 –270.

[182] Grenadier, S. R. . The persistence of real estate cycles, Journal of Real Estate Finance and Economics, 1995 (10): 95 –119.

[183] Hendershott P. H. . Rental Adjustment and Valuation in Overbuilt Market: Evidence from the Sidney Office Market, Journal of Urban Economics, 1996, 39 (1): 51 –67.

[184] Hoyt H. . One Hundred Years of Land Values in Chicago: The Relationship of the Growth of Chicago to the Rise of Its Land Values, 1830 –1933, Beard Books, 2000: 69 –76.

[185] Kaiser R. . The Long Cycle in Real Estate, Journal of Real Estate Research, 1997, 14 (3): 233 –257.

[186] Kummerow M. and Lun J. C. . Information and CommunicationTechnology in the Real Estate Industry: Productivity, Industry Structure andMarket Efficiency, Telecommunications Policy, 2005 (29): 173 –190.

[187] Malpezzi S. , and Wachter S. M. . The Role of Speculation in Real-Estate Cycles, Journal of Real Estate Literature, 2005: 143 –164.

[188] Mayer C. J. , Somerville C. T. . Land use regulation and new construction. Regional Science and Urban Economics, 2000, 30 (6): 639 –662.

[189] Meen Geoffrey, Andrew Mark. On the use of policy to reduce housing market segmentation. Regional Science and Urban Economics, 2004, 34 (6): 727 –751.

[190] Meese R. and Wallace N.. House Price Dynamics and MarketFundamentals: The Parisian Housing Market, Urban Studies, 2003, 40 (6): 1027 -1045.

[191] MejiaL. C.. Availability of Credit and Loan Default: A Look at the Commercial Mortgage Supply Cycle. Journal of Real Estate Research, American Real Estate Society, 1999, 18 (1): 175 -196.

[192] Morris A. Davis, Jonathan Heathcote. The price and quantity of residential land in the United States. Journal of Monetary Economics, 2007, 54 (8): 2595 -2620.

[193] Poterba J. H.. Stock Market Wealth and Consumption, Journal ofEconomic Perspectives, 2000 (14): 99 -118.

[194] Pyhrr S. A., Roulac S. E., and Born W. L.. Real Estate Cycles and their Strategic Implications for Investors and Portfolio Managers in the Global Economy, Journal of Real Estate Research, 1999, 18 (1): 7 -68.

[195] Quigey J. M.. A simple Hybird Method for Estimating Real Estate Price Indexs, Journanl of Housing Economics, 1995, 4 (1): 1 -12.

[196] Rose Neng, Ko Wang and Yuqing Zhou. Sale before Completion Development and Strategy. The Real Estate Eeonomies, 2004, 32 (2): 329 -357.

[197] Scott L. O.. Do Prices Reflect Market Fundamentals in Real Estate-Markets? Journal of Real Estate Finance and Economics, 1990 (3): 5 -23.

[198] Shilton L.. Patterns of office space demand cycles, Journal of Real Estate Research, 1998, 15 (3): 339 -354.

[199] Sims C. A.. Macroeconomics and Reality, Econometrica, 1980 (48): 1 -48.

[200] Stevenson S.. House Price Diffusion and Inter -regional and Cross -border House Price Dynamics, Journal of Property Research, 2004, 21 (4): 301 -320.

[201] Wheaton W. C.. Real Estate Cycles: Some Fundamentals, Real Estate Economics, 1999, 27 (2): 209 -230.

重要术语索引表

后 记

感谢全国哲学社会科学规划办公室的立项和资助。感谢主管部门指定的五位同行匿名专家提出的建设性修订建议，他们以一流专业水准、敬业奉献精神、认真严谨态度，对研究报告给予了充分肯定并提出了建设性修订建议，这对于研究报告的修订和完善具有重要帮助。正是这些匿名专家的专业水准、敬业精神和严谨态度不断提升着研究项目质量提升，很大程度上推动着国家哲学社会科学日益繁荣发展。随着研究议题的发展变化，特别限于自身研究水平和能力，本书还有这样或那样的不足，恳请专家和读者不吝赐教，以待作者日后不断学习和完善。

作 者

2016 年 12 月 1 日